T S E E

ORNHOLM

Memel

Netze

Weichsel

Warthe

gr. P o l e n

Oder

Weichsel

Donau

W9-BHB-125

Die historischen
Kernlandschaften
Deutschlands

Werner Ringhand

DEUTSCHE
KULTURLANDSCHAFTEN

Das Gebiet der Bundesrepublik
und die historisch-deutschen Landschaften
Thüringen – Sachsen – Brandenburg – Mecklenburg
Pommern – Ostpreußen – Schlesien

Fotografien von
Karl-Heinz Jürgens · Hans Scheidulin u. a.

Von der Schwierigkeit, über Deutschland zu schreiben

In den gemeinsam mit Schiller herausgegebenen „Xenien" von 1796 schrieb Goethe: „Deutschland? Aber wo liegt es? Ich weiß das Land nicht zu finden." Diese resignierende Frage schien damals durchaus berechtigt, war doch zu jener Zeit das Heilige Römische Reich deutscher Nation mit seinen über 300 souveränen Fürsten nur noch eine trügerische Fiktion, ein „lebender Kadaver", der den vernichtenden Schlägen der napoleonischen Armeen keinen Widerstand mehr entgegenzusetzen vermochte. Es war nicht nur die Frage nach der geographischen Bestimmbarkeit und der politischen Funktionsfähigkeit des Reiches, sondern vor allem die nach seinen dauerhaften inneren Werten, nach seiner geistigen Identität und Ausstrahlungskraft. Und diese Frage zieht sich – wenn auch mit unterschiedlicher Intensität – wie ein roter Faden durch die letzten 200 Jahre unserer deutschen Geschichte. Sie mündet am Ende des 2. Weltkrieges in den totalen Zusammenbruch Deutschlands und seine bis heute spürbaren Folgen, die wir mit der recht ungenauen, fast verharmlosenden Bezeichnung „die deutsche Frage" zu umschreiben pflegen.

Ist es seit 1945 überhaupt noch zulässig oder sinnvoll, von „Deutschland" zu reden? Seine Zerrissenheit und der völlig unterschiedliche politische Status seiner Einzelteile scheinen nur eine Verneinung dieser Frage zuzulassen. Und doch sträubt sich vieles in uns, den Namen „Deutschland", diesen Kernbegriff, der mit der Geschichte unseres Volkes, unserer Heimat und unseres persönlichen Lebens untrennbar verknüpft ist, aus dem offiziellen Sprachgebrauch zu streichen. Wer das versucht, würde von uns nichts weniger verlangen als unsere individuelle und nationale Selbstaufgabe, die Verleugnung unserer Geschichte und den folgenschweren Verzicht auf Identität und Orientierung.

Viele Deutsche haben bis heute ein Zeichen der Hoffnung darin gesehen, daß in der Präambel unseres Grundgesetzes nach wie vor von der „Einheit und Freiheit Deutschlands" und in unserer Nationalhymne vom „deutschen Vaterland" die Rede ist. Aber wie lassen sich die Begriffe „Deutschland" und „Vaterland" heute noch definieren und mit Inhalt füllen? Der offizielle Staatsname „Bundesrepublik Deutschland" hilft da nicht viel weiter, sondern führt im Gegenteil zu mancherlei Irritationen und Mißverständnissen. Denn ungewollt, aber folgerichtig hat er dazu beigetragen, daß die DDR aus dem Bewußtsein und dem Deutschlandbild vieler Bundesbürger verschwunden ist und ihre Kinder bereits auf der Rückreise aus der DDR nach dem Passieren der Grenze unsicher fragen, ob sie jetzt „wieder in Deutschland" seien. Hier hat sich eine bedenkliche Einengung des „Deutschland"-Begriffes vollzogen, die nicht im Sinne einer regierungsamtlichen Sprachregelung sein kann – weder in der Bundesrepublik Deutschland noch in der DDR.

Die Tragik, die für viele Deutsche in dem Konflikt zwischen nationalem Zusammengehörigkeitsgefühl in Ost und West und dem schmerzlichen Bewußtsein politischer Heimatlosigkeit und Diskontinuität liegt, spiegelt sich deutlich in dem Ergebnis einer Umfrage wider, die 1971 unter prominenten Persönlichkeiten der Bundesrepublik durchgeführt wurde. Die Frage lautete: „Was verstehen Sie heute und künftig unter Deutschland?" Die Antworten, soweit sie nicht nur ausweichende Verlegenheitsäußerungen waren, reichten vom Eingeständnis „Deutschland, das ist eine Kindheitserinnerung" über die zweideutige Feststellung

„Deutschland war, ist und bleibt das Vaterland aller Deutschen" bis hin zu der poetischen Phrase „Wäre ich Pilatus, würde ich fragen: Was ist Deutschland? und mir die Hände waschen".

Auch die während der letzten 25 Jahre veröffentlichten Deutschland-Bildbände demonstrieren in augenfälliger Weise den unsicheren Gebrauch und die wechselnde Aktualität des Begriffes „Deutschland". Manche Autoren der sechziger Jahre verstanden unter „Deutschland" nicht nur die Gebiete der Bundesrepublik und der DDR, sondern selbstverständlich auch die Ostgebiete des Deutschen Reiches. Spätere Publikationen klammerten diese ostdeutschen Provinzen bereits weitgehend aus. Schließlich beschränkten sich die meisten Bildbände nur noch auf das Gebiet der Bundesrepublik Deutschland, ohne allerdings den irreführenden Titel „Deutschland" aufzugeben. Die ehemals deutschen Provinzen Pommern, Schlesien und Ostpreußen wurden nur noch selten in einem knappen Anhang aufgeführt.

Es war und ist also schwierig, eindeutige und allgemeinverbindliche Aussagen über „Deutschland" zu machen. Doch seit dem 9. November 1989 hat das „Nachdenken über Deutschland" eine völlig neue Dimension und Aktualität gewonnen. Der unerwartete politische und weitgehend auch wirtschaftliche Zusammenbruch der DDR hat die im Grundgesetz festgeschriebene Einheit Deutschlands überraschend in greifbare Nähe gerückt – wenn auch um den Preis eines dauerhaften Verzichts auf die Ostgebiete des Deutschen Reiches. Seitdem der Prozeß des Zusammenwachsens der beiden deutschen Staaten in Gang gekommen ist, gewinnt auch der Begriff „Deutschland" klarere Konturen und wird für die meisten Betroffenen wieder konsensfähig. Die spektakulären Vorgänge der letzten Monate sind ein eindrucksvoller Beweis dafür, daß die Erfahrungen und das Bewußtsein einer jahrhundertelangen gemeinsamen deutschen Geschichte stärker sind als die Realität einer über vierzig Jahre dauernden, von außen aufgezwungenen Teilung eines Landes.

Der vorliegende Bildband vermeidet bewußt in seinem Titel den Begriff „Deutschland", aber es geht in dem Buch um alle die Gebiete, die seit Jahrhunderten von Deutschen bewohnt, von ihrer Kultur geprägt wurden oder werden und daher zu Recht als „deutsche Kulturlandschaften" bezeichnet werden dürfen. Um der Bedeutung der historischen Dimension gerecht zu werden, folgt die Textdarstellung nicht der erst seit 40 Jahren bestehenden Gliederung der Bundesrepublik Deutschland und der DDR nach Bundesländern bzw. Bezirken, sondern greift weitgehend auf die jahrhundertealte Einteilung nach den historischen Volksstämmen zurück, die bis heute den einzelnen deutschen Landschaften ihre eigene, unverwechselbare Prägung gegeben haben.

Das Buch soll dem Leser und Betrachter die Vielfalt und Schönheit der deutschen Kulturlandschaften, die in ihnen lebenden und arbeitenden Menschen sowie die bleibenden Zeugnisse ihres vielseitigen kulturellen Schaffens vor Augen führen. Es soll dabei auch die Erinnerung vieler Menschen an ihre Heimat, wo auch immer sie in den „deutschen Kulturlandschaften" gewesen sein mag, wachhalten, ohne jedoch unrealistische politische Forderungen zu provozieren oder unerfüllbare Hoffnungen zu wekken. Das Buch soll schließlich im Leser auch die Neugier und den Wunsch hervorrufen, auf seinen Reisen und Wanderungen die landschaftlichen Schönheiten und den Reichtum deutscher Kultur zu entdecken.

Blick über Berlin
→

I. Die historischen Kern-
landschaften Deutschlands

⟵   S. 8

Blick vom Kreuzgang auf die Doppelanlage des Trierer Doms, der ältesten Kirche Deutschlands, mit der links anschließenden Liebfrauenkirche.

View from the cloisters: the two buildings are the Trier Cathedral, the oldest church in Germany, and St. Mary's Church on the left.

Vue du cloître sur la cathédrale de Trèves, la plus ancienne église d'Allemagne reliée à l'église Notre-Dame.

1. Das linksrheinische Gebiet — politisches Machtzentrum der deutschen Geschichte

„Vor Rom stand Trier"

Ein hohes Alter gilt oft als Beweis für besondere göttliche Zuwendung und Führung. Die reiche Lebenserfahrung schafft ein Bewußtsein von moralischer Überlegenheit und begründet damit einen nur schwer zu erschütternden Führungsanspruch. Das mögen auch die reichen, selbstbewußten Bürger von Trier gewußt haben, als sie das 1683 errichtete Rote Haus mit der stolzen Inschrift zierten: „Vor Rom stand Trier 1300 Jahre". Diese sagenhafte Übertreibung war natürlich keine Diskriminierung des Römischen Reiches, das schon mehr als 1000 Jahre zuvor zusammengebrochen war. Die grobe Geschichtsfälschung, bereits im Mittelalter verbreitet, war vielmehr der propagandistische Versuch der Bürgerschaft, ihre alten Freiheitsrechte gegen den politischen Herrschaftsanspruch des Erzbischofs zu behaupten bzw. wiederzuerlangen. Doch dies erreichte sie ebensowenig wie den begehrten Titel einer freien Reichsstadt. Die lückenlos nachweisbaren Bischöfe und Erzbischöfe blieben für Jahrhunderte die geistlichen und weltlichen Herren der Stadt und großer Gebiete an der Mosel und in der Eifel.

Trier ist – denn vor dem Ruhm muß noch die Wahrheit stehen – keine deutsche Stadtgründung. Aber sie ist doch die älteste deutsche Stadt, sogar noch ein wenig älter als das altehrwürdige Augsburg und Köln. 1984 konnte es mit fröhlichen und würdevollen Veranstaltungen das seltene Fest seines zweitausendjährigen Bestehens feiern. Wie viele andere linksrheinische Städte diente auch die unter Augustus gegründete Augusta Treverorum der Sicherung des durch Cäsar eroberten

Gallien. In den ersten beiden nachchristlichen Jahrhunderten entwickelte sich die Siedlung schnell zu einer ansehnlichen Stadt mit regelmäßigem Straßennetz, Forum, mit Thermen, Amphitheater und einer verkehrswichtigen Brücke über die Mosel. Das besterhaltene Bauwerk aus jener Zeit ist die berühmte Porta Nigra, das Wahrzeichen des heutigen Trier. Nach schweren Verwüstungen durch die Germanen im 3. Jahrhundert erhielt Trier im Zuge der Neugliederung des Römischen Reiches bald den Rang einer Kaiserstadt. Constantius und sein ehrgeiziger Sohn Constantin regierten von hier aus als Cäsaren die bis nach Britannien reichende Provinz Belgica Prima. Ihrer Würde entsprechend, ließen sie als Amtssitz ihrer kaiserlichen Regierung eine mächtige Palastaula erbauen, eines der großartigsten Bauwerke der Antike. Eindrucksvoll waren auch die Anlage der auf die Kaiserinmutter Helena zurückgehenden Basilika und die reich ausgestatteten Kaiserthermen. Für mehrere Jahrhunderte genoß Trier den Ruf einer Weltstadt mit fast 80 000 Bewohnern, eine Zahl, die sich bis heute nur um etwa 30 000 erhöht hat.

Dann aber folgte die Katastrophe. Auf breiter Front wurde die römische Rheingrenze von Alemannen, Franken und Vandalen überrannt; das glanzvolle Treveris wurde ein Opfer von Plünderung und Zerstörung. Die naturverbundenen, ruhelosen Germanenstämme hatten wenig Verständnis und Verwendung für die hochentwickelte Stadtkultur der Römer.

Das im römischen Gallien bereits weit verbreitete Christentum wurde zum Retter und

S. 11 →

Die Porta Nigra, das Wahrzeichen Triers, ist das älteste und größte römische Stadttor nördlich der Alpen.

The Porta Nigra, Trier's landmark, is the oldest and largest Roman city gate north of the Alps.

La Porta Nigra (Porte Noire), l'emblème de Trèves, est la plus ancienne et la plus grande porte romaine au nord des Alpes.

Förderer Triers. Der heutige Dom, die älteste deutsche Bischofskirche, ist ein einzigartiges Zeugnis römisch-frühchristlicher Tradition und ein großartiges Beispiel für den geistlichen und politischen Machtzuwachs des mittelalterlichen Kirchenregiments. Nach den karolingischen Reichsteilungen des 9. Jahrhunderts kam Trier endgültig zum ostfränkisch-deutschen Reich. Das in dieser Zeit gegründete Erzbistum entwickelte sich bald zu einem bedeutenden Machtzentrum; seit dem 13. Jahrhundert hatten die Trierer Erzbischöfe als Kurfürsten auch bei der Wahl der deutschen Könige ein entscheidendes Wort mitzureden. Die so fest verankerte Macht der Kirche verhinderte, daß die Reformation im Trierer Kurstaat Fuß fassen konnte. Die zahlreichen Kirchen- und Klostergründungen des Mittelalters beweisen ebenso wie die prunkvollen Bauten der Barockzeit, daß bis zum Ende des 18. Jahrhunderts die

Geschichte der Stadt mit der Geschichte ihrer Kirche untrennbar verknüpft war und von ihr noch bis in die Gegenwart geprägt ist.

Trier nennt sich – wie Köln – eine „heilige" Stadt. Bei diesem hohen Anspruch beruft es sich vor allem auf die Kaiserin Helena, die einflußreiche Förderin des Christentums, die ihren Palast der Kirche schenkte und als besonderen Gunstbeweis den heiligen Nagel und den heiligen Rock nach Trier gebracht haben soll. Dieser heilige Rock, eine durchaus umstrittene, aber nach kirchlicher Auffassung einzigartige Reliquie, wird in der Heiltumskammer des Doms aufbewahrt und nur zwei- bis dreimal in jedem Jahrhundert – zuletzt 1959 – öffentlich gezeigt. Er wird dann zum Ziel von Zehntausenden frommer Wallfahrer, die in St. Matthias auch das einzige Apostelgrab nördlich der Alpen besuchen. Es sind wohl nicht die-

selben Menschen, die alljährlich zum Geburtshaus von Karl Marx pilgern, der mit seiner ins Profane gewendeten Heilslehre des Kommunismus zwar nicht die Denkweise der Trierer, wohl aber die politisch-gesellschaftlichen Strukturen in großen Teilen der Welt grundlegend verändert hat.

Wie kaum eine andere deutsche Stadt ist Trier ein riesiges Freilichtmuseum mit hervorragenden Baudenkmälern verschiedener Geschichtsepochen und Kunststile. Zu dieser Vielfalt hat auch das Bürgertum einen ansehnlichen Beitrag geleistet. Triers günstige Lage im Schnittpunkt wichtiger Handelsstraßen, die frühere Moselschiffahrt, der Fleiß der Handwerker und Kaufleute und der seit Jahrhunderten florierende Weinhandel haben der Stadt einen beachtlichen Reichtum beschert, der in vielen prachtvoll gestalteten Bürgerhäusern der Altstadt sichtbaren Ausdruck fand. So kann man in der reichverzierten Steipe am Hauptmarkt einen deutlichen Kontrapunkt zum Dom und zum Marktkreuz als den Wahrzeichen bischöflicher Stadtherrschaft sehen. Hier fanden die Festlichkeiten der Bürgerschaft statt, hier trafen die Ratsherren ihre kommunalpolitischen Entscheidungen.

Nach den furchtbaren Zerstörungen im 2. Weltkrieg hat sich Trier kulturell und wirtschaftlich wieder erholt. Die Stadt ist heute nicht nur ein bedeutender Wirtschaftsfaktor, sondern auch ein weithin beliebtes Einkaufs- und Touristenzentrum. Vor allem aber ist sie noch immer Mittelpunkt der Weinbaugebiete an Mosel, Saar und Ruwer. Eine ihrer liebenswürdigsten Einladungen führt die Besucher in die ausgedehnten Kelleranlagen unter Häusern und Straßen, die unterirdische Schatzkammer erlesener Weine.

Aachen – die Wiege des Abendlandes

Um 800 n. Chr., also etwa 500 Jahre nach dem Aufstieg Triers zur römischen Kaiserresidenz, entstand am Nordrand der Eifel ein neues politisches Machtzentrum, die erste Hauptstadt des werdenden deutschen Reiches. Schon die Römer hatten hier die Heilkraft heißer, schwefelhaltiger Kochsalzquellen entdeckt und für ihre bequeme Ausnutzung mehrere Thermen angelegt. Nachdem die Franken die neuen Herren des Landes geworden waren, ließ König Karl hier, an der Stelle eines Hofgutes seines Vaters Pippin, eine aufwendige Pfalzanlage mit Palastaula,

Hofkapelle und Königsbad errichten. Die Gebäude wurden mit kostbaren Kunstwerken aus Silber und Marmor ausgestattet. Jahrhunderte hindurch hatten die fränkischen Könige von häufig wechselnden, unsicheren Pfalzen aus regiert, nun verfügte Karl über eine feste, seinen politischen Bedürfnissen angemessene Residenz. Ausgezeichnet mit dem vom Papst verliehenen Kaisertitel und umgeben von den bedeutendsten Künstlern, Theologen und Dichtern seiner Zeit, verkörperte Karl d. Gr. eine völlig neue Auffassung von der Macht und Würde eines Herrschers. Er verstand sich nunmehr als der legitime Erbe des römischen Kaisertums, als Schützer der römischen Kirche und als Förderer der

Auf der Empore der Aachener Pfalzkapelle steht der Marmorthron Karls des Großen, der in seinem Inneren Reliquien barg.

Charlemagne's marble throne stands in the choir of the Palatine chapel in Aix-la-Chapelle. Relics were preserved on the inside of the throne.

Sur la tribune de la chapelle Palatine d'Aix-la-Chapelle se trouve le trône en marbre blanc de Charlemagne qui contenait des reliques dans son intérieur.

Im Jahre 1349 stiftete Kaiser Karl IV. diese Reliquienbüste, in der die Hirnschale Karls des Großen, des ersten deutschen Kaisers, aufbewahrt wurde. Das Kunstwerk besteht aus teilweise vergoldetem Silber und zeigt die späteren Hoheitssymbole der deutschen und französischen Herrscher, den Reichsadler und die Lilie.

In 1349 Emperor Karl IV donated this relic bust in which the cranium of Charlemagne, the first German Emperor, was preserved. This artwork, part of which is made of gold-plated silver, shows the imperial eagle and lily, later the regal symbols of the German and French sovereignty.

En 1349 l'empereur Charles IV fit donation de ce buste à reliques où fut conservé le crâne de Charlemagne, l'empereur allemand.
L'oeuvre d'art en argent et en partie dorée montre les futurs symboles de puissance des souverains français et allemands, le lys et l'aigle impérial.

Zwischen 936 und 1531 wurden hier insgesamt 30 deutsche Könige gekrönt. Die Verehrung und Bewunderung für den ersten Kaiser blieb ungebrochen. Auf Betreiben Friedrichs I. wurde Karl d. Gr. 1165 heiliggesprochen, und 50 Jahre später erhielten seine Gebeine ihre letzte Ruhestätte in einem kostbaren Schrein aus getriebenem Gold und Silber. Eine weitere Folge der Kaiserverehrung war die reiche Ausstattung der Aachener Domschatzkammer, die heute als die wertvollste Sammlung sakraler Kunst diesseits der Alpen gilt. Ebenfalls bis heute beibehalten wurde die 1349 von Karl IV. gestiftete Heiligtumsfahrt, eine alle sieben Jahre – zuletzt 1986 – stattfindende Wallfahrt in die Kaiserstadt, wo die Windeln und das Lendentuch Christi, ein Kleid der Maria und das Enthauptungstuch des Täufers als die „großen" Heiligtümer des Münsters gezeigt werden.

Mit etwa 240 000 Einwohnern ist Aachen heute die westlichste Großstadt der Bundesrepublik Deutschland. In ihr regieren keine Kaiser mehr, sie wurde, ebenso wie Trier, nicht einmal zur Hauptstadt eines Bundeslandes gemacht. Aber sie ist dafür in den Rang einer europäischen Stadt aufgestiegen. Diese hohe Auszeichnung verdankt sie einmal ihrer exponierten Lage am Grenzdreieck der Niederlande, Frankreichs und der Bundesrepublik Deutschland, was zu vielfältigen Beziehungen zwischen den benachbarten Ländern geführt hat. In besonderem Maße verdankt sie diesen ehrenvollen Titel aber wiederum Karl d. Gr., dessen Reich sich einst von den Pyrenäen bis an die untere Elbe erstreckte. Frankreich wie Deutschland berufen sich gleichermaßen auf ihn als ihren politischen Ahnherrn und Gründer ihres Staates. In Anknüpfung an die herausragende Stellung und Leistung dieses ersten „Europäers" verleiht die Stadt Aachen im historischen Kaisersaal des Rathauses seit 1950 alljährlich den Internationalen Karlspreis an Persönlichkeiten, die sich um die europäische Einigung verdient gemacht haben.

Künste und Wissenschaften. Aachen konnte den Anspruch erheben, ein zweites Rom zu sein, es war zur Wiege des Abendlandes geworden.

Bis zu seinem Tode residierte Karl d. Gr. in seiner neuen Hauptstadt. Wenn er die Messe in der nach byzantinischem Vorbild erbauten Pfalzkapelle besuchte, nahm er auf einem schlichten Thronsessel aus Marmor Platz. Zur Förderung seiner Gesundheit dienten ihm die Badehäuser mit den Thermalquellen, die mit 72°C bis heute zu den heißesten Quellen in Europa zählen.

Obgleich die späteren Herrscher des Mittelalters Aachen als Hauptstadt wieder aufgaben, hielten sie doch an der Stadt als Ort der Königskrönung noch jahrhundertelang fest.

Aber auch auf anderen Gebieten ist Aachen eine Stadt von europäischem und internationalem Format. Die 1870 gegründete Rheinisch-Westfälische Technische Hochschule mit über 30 000 Studenten genießt international einen hervorragenden Ruf, und das Internationale Reit-, Spring- und Fahrturnier zieht in jedem Jahr 50 000 begeisterte Anhänger des Pferdesports an. Ebenso attraktiv ist das wiederhergestellte historische Stadtbild mit den wuchtigen mittelalterlichen Stadttoren, Kirchen, Abteien und den vielen lustigen Zierbrunnen.

Die noch heute wirkenden Heilkräfte des Wassers haben nicht wenig zum bleibenden Ansehen der „Stadt der Quellen" beigetragen. Wie einstmals die römischen Legionäre und die Mitglieder des fränkischen Kaiserhofes erfahren die Menschen durch sie Linderung und Heilung von rheumatischen Erkrankungen und anderen körperlichen Gebrechen. In unserer Zeit sind diese Krankheiten weitgehend diagnostizierbar, die Heilerfolge meßbar. Über das Gesundheitswesen zur Zeit Karls des Großen gibt es keine medizinische Statistik. Sie wäre für uns vielleicht ebenso interessant wie unser Wissen über mittelalterliche Königsurkunden.

Zum Internationalen Reit-, Spring- und Fahrturnier kommen jährlich bis zu 50 000 begeisterte Anhänger des Pferdesportes nach Aachen.

As many as 50,000 equestrian enthusiasts come to Aix-la-Chapelle every year for the International Riding, Gymkana and Carriage Tournament.

Quelques 50 000 passionnés de sport hippique viennent chaque année à Aix-la-Chapelle au concours hippique international.

Neben einem Erbteil seinen Namen von
den Heiligen, die als Märtyrer
starben und deren Gebeine man
unter dem Chor des Domes St.
Viktor entdeckte. Neben dem
Heiligen Viktor, dem Schutzpa-
ron der Stadt, spielt auch der Sa-
genheld Siegfried eine Rolle,
der in Xanten geboren sein soll.

The city of Xanten was named
after the saints who died as martyrs and whose remains were
found under the choir of St. Victor
Cathedral. In addition to St. Vic-
or, the patron saint of the city, the
legendary hero Siegfried, who is
said to have been born in Xanten,
is also an important figure.

Xanten reçut son nom des saints
qui moururent en martyrs et dont
les ossements furent trouvés sous
le choeur de la cathédrale Saint-
Victor. A côté de Saint Victor, le
patron de la ville, le héros mythi-
que Siegfried joue aussi un rôle
puisqu'on le dit être né à Xanten.

S. 19 links   →

Altarflügel des Jan Baegert, so-
gen. Meister von Cappenberg,
zugeschr. um 1525 Anna und Joachim, Eltern Mariens.

Altar wing by Jan Baegert, so-
called Master of Cappenberg,
ca. 1525 (Anne and Joachim,
Mary's parents).

Volet d'un triptyque de Jan Baegert, nommé Maître de Cappenberg, sculpté vers 1525.
Sainte Anne et Saint Joachim, les
parents de Marie.

S. 19 rechts   →

Halbfigur des Heiligen Viktor aus
dem Hochaltar des Domes in
Xanten (von H. Douvermann).

Torso of St. Victor (by H. Douvermann) from the high altar of the
cathedral in Xanten.

Buste de Saint Victor provenant du maître-autel de la ca-
hédrale de Xanten, oeuvre de
H. Douvermann.

Alpinus

CUNDA HUMANO GENERI PRAEBENS PRAESTITISTI TRIBUE QUAESUMUS
AUCTOREM VITAE SUSCIPERE DOMINUM NOSTRUM JESUM CHRISTUM FILIUM TUUM

Dome am Rhein – Brückenköpfe Gottes

Wer, aus dem Ballungszentrum des Ruhrgebiets kommend, in die endlos scheinende, einsame und ein wenig schwermütig wirkende Landschaft am Niederrhein fährt, sieht bald über Pappeln und Weiden die spitzen Türme des Xantener Viktordoms emporragen. Ähnlich wie die großen Dome in Köln. Bonn, Mainz, Worms und Speyer geht die weiträumige Stiftskirche, neben dem Kölner Dom der größte Kirchenbau des Niederrheins, auf römische Besiedlung zurück. Entlang der Rheingrenze hatten seit dem 1. Jahrhundert zahlreiche Heerlager und Kastelle die Aufgabe, Angriffe der germanischen Stämme abzuwehren oder eigene Vorstöße ins Feindesland zu ermöglichen. An den wichtigsten, zentralen Punkten errichteten die christianisierten Franken ihre Kirchen und Kapellen. Darin wurde nicht nur der grundsätzliche politische Machtwechsel deutlich, es war auch ein handfester Beweis dafür, daß die Kirche zum wichtigsten Miterben der römischen Staatsmacht geworden war. Aus den Stützpunkten des römischen Kaiserreiches wurden Brückenköpfe Gottes, die bescheidenen Vorläufer mächtiger Dome und Bischofskirchen als Ausdruck göttlicher und kirchlicher Herrschaft.

Was Xanten von allen anderen Städten unterscheidet, ist die Tatsache, daß sein Dom und damit die ältesten Teile der mittelalterlichen Stadt weder auf den Ruinen der beiden großen Heerlager noch auf denen der bedeutenden Colonia Ulpia Trajana errichtet wurden, sondern auf einem dazwischenliegenden Gräberfeld. Hier soll nach der Legende der christliche Heerführer Viktor mit einigen hundert Glaubensgenossen aus der thebäischen Legion für seinen Glauben den Märtyrertod erlitten haben. Auf diese Heiligen, ad sanctos, blieb die Stadt orientiert, ihnen verdankt sie ihren ungewöhnlichen Namen.

Weit weniger einflußreich für die Geschichte der Stadt wurde ihr größter „Sohn", Siegfried der Drachentöter. Von der sagenhaften Burg seines Vaters, von der er einst zu seinen unglaublichen Eroberungen und Abenteuern ausgezogen sein soll, findet sich nicht die leiseste Spur, und doch bleibt sein Name auf geheimnisvolle Weise mit Xanten und seinem Schutzheiligen verbunden. Ja, die Figuren Viktors und Siegfrieds, des vorbildlichen Glaubenshelden und des unbezwingbaren Krafthelden, fließen im Zwielicht von Legende und Sage fast unmerklich ineinander. Zu allen Zeiten haben sie die Phantasie und Kunst des Menschen beflügelt, manchmal auch seine Glaubens- und Willenskraft gestärkt.

Für die Archäologen ist Xanten ein einmaliger Glücksfall. Da die ansehnliche Römerstadt später nie überbaut wurde, konnte man hier ungehindert systematische Ausgrabungen durchführen und die Stadt Stück für Stück über den einzelnen Fundstellen wieder neu entstehen lassen. Der 1977 eröffnete Archäologische Park bietet bereits einen guten Einblick in den Bauplan der vor zweitausend Jahren untergegangenen Römerstadt.

Von Xanten nach Köln, von einer fast beschaulichen Kleinstadtidylle in die Rheinmetropole mit über einer Million Einwohner. Eine Stadt voll ungebändigter Lebensfreude und Durchsetzungskraft, trotz oder gerade wegen ihrer Mittellage zwischen der Landeshauptstadt Düsseldorf und der aufstrebenden Bundeshauptstadt Bonn. Zu jeder Jahreszeit bewegen sich endlose Besucherströme, Ureinwohner und kauf- und schaulustige Touristen, von der Domplatte aus durch die Hohe Straße und Schildergasse bis zum Neumarkt und wieder zurück. Am Tage bevölkern sie Geschäfte, Museen und Cafés, abends besuchen sie die zahllosen anspruchsvollen oder mehr unterhaltsamen kulturellen Veranstaltungen, oder sie sitzen in den rauchgeschwängerten Pinten und Kneipen der Altstadt.

Man sieht es der Innenstadt nicht mehr an, daß sie im letzten Krieg zu 90 bis 95 % zerstört war. Vieles Historische ist unwiederbringlich verloren. Beim Wiederaufbau mußte man

Der noch im Aufbau befindliche Archäologische Park in Xanten bietet mit seinen zahlreichen Rekonstruktionen einen guten Einblick in die Anlagen eines römischen Kastells. Zu den jüngsten Ausstellungsobjekten gehören diese korinthischen Säulen.

The Archaeological Park in Xanten, which is still in its infancy, contains numerous reconstructions which provide a good insight into the layout of a Roman fortress. These Corinthian pillars are among the most recent objects to be exhibited.

Le parc archéologique de Xanten en cours de travaux permet grâce aux nombreuses reconstructions de prendre connaissance des aménagements d'une citadelle romaine. Ces colonnes corinthiennes sont les dernières acquisitions exposées.

21

S. 24/25 →

Mit dem Namen „Köln" verbindet jeder, der die weltoffene Stadt am Rhein besucht, die Vorstellung von Geschichte, Frömmigkeit, Zerstörung, Geschäftigkeit, Frohsinn und Kunst.

Anyone who visits the cosmopolitan city on the Rhine associates the name "Cologne" with images of history, piety, destruction, bustling activity, joie de vivre and art.

Tous ceux qui visitent cette ville cosmopolite sur le Rhin associent au nom de Cologne la représentation d'histoire, de piété, de destruction, d'activité, de bonne humeur et d'art.

Dieser Kopf des griechischen Philosophen Sokrates ist Teil eines großartigen Fußbodenmosaiks im Römisch-Germanischen Museum in Köln. Es enthielt ursprünglich die Bildnisse von sieben griechischen Philosophen und Dichtern, die jedoch eher die Züge der Menschen des dritten nachchristlichen Jahrhunderts tragen.

This portrait of the Grecian philosopher Socrates is part of a magnificent floor mosaic in the Roman-Germanic Museum in Cologne. It originally included seven Greek philosophers and poets, who are moulded, however, more in the image of people in the third century A. D.

Cette tête du philosophe grec Socrate fait partie d'un magnifique sol en mosaïque du Musée romano-germanique à Cologne. La mosaïque représentait à l'origine les portraits de sept philosophes et écrivains grecs qui ont plutôt les traits d'hommes du IIIème siècle après Jésus-Christ.

22

zwar den veränderten Anforderungen an eine moderne Großstadt entsprechen, aber manches konnte nach alten Vorlagen originalgetreu wiederhergestellt oder restauriert werden. Die eingemeindeten Vororte wurden zu bevorzugten Wohn- und Schlafplätzen der Kölner, durch neue Straßen und Verkehrslinien mit der Stadt verbunden. In den

chen Dynamik und kulturellen Vielfalt ohne den Karneval, die fünfte Jahreszeit in dieser Stadt! In den ersten Wochen jedes Jahres veranstalten die traditionsreichen Karnevalsgesellschaften in ihren Gala- und Prunksitzungen ein wahres Feuerwerk von rheinischem Witz und Humor. Und in den drei tollen Tagen vor Aschermittwoch geht in der Stadt

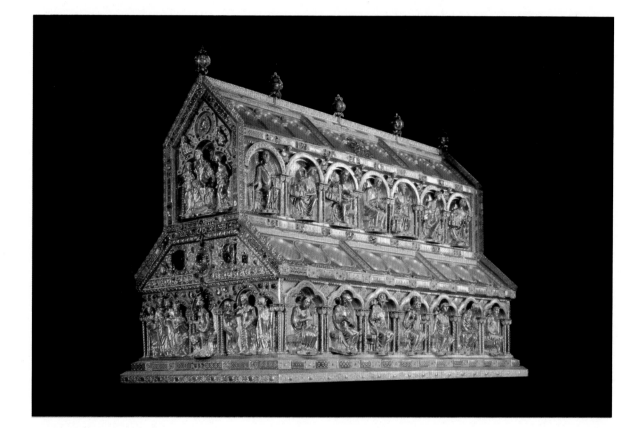

Der Dreikönigsschrein im Hohen Dom zu Köln ist das bedeutendste Kunstwerk seiner Art. Nach der Überführung der Gebeine der heiligen Drei Könige im 12. Jahrhundert wurde die Domstadt zu einem vielbesuchten Wallfahrtsort.

The Shrine of the Magi in the High Cathedral of Cologne is the most important artwork of its kind. The city became a favourite place of pilgrimage after the remains of the Magi were transferred to the cathedral here during the 12th century.

La châsse des rois mages de la Cathédrale de Cologne est un chef-d'oeuvre de l'orfèvrerie. La ville devint un lieu de pèlerinage très fréquenté après le transfert des ossements des trois rois mages au XIIème siècle.

Außenbezirken rund um Köln siedelten sich namhafte Industrieunternehmen an, während an den breiten Ringstraßen die großen Banken und Versicherungen ihre Glaspaläste errichteten. Die wirtschaftliche Bedeutung Kölns als Messestadt reicht bis ins 12. Jahrhundert zurück; heute werden die großen Fachmessen auf dem Deutzer Messegelände von Interessenten aus aller Welt besucht. Kein Wunder, daß der Hauptbahnhof der verkehrsreichste in der Bundesrepublik Deutschland ist und das Verkehrsnetz im Kölner Raum oft hoffnungslos überlastet ist. Doch was wäre Köln bei aller wirtschaftli-

nichts mehr. Mit dem Beginn des Rosenmontagszuges – der erste Zug lief 1824 durch Köln – ruht in Schulen und Betrieben jede ernsthafte Arbeit. Zehntausende von buntverkleideten, schunkelnden Karnevalsjekken säumen die Straßen der Innenstadt und stärken sich mit einem gelegentlichen Schluck aus der Flasche, bis „de Zoch kütt". Für viele von ihnen ist ein Jahr nur der Abstand von einem Rosenmontag zum nächsten, auch wenn schon am Aschermittwoch „alles vorbei" ist.
Inmitten des geschäftigen, oft hektischen Treibens der Stadt erhebt sich der Kölner

S. 26

Mit dem Dombild in der Marien-kapelle des Kölner Doms schuf Stephan Lochner um 1440 sein größtes Meisterwerk. Es zeigt Maria mit dem Jesuskind, denen die Stadtpatrone ihre Huldigung darbringen.

Completed in 1440, the painting in the St. Mary's chapel of Cologne Cathedral was Stephan Lochner's great masterpiece. It shows Mary with the Child Jesus, to whom the city's patrons pay homage.

Avec le tableau de la Cathédrale (Dombild) dans la chapelle de la Vierge de la Cathédrale de Cologne, Stephan Lochner créa vers 1440 son plus grand chef-d'oeuvre. Ce triptyque montre la sainte Vierge avec l'Enfant Jésus auxquels les patrons de la cité apportent leurs hommages.

Dom wie ein sicherer Fels in der Brandung. Die 157 Meter hohen Türme machten ihn zum Zeitpunkt seiner Vollendung, 1880, zur höchsten Kirche der Welt, und heute noch ist er der größte und bedeutendste Kirchenbau Deutschlands. Als der Kölner Erzbischof 1248 den Grundstein für den Dombau legte, war er der mächtigste Fürst des deutschen Reiches. In seiner Residenz sollte die größte Kirche der Christenheit entstehen, eine Königskathedrale im Stil der französischen Gotik, ein würdiger Ort zur Aufbewahrung des größten Reliquienschreins. Die heiligen drei Könige, deren Gebeine als kostbare Reliquien im 12. Jahrhundert nach Köln gekommen waren, dürften wohl die seltsamsten Herrscher der Weltgeschichte gewesen sein.

Die Schwächung der erzbischöflichen Macht durch den Aufstieg der reichen Bürgerschaft spiegelte sich in der Geschichte des Dombaus deutlich wider. Jahrhundertelang blieb das Gotteshaus eine riesige Bauruine. Erst die im 19. Jahrhundert aufbrechende Begeisterung für einen deutschen Nationalstaat weckte ein starkes Interesse für den Weiterbau. Nicht mehr ein Ausdruck universaler Gottesherrschaft durch die Kirche, sondern ein Symbol der vaterländischen Einheit aller Deutschen sollte der dann in 40 Jahren vollendete Dom sein. Heute hat auch diese Sinngebung ihre Überzeugungskraft weitgehend eingebüßt. Für viele Menschen ist der Kölner Dom zu einem großen Mahnmal der durch Technik und Überflußgesellschaft bedrohten Kultur geworden.

Weltoffenheit und Lebensbejahung könnten beinahe vergessen lassen, daß Köln auf eine zweitausendjährige Geschichte zurückblicken kann. Um 50 n. Chr. gründeten die Römer im Bereich der heutigen Altstadt die Colonia Claudia Ara Agrippinensis, eine

← S. 26

Die im Jahre 1987 eröffnete Philharmonie ist hinsichtlich ihrer Anlage und technischen Ausstattung eine der modernsten Konzertsäle der Bundesrepublik Deutschland.

The design and technical facilities of the Philharmonic, opened in 1987, make it one of the most modern concert halls in the Federal Republic of Germany.

La philharmonie inaugurée en 1987 est pour ce qui est de son installation et de son équipement technique, une des salles de concert les plus modernes de la République fédérale d'Allemagne.

große Veteranenkolonie, die spätere Hauptstadt der Provinz Germania und zeitweilig römische Kaiserresidenz. Einige Reste aus dieser Zeit findet man noch an ihrem ursprünglichen Ort. Von unschätzbarem Wert aber sind die Funde, die im 1974 eröffneten Römisch-Germanischen Museum gezeigt werden. Dieser neue, wegweisende Museumstyp ist seit seiner Errichtung ein Hauptanziehungspunkt der Domstadt geblieben. Erst 1987 erhielt Köln mit dem großartigen Bau der Philharmonie seine bisher letzte kulturelle Bereicherung.

Ein Höhepunkt des rheinischen Karnevals ist der Rosenmontagsumzug in Köln, bei dem unzählige ausgelassene Jecken und Zuschauer das Straßenbild bestimmen.

The Shrove Monday procession in Cologne is one of the highlights of the Rhenish carnival festivities, with the streets filled with scores of rollicking merrymakers and onlookers.

Le défilé du lundi gras à Cologne représente l'apogée du carnaval rhénan, où règne une gaieté exubérante parmi les ›bouffons‹ et les spectateurs.

Das 180 km weiter rheinaufwärts gelegene Mainz hat mit Köln vieles gemeinsam: eine zweitausendjährige Geschichte, eine Jahrhunderte dauernde Herrschaft von Erzbischöfen und Kurfürsten, einen berühmten Dom, eine nicht weniger berühmte Universität und – den Karneval. Doch in einigen Punkten sollten die deutlichen Unterschiede nicht übersehen werden, was auch im Interesse beider Städte liegen dürfte.

Die Erzbischöfe von Mainz waren im Mittelalter Erzkanzler des Heiligen Römischen Reiches Deutscher Nation und damit die ranghöchsten Fürsten nach dem Kaiser. Die von ihnen verwaltete Erzdiözese reichte vom

schweizerischen Chur bis nach Brandenburg und Prag und war mit 13 Suffraganbistümern die größte Kirchenprovinz nördlich der Alpen. Und doch konnte diese Vormachtstellung nicht verhindern, daß Mainz in seiner wirtschaftlichen und kommunalen Entwicklung der letzten zweihundert Jahre weit hinter Köln zurückblieb. Auch durch die Ernennung zur Hauptstadt des Landes Rheinland-Pfalz war der Rückstand nicht wieder aufzuholen. Mit weniger als 200 000 Einwohnern erreicht Mainz nur knapp ein Fünftel der Kölner Bevölkerung.

Als Sammelpunkt deutscher Kultur- und Geistesgeschichte behält Mainz dennoch seine herausragende Bedeutung. Der im Kern über 1000 Jahre alte Dom, eine aus rotem Sandstein aufgetürmte Gottesburg, gilt als das reifste Werk romanischer Baukunst am Rhein. Nach dem Willen seines Begründers, des Erzbischofs Willigis, sollte er der Staatsdom des Reiches werden, dessen mächtiger Westbau das sacerdotium, die geistliche Herrschaft durch Kirche und Papst, verkörperte, während der nicht weniger eindrucksvolle Ostbau ein Sinnbild des Imperiums, der durch die römischen Kaiser und Karl d. Gr. überlieferten weltlichen Macht, war.

Die Erfindung der Buchdruckerkunst um 1450 durch den Mainzer Patrizier und Goldschmied Johannes Gutenberg bedeutete eine geistesgeschichtliche Revolution allerersten Ranges. Ohne sie wären gewiß viele Ereignisse der Weltgeschichte anders abgelaufen – wenn sie überhaupt je stattgefunden hätten.

Zu den geschichtlich bedeutungsvollen Domstädten gehören auch Worms und Speyer, wo auf vielen Reichsversammlungen wichtige politische und kirchliche Entscheidungen getroffen wurden, wo ein wesentlicher Teil deutscher Reichsgeschichte geschrieben wurde.

Was die Nibelungensage über den burgundischen Königspalast in Worms, über König Gunther, Siegfried und ihre Frauen zu erzählen weiß, bleibt zwar wissenschaftlich unbe-

Der aus leuchtendem Rotsandstein erbaute romanische Dom in Mainz erhebt sich wie eine steinerne Gottesburg über das Häusermeer der alten Kaiserstadt. Die hier residierenden Erzbischöfe gehörten jahrhundertelang zu den einflußreichsten Staatsmännern des deutschen Reiches.

The cathedral in Mainz, built of bright, red sandstone in the Romanesque style, rises like a stony fortress of God above the sea of houses of the ancient imperial city. For centuries, the archbishops who presided here were among the most influential statesmen of the German Empire.

La cathédrale romane de Mayence construite en grès rouge éclatant se dresse comme un château divin en pierres au-dessus des nombreuses maisons de l'ancienne cité impériale. Les archevêques qui y résidèrent furent des siècles durant des hommes d'état très influents de l'Empire allemand.

29

Der von vier schlanken Rundtür-
men flankierte Bau des Wormser
Doms entstand zur selben Zeit
wie das berühmte Nibelungenlied, in dem auch die alte Bischofsstadt eine Rolle spielt.

The Worms cathedral, flanked by
four slender rounded turrets,
dates from the same period as
the famous "Nibelungenlied", in
which this ancient bishops' city
also plays an important role.

L'édifice de la Cathédrale de
Worms flanqué de quatre tours
rondes remonte à la même époque que la célèbre chanson des
Nibelungen, dans laquelle l'ancienne ville épiscopale joue aussi
un rôle.

wiesen, doch hat die Kunst diese Lücke auf ihre Weise geschlossen, indem sie am Nordportal des Doms die dramatischen Szenen der Sage bildlich darstellte. Aktenkundlich ist dagegen der berühmte Reichstag von 1521, auf dem Luther vor Kaiser und Reich den Widerruf seiner reformatorischen Schriften unter Berufung auf das Zeugnis der Bibel mutig verweigerte und damit den offenen Kampf für die Sache des neuen Glaubens aufnahm. Neben Wittenberg und der Wartburg ist das katholische Worms deshalb bis heute eine Art Wallfahrtsort für Protestanten aus aller Welt.

Aber nicht nur der deutsche Kaiser, auch der Bischof von Worms bekam den Ungehorsam seiner Untertanen zu spüren, als diese sich gegen das kirchliche Stadtregiment zur Wehr setzten und schließlich ihre Anerkennung als freie Reichsstadt erreichten. Dennoch blieb der 1230 geweihte Dom der beherrschende Mittelpunkt der Stadt. In der überraschend kurzen Bauzeit von nur 50 Jahren erhielt er trotz seines Formenreichtums eine große Geschlossenheit seiner äußeren Gestalt, die ihn zu einem der bedeutendsten romanischen Bauwerke des Abendlandes und zum Vorbild vieler späterer Kirchenbauten machte.

Noch kraftvoller, majestätischer erhebt sich der Kaiserdom von Speyer auf einer halbinselförmigen Anhöhe über dem Rhein. Ähnlich wie der Erzbischof von Köln war auch sein Begründer, der Salierkaiser Konrad II., vom Ehrgeiz getrieben, in seiner Lieblingsstadt den mächtigsten Dom der ganzen damaligen christlichen Welt zu errichten. Was unter ihm und seinen Nachfolgern in nur wenigen Jahrzehnten des 11. Jahrhunderts geschaffen wurde, war in der Tat die erhabenste und schönste aller romanischen Kirchen. Eine großartige Steigerung seiner Würde erfuhr der Dom noch durch die weiträumige Krypta unter dem Ostchor, in der neben einigen Bischöfen acht deutsche Kaiser und Kaiserinnen aus verschiedenen

Der Kaiserdom zu Speyer ist vielleicht der schönste und erhabenste romanische Kirchenbau Deutschlands. In der um 1900 umgestalteten Krypta ruhen die Särge von acht deutschen Kaisern und Kaiserinnen aus verschiedenen Herrschergeschlechtern.

The imperial cathedral in Speyer may well be Germany's most beautiful and majestic church built in the Romanesque style. The crypt, redesigned about 1900, houses the coffins of eight German emperors and empresses from various dynasties.

La cathédrale impériale de Spire est peut-être le plus grandiose et le plus bel édifice roman d'Allemagne. Dans la crypte réaménagée en 1900 reposent huit empereurs et impératrices d'Allemagne de différentes dynasties.

Herrschergeschlechtern bestattet wurden. Als am Ende des 17. und des 18. Jahrhunderts französische Trupppen in die Rheinpfalz einfielen, wurde der Dom das Opfer schwerster Plünderungen und Zerstörungen. Auch die Kaisergräber blieben davon nicht verschont, und nur mit größter Mühe konnte die totale Zerstörung des einmaligen Bauwerks verhindert werden. Durch die völlige Neuordnung der kaiserlichen Grablege wurde die Krypta des Speyerer Doms zu einem Nationalheiligtum Deutschlands, zu einer der würdigsten Weihestätten, die der Schriftsteller Reinhold Schneider einmal den „erhabensten Raum auf deutscher Erde" genannt hat.

Abseits der großen Politik

Das linksrheinische Gebiet ist ein Ballungsraum jahrhundertealter politischer Machtausübung und eines künstlerischen Schaffens von epochaler Bedeutung. Aber es ist auch ein Land mit einem sehr persönlichen, intimen Charakter, der in der heiteren Lebensart des Pfälzers wie in dem eher ernst und zurückhaltend wirkenden Eifelbauern seinen vielgestaltigen Ausdruck findet.

Wenn vom Saarland die Rede ist, läßt sich das Politische allerdings nicht verdrängen und ausklammern. Das Land, das an der französisch-lothringischen Grenze im Norden und Osten von Rheinland-Pfalz umschlossen wird und fast ein organischer Bestandteil desselben zu sein scheint, hat durchaus seine landschaftlichen Reize. Die Ausläufer des Hunsrück und des Pfälzer Berglands bieten den Menschen der Industriestädte im Süden Ruhe und Erholung. Aber gerade als

Standort bedeutender Industrieanlagen ist das Saarland in unserem Jahrhundert wiederholt zum Streitobjekt der europäischen Politik geworden. Nach den beiden für Deutschland verlorenen Weltkriegen setzte Frankreich alles daran, um das Saargebiet als wirtschaftlichen Machtfaktor für sich zu gewinnen. Erst die Abstimmungen von 1935 und 1955, in denen sich die überzeugende Bevölkerungsmehrheit gegen einen Anschluß an Frankreich aussprach, konnten jedesmal die Wiederangliederung an Deutschland sichern. Heute hat das Saarland, der kleinste Flächenstaat der Bundesrepublik Deutschland mit nur rund einer Million Einwohnern, jedoch große Mühe, um sich wirtschaftlich gegen die harte europäische und internationale Konkurrenz zu behaupten.

Unbeschwerter, freundlicher erscheint das Leben an der Mosel und in der Pfalz. Hier hat die Arbeit des Menschen die Natur nicht verdrängt oder zerstört, sondern kultiviert und veredelt. An den Steinhängen des vielfach gewundenen Moseltals und in den ausgedehnten Weingärten zwischen Grünstadt und Bergzabern am Fuße der Haardt wird intensiver Weinbau getrieben, eines der schönsten Erbstücke aus der reichen Hinterlassenschaft der Römer. Der kalk- und schieferhaltige Boden, der günstige Einfall und die Speicherung des Sonnenlichts sowie die

Mehrere Siedlungskerne an der Saar wuchsen während des Mittelalters zur Stadt Saarbrücken zusammen.
Die heutige Industriestadt war einmal eine bedeutende Residenz des Barock.

Several settlements located on the Saar river merged with one another during the Middle Ages to form the city of Saarbrücken.
Today an industrial city, it was once an important capital of Baroque architecture.

Plusieurs cités sur la Sarre formèrent au Moyen Age la ville de Sarrebruck. L'actuelle ville industrielle fut un jour une résidence importante du baroque.

Die auf dem Grundriß eines griechischen Kreuzes errichtete barocke Ludwigskirche ist der bedeutendste evangelische Kirchenbau in Südwestdeutschland.

The Baroque "Ludwigskirche", erected on a ground-plan of a Grecian cross, is the most important Protestant church building in southwestern Germany.

L'église Saint-Louis de style baroque construite sur le plan d'une croix grecque est l'édifice de culte protestant le plus important du sud-ouest de l'Allemagne.

gegen Kälte und Wind schützenden Berghänge lassen hier Weine gedeihen, die oft Spitzenqualität erreichen und bei in- und ausländischen Weinkennern höchstes Ansehen genießen. Die Pflege der Rebstöcke vom Frühjahr bis in den späten Herbst erfordert vom Winzer allerdings einen großen

Jedes Jahr im September ist Bad Dürkheim mit seinem traditionellen Wurstmarkt ein großer Anziehungspunkt für fröhliche Weinzecher.

In September of every year Bad Dürkheim attracts large numbers of amicable wine-lovers to its traditional sausage market.

Chaque année en septembre Bad Dürkheim est avec sa fête du vin traditionnelle appelée ›Wurstmarkt‹, un grand point d'attraction pour les joyeux buveurs de vin.

Arbeits- und Kostenaufwand; der Weinbau gehört zu den arbeitsintensivsten und risikoreichsten Zweigen der Landwirtschaft.

Der fröhliche Zecher bei den ausgelassenen Weinfesten an der Deutschen Weinstraße oder der Mosel merkt davon nichts. Ob in Cochem oder Bernkastel-Kues, in Neustadt oder Bad Dürkheim – überall erwartet ihn in den Weinkellern und Restaurants eine gelokkerte und beschwingte Atmosphäre, die ihn zum Mitsingen und Mitfeiern animiert. Einer der besonderen Höhepunkte der zahlreichen Festlichkeiten ist das „Deutsche Weinlesefest" in Neustadt an der Weinstraße mit der Wahl der Pfälzischen und der Deutschen Weinkönigin, die als strahlender Mittelpunkt des Festzuges den neuen Wein taufen darf.

Wiederum ein anderes Gesicht zeigt die höher gelegene Berglandschaft der Eifel. Diese Region galt früher mit Recht als unwirtliches, armes Land, deren Bewohner nur schwer den Anschluß an das Zeitalter der Industrialisierung und des technischen Fortschritts finden konnten und ein meist hartes, entbehrungsreiches Leben führten. In dieses etwas düstere Bild sind inzwischen bedeutend hellere Farbtöne gekommen. Doch die Landschaft selbst mit ihren einsamen Maaren, den dunklen Augen längst erloschener Vulkane, mit ihren Felsblöcken aus Dolomit, Tuffstein und Basalt, mit den weiten Moor- und Heideflächen des Hohen Venn – das ist noch ein Stück urwüchsiger Natur, deren herbe Schönheit die Menschen in ihren Bann zu ziehen vermag. Die Dörfer und Städtchen mit ihren schieferverkleideten Fachwerkhäusern machen einen gepflegten Eindruck, mitunter bis zur Idylle gesteigert. Reste von steinernen Wasserleitungen und Hausmauern weisen zurück in die römische Vergangenheit, und die Burgruinen und teilweise noch gut erhaltenen Wasserschlösser erinnern an die Herrschaftsverhältnisse früherer Jahrhunderte. Die völlig unversehrte, heute noch bewohnte Burg Eltz in einem entlegenen Seitental der Mosel wirkt mit ihren dicht aneinandergesetzten, hochragenden Wohngebäuden und dem Gewirr der Giebel

und Türmchen wie ein schönes Spielzeugmodell, wie der Idealtyp einer deutschen Ritterburg. Das Gegenstück aus der sakralen Baukunst findet man in der Einsamkeit der Eifelmaare. Die Klosterkirche der hier im 11. und 13. Jahrhundert errichteten Benediktinerabtei Maria Laach demonstriert den romanischen Baustil in seiner reinsten Ausprägung. Aber auch die moderne Technik und Wissenschaft haben ihren Weg in die Stille der Eifel gefunden. Im Naturschutzgebiet an Olef, Urft und Rur wurde das größte Talsperrensystem Westeuropas gebaut, von dem der Rurstausee mit einem Fassungsvermögen von 205 Millionen Kubikmetern das größte Staubek-

ken der Bundesrepublik Deutschland ist. Und bereits vor 60 Jahren entstand in der Nähe von Adenau der Nürburgring, die älteste und beliebteste Autorennstrecke Deutschlands, die nicht nur bei sportlichen Veranstaltungen den Wunsch nach Abenteuer und Nervenkitzel weckt. Auf wesentlich höhere Ziele ist das 1970 in Betrieb genommene Radioteleskop bei Effelsberg gerichtet, dessen Parabolspiegel mit einem Durchmesser von 100 Metern dazu beiträgt, unsere Vorstellungen vom Kosmos in manchen Punkten zu erweitern und zu verändern.

Am größten Eifelmaar liegt die Benediktinerabtei Maria Laach, die den romanischen Baustil in seiner höchsten Vollendung dokumentiert.

The Benedictine abbey Maria Laach, the epitome of Romanesque architecture, is situated on the largest volcanic lake of the Eifel.

Près du plus grand cratère de volcan éteint de l'Eifel se trouve l'abbaye bénédictine de Maria Laach de style roman le plus parfait.

Das Wahrzeichen Cochems, eines der bekanntesten Weinorte an der Mosel, ist die hoch über der Stadt thronende Reichsburg, die nach ihrer Zerstörung durch die Franzosen im 19. Jahrhundert wiederaufgebaut wurde.

The landmark of Cochem, one of the most well-known winegrowing towns on the Moselle, is the imperial castle perched high above the city. It was restored after being destroyed by the French in the 19th century.

L'emblème de Cochem une des villes viticoles les plus connues sur la Moselle est son château qui s'élève au-dessus de la ville et qui fut reconstruit après sa destruction par les Français au XIXème siècle.

Die Mosel windet sich in zahlreichen Schleifen durch die Weinberge des Rheinischen Schiefer-
gebirges.

The Moselle winds and weaves
its way through the vineyards of
the Rhenish slate mountains.

La Moselle fait de nombreux
méandres à travers les vigno-
bles des montagnes schis-
teuses rhénanes.

Wie ein verwunschenes Märchenschloß liegt die Burg Eltz in einem Seitental der Mosel. Die mit vielen Türmen und Erkern geschmückte Burg setzt sich aus mehreren Gebäuden zusammen, die von verschiedenen Generationen der Adelsfamilie errichtet wurden. Seit dem 12. Jahrhundert befindet sie sich im Besitz der Grafen von Eltz.

Eltz castle lies in a side valley of the Moselle like an enchanted fairy-tale castle. The castle, adorned with numerous towers and oriels, is a combination of several structures that were built by various generations of the local nobility. It has been in the hands of the Count of Eltz since the 12th century.

Comme un château de contes de fées enchanté, le château d'Eltz se trouve dans une vallée latérale de la Moselle. Le château pourvu de nombreuses tours et d'encorbellements se compose de plusieurs bâtiments qui furent construits par différentes générations de familles nobles. Il est depuis le XIIème siècle la propriété des comtes d'Eltz.

Bad Münstereifel, dessen Altstadt vollständig unter Denkmalschutz steht, bietet mit seinen mittelalterlichen Bauten und der alles überragenden Burgruine ein besonders malerisches Bild.

Bad Münstereifel, where the entire old town centre is under a preservation order, is especially picturesque with its mediaeval buildings and the castle ruins looming above.

Bad Münstereifel dont la vieille ville est entièrement classée monument historique offre un tableau très pittoresque avec ses édifices moyenâgeux et le château en ruines qui surplombe tout.

Schloß Bürresheim bei Mayen gehört zu den zahlreichen mittelalterlichen Höhenburgen in der Eifel.

The Bürresheim castle near Mayen is one of the many mediaeval mountain fortresses in the Eifel.

Le château de Bürresheim près de Mayen fait partie des nombreux châteaux-forts moyenâgeux perchés dans l'Eifel.

In vielen Wein- und Ausflugsorten an Mosel und Rhein gibt es noch solche schönen Fachwerkhäuser und verwinkelten Gassen.

Beautiful half-timbered houses and crooked alleyways such as these can still be found in many wine-growing towns and excursion resorts on the Moselle and Rhine rivers.

Dans beaucoup de lieux viticoles et touristiques sur la Moselle et le Rhin, il y a encore de ces belles maisons à colombages et des ruelles tortueuses.

Jedes Jahr im August strömen Zehntausende von Besuchern nach Speyer, um den „Rhein in Flammen" zu erleben. Zu dem faszinierenden Schauspiel gehören die Illuminierung der Schiffe der Köln-Düsseldorfer-Rheinschiffahrt und der umliegenden Ufer und Burgen sowie ein brillantes Feuerwerk auf der Festung Ehrenbreitstein.

Every August tens of thousands of visitors stream to Speyer to witness the "Rhine in Flames" event, which includes the illumination of the Cologne-Duesseldorf excursion boats on the Rhine, and of the surrounding shores and castles, as well as a brilliant fireworks display on the grounds of Ehrenbreitstein fortress.

Chaque année au mois d'août des dizaines de milliers de visiteurs viennent à Speyer pour vivre le ›Rhin en flammes‹. Ce spectacle fascinant est dû à l'illumination des bateaux de la navigation sur le Rhin de Düsseldorf à Cologne et des rives et châteaux environnants ainsi qu'à un feu d'artifice sur la forteresse d'Ehrenbreitstein.

Der Rhein in Flammen

Wenn heute die Menschen zu Zehn- und Hunderttausenden an den Rhein strömen, so tun sie das durchaus in friedlicher Absicht. Sie wollen, vor allem in dem landschaftlich schönsten Teil zwischen Mainz und Koblenz, die Natur genießen, einen gemütlichen Weinabend erleben und dabei die Kümmernisse und Sorgen des Alltags vergessen.

So harmlos-vergnüglich ging es längst nicht immer zu. Wenn vor tausend oder zweitausend Jahren der Rhein in Flammen stand, dann war es meistens bitterer Ernst. Bevor der Rhein zum Schauplatz massentouristischer Attraktionen wurde, war er jahrhundertelang der Austragungsort blutiger Fehden und verlustreicher Grenzkriege. Die Römer entzündeten auf den Wachtürmen ihrer Befestigungsanlagen Leuchtfeuer, um einen Angriff germanischer Feinde zu melden oder eigene kriegerische Aktionen zu signalisieren. Bis zu ihrem endgültigen Abzug blieb der Rhein eine heißumkämpfte Grenze. Im Hoch- und Spätmittelalter ließen Bischöfe, Grafen und andere Grundherren an günstig gelegenen Punkten der Berghänge zahlreiche Burgen errichten, die ihnen den Schutz ihres Besitzes und eine gewinnbringende Kontrolle des Rheins als wichtiger Handelsstraße ermöglichen sollten. Auch einige Flußinseln erhielten feste Zollstationen, wie die Beispiele des Binger Mäuseturms und der Pfalz bei Kaub zeigen. Im Absolutismus war es dann das erklärte Ziel Ludwigs XIV., in den Reunionskriegen alle linksrheinischen Gebiete zu erobern und den Rhein zur unanfechtbaren Grenze zwischen Frankreich und Deutschland zu machen. Die deutsche Antwort erfolgte nach der endgültigen Niederlage Napoleons, als ein leidenschaftlicher Patriotismus den Rhein als „Deutschlands Strom, aber nicht Deutschlands Grenze" forderte. Starke Festungsanlagen, wie die in Mainz und auf dem Ehrenbreitstein, hielten im vorigen Jahrhundert die deutsche „Wacht am Rhein". Im 2. Weltkrieg loderten wiederum die Brandfak-keln an den Rheinufern und brachten Tod und Vernichtung über die Menschen. Es hat lange gedauert, bis der Rhein, der schönste aller deutschen Ströme, seine Ruhe wiederfinden und seine Aufgabe als wichtige Handels- und Verkehrsstraße wiederaufnehmen konnte.

In der Gunst der zahllosen deutschen und ausländischen Touristen steht der Rhein nach wie vor an erster Stelle. Sein gewaltiger Durchbruch durch den Hunsrück-Taunus-Riegel und das Rheinische Schiefergebirge hat eine Flußlandschaft von hinreißender Schönheit geschaffen. Auf beiden Seiten des bald enger werdenden, bald weiter ausgreifenden Tales steigen die Felswände aus dem Wasser empor. Endlos scheinende Weinberge ziehen sich, jede Südhanglage geschickt nutzend, an ihnen bis in große Höhen hinauf. Auf Gipfeln und plötzlich ins Bild tretenden Felsvorsprüngen entdeckt man die Ruinen der Burgen, die einst das Tal beherrschten. Hinter jeder Flußbiegung eröffnen sich neue Ausblicke, die Bilder

Bei einer Fahrt durch das romantische Rheintal tauchen immer wieder hoch über den Weinbergen Burgen und Burgruinen auf, Zeugen einer wechselvollen und oft kriegerischen Vergangenheit.

On a drive through the romantic Rhine valley one repeatedly comes across castles and castle ruins high above the vineyards, reminders of the varied fortunes of an often bellicose past.

Lors d'une croisière à travers la vallée du Rhin romantique apparaissent sans cesse en haut au-dessus du vignoble des châteaux-forts et des châteaux en ruines, les témoins d'un passé changeant et souvent guerrier.

Wie viele andere Städte ist das alte romantische Bacharach ein beliebtes Ziel von Ausflüglern, die in gemütlichen Weinkellern und Gasthäusern Freude und Entspannung finden.

Like many other cities, the old romantic town of Bacharach is a favourite among day-trippers – visitors can relax and enjoy themselves in the cozy wine cellars and inns.

Comme beaucoup d'autres villes Bacharach, vieille ville romantique, est un but recherché des touristes qui trouvent la paix et la détente dans les tavernes et les auberges.

43

wechseln unaufhörlich wie in einem Kaleidoskop, aber alle sind sie schön und erhaben. Kein Wunder, daß an jedem sonnigen Wochenende die Uferstraßen und Parkplätze, die vielen Restaurants und Weinkeller überfüllt sind. Wenn am zweiten Samstag im August der „Rhein in Flammen" steht, säumen bis zu 500000 Besucher die Uferpromenaden zwischen Braubach und Koblenz. Auch bei den Wein- und Winzerfesten im Herbst sitzen und stehen die Menschen dichtgedrängt. Gefühlvolle Volkslieder, oft schon zu banalen Gassenhauern verkommen, und großartige Hymnen besingen die Schönheiten des Rheins und seiner Frauen. Unermüdlich werden noch immer die romantischen Bildmotive auf Leinwand oder Film gebannt. Noch immer bringen die Menschen dem segenspendenden Flußgott ihre Huldigungen und Opfer dar. Vor 150 Jahren schrieb ein weitgereister Menschenkenner: „Der Rhein ist dem Deutschen, was dem Indier der Ganges, dem Aegypter der Nil, dem Römer der Tiber ist . . . Keine Reise wirkt so auf das Gefühl und erhebet so das Herz, als die Reise durch die Göttergefilde des Rheins." Diese wohlwollend-distanzierte Einschätzung könnte heute noch gültig sein, wenn auch nicht in dieser Ausschließlichkeit. Verständlich wäre es jedenfalls schon, wenn die Menschen aus ihrem von Computern, Maschinen und Terminkalendern beherrschten Alltag in die Märchenlandschaft des Rheins fliehen, mit einer großen Sehnsucht nach dem unwirklich Schönen, nach innerer Befreiung durch ein gefühlsstarkes, gegenwartsfernes Erleben oder einfach mit dem Wunsch nach Entspannung und ein bißchen Lebensfreude. Weder die lautstarken Loblieder noch die unglaublichen Märchen und Sagen haben dem Rhein geschadet. Er hat sie ebenso geduldig ertragen wie die schweren Frachtkähne und die vollbesetzten Ausflugsdampfer der Weißen Flotte. Als man jedoch daranging, ihn mit Unmengen von Laugen, Säuren, Schwermetallen und anderen Giftstoffen zu füttern, nahm der sonst so gutmütige, hilfsbereite Riese eine deutlich drohende Haltung ein und schlug mit der gleichen tödlichen Waffe zurück. Das brachte die Menschen schließlich zur Vernunft. Sie versprachen ihm Schonung und Wiedergutmachung des angerichteten Schadens. Und tatsächlich scheint sich Vater Rhein inzwischen auf dem Wege der Besserung zu befinden. Er wird die rücksichtsvolle, menschliche Behandlung nicht unbelohnt lassen, auch wenn er sich bei Hochwasser noch manchmal aus seinem Flußbett erhebt und in den ufernahen Straßen und Hauskellern seine schmutzige Visitenkarte hinterläßt. Was sind schon solche kleinen Ungezogenheiten im Vergleich zu den großen Wohltaten, die er den Menschen auf ihrer Suche nach Gewinn und Vergnügen erweist!

Bonner Perspektiven

Am Ende dieses ersten Kapitels führt der Weg noch einmal zurück in die große Politik, in die jüngste Haupstadt Europas. In Bonn haben – wohl mehr als anderswo – alle Dinge ihre zwei Seiten. Das bezieht sich keineswegs nur auf den Bundestag, wo fast jedes politische Problem kontrovers diskutiert, jeder politischen Auffassung umgehend widersprochen wird. Das bilaterale Denken beginnt bereits da, wo nur der Name „Bonn" fällt. Was meint derjenige, der über Bonn

spricht, eigentlich? Die Politik der Regierung in Bonn, die Geschichte oder die aktuellen Probleme der Stadt? Das erste ist wohl ein weites Feld, auf dem man leicht die Orientierung verlieren kann. Aber auch im letzteren Sinne ist der Begriff nicht ohne Brisanz.

Viele Deutsche, darunter auch mancher Bonner, wollen es immer noch nicht recht glauben, daß Bonn seit 1949 die Hauptstadt der Bundesrepublik Deutschland ist. Zugegeben: nur die provisorische Hauptstadt. Doch die Erfahrung lehrt, daß nichts so dauerhaft ist wie ein Provisorium, und die Wiedervereinigung Deutschlands, die dies ändern könnte, ist bis auf weiteres nicht in Sicht. Die Anerkennung Bonns wird noch dezent in Frage gestellt, wenn man von der Stadt als „Amtssitz der Regierung" spricht oder die Behauptung zu lesen ist: „Bonn macht Politik – Berlin deutsche Geschichte". Ob die Umfor-

Das in anmutigem Rokokostil erbaute Bonner Rathaus trägt viel zu der intimen Atmosphäre auf dem immer belebten Marktplatz bei.

The town hall in Bonn, built in a graceful Rococo style, contributes a great deal to the homey atmosphere of the always bustling marketplace.

L'hôtel de ville de Bonn construit en style rococo élégant contribue pour beaucoup à l'atmosphère intime de la place du marché toujours très animée.

In nur geringer Entfernung von der Bonner Hauptresidenz ließ sich Kurfürst Josef Clemens am südlichen Ende der Poppelsdorfer Allee das Lustschloß Clemensruh erbauen, an dem auch der berühmte Barockbaumeister Balthasar Neumann mitwirkte.

The Elector Josef Clemens had the Clemensruh summer residence built at the southern end of the Poppelsdorfer Allee, only a short distance away from the main residential palace in Bonn. The famous Baroque masterbuilder Balthasar Neumann was involved in its construction.

Le prince-électeur Josef Clemens se fit construire tout près de la résidence principale de Bonn au bout de l'Allée sud de Poppelsdorf, le château de plaisance Clemensruh. Le célèbre architecte baroque Balthasar Neumann participa à sa construction.

mulierung eines alten katholischen Dogmas „Extra Bonnam nulla vita" nur als Kompliment an die gemütlichen Pinten und Straßencafés in der Altstadt zu bewerten ist oder ob damit auch ein politischer Führungsanspruch betont wird, läßt sich wohl nicht mit letzter Sicherheit ermitteln.

An Bonn – hier nur als Kommune verstanden – kann man nicht meinungslos vorbeigehen. Viele Politiker und Stadtplaner vermissen die für eine Hauptstadt charakteristischen Merkmale: ein auf Distanz haltendes Regierungsviertel, das dem Bedürfnis nach Repräsentation und erhabenen Gefühlen entspricht, breite, auf den Regierungspalast zulaufende Auffahrtstraßen mit stilvollen Mo-

In diesem eher bescheidenen Haus in der Bonngasse wurde im Jahre 1770 Ludwig van Beethoven, einer der genialsten deutschen Komponisten, geboren. Die wiederhergestellten und teilweise originalgetreu eingerichteten Räume enthalten Gegenstände seines persönlichen Lebens und wertvolle Zeugnisse seines künstlerischen Schaffens.

In 1770 Ludwig van Beethoven, one of the most brilliant German composers, was born in this rather modest house in the Bonngasse. The rooms, which were restored and in part furnished authentically, contain objects from his private life and valuable evidence of his artistic work.

C'est dans cette maison plutôt modeste de la Bonngasse que naquit en 1770 Ludwig van Beethoven, un des plus grands compositeurs allemands. Les pièces refaites et meublées en partie comme à l'origine, comprennent des objets de sa vie privée et de très précieux témoignages de son oeuvre artistique.

sen ließ, noch lange nicht zu einer echten Hauptstadt geworden ist. Selbst die Tatsache, daß es in Bonn ca. 165 Bundesdienststellen und 115 auswärtige diplomatische Vertretungen gibt, kann sie von dieser Meinung keineswegs abbringen. Für sie sieht eine Hauptstadt einfach anders aus als die Universitätsstadt Bonn.

Tatsächlich kann man Bonn weder mit Paris noch mit London oder Wien vergleichen. Sein provinzieller, in manchen Stadtteilen sogar ausgesprochen dörflicher Charakter ist unverkennbar. Aber das muß kein Nachteil sein. Die echten „Bönnsche", immerhin ein Drittel der Bevölkerung, pflegen die Gemütlichkeit, die ungezwungene Beziehung von Mensch zu Mensch, die alles Renommiergehabe und Zurschaustellen von Titeln und Ämtern liebevoll ignoriert. Wenn man sie beobachtet und ihnen zuhört, den Marktfrauen hinter ihren Verkaufsständen, den Nachbarn vor ihren Haustüren, dann schrumpft der hohe politische Rang der Stadt schnell bis zur Bedeutungslosigkeit zusammen. Dann vergißt man einfach, daß nur wenige Kilometer entfernt vielleicht gerade eine wichtige Kabinettssitzung stattfindet oder ein mächtiges ausländisches Staatsoberhaupt mit allen protokollarischen Ehren empfangen wird.

numentalbauten und ein Vergnügungs- und Geschäftsviertel mit der ganzen Prachtentfaltung und Eleganz einer Weltstadt. Sie nennen Bonn liebevoll-herablassend das „Bundesdorf", das auch durch die 1969 vollzogene Einverleibung von zehn angrenzenden Städten und Gemeinden, die die Einwohnerzahl Bonns ruckartig auf knapp 300 000 anwach-

S. 49 →

Es ist auch wahr, daß das Regierungsviertel trotz seiner schönen Lage an der Rheinpromenade mit Blick auf das Siebengebirge wenig Faszination ausstrahlt. Der schlichte Bau der früheren Pädagogischen Akademie, in der der Deutsche Bundestag seit beinahe 40 Jahren arbeitet, stellt ebensowenig einen architektonischen Höhepunkt dar wie das 112 Meter hohe Abgeordnetenhochhaus, im Volksmund „Langer Eugen" oder "Eugens Rache" genannt. Inwieweit der Neubau des Plenarsaals des Bundestages und das geplante „Haus der deutschen Geschichte" im Bonner Regierungsviertel neue politische Akzente setzen können, bleibt abzuwarten.

Der Zeitraum von knapp 40 Jahren war viel zu kurz, um aus einer wohlhabenden preußischen Beamten- und Pensionärsstadt eine funktionstüchtige Hauptstadt zu machen, mit allem, was an Verkehrsverbindungen, Gebäuden, technischen und gesellschaftlichen Einrichtungen nun einmal dazugehört. 1844 hatte Bonn nur 15000 Einwohner, hundert Jahre später waren es gerade 100000. Wenn es in früherer Zeit wiederholt darum ging, den immer mehr auseinanderdriftenden Teilen des deutschen Reiches eine neue politische und geistige Mitte zu geben, dann hatten solche geschichtsträchtigen Städte wie Frankfurt, Nürnberg, Weimar und München allemal die besseren Karten in der Hand.

Durch seine geschichtliche Entwicklung und Bedeutung war Bonn sicherlich nicht für seine jetzige Rolle als Bundeshauptstadt prädestiniert. Dennoch hat es auch in seiner Vergangenheit einige glanzvolle Höhepunkte und große Persönlichkeiten gegeben, deren Ausstrahlungskraft bis heute in der Stadt und weit darüber hinaus noch spürbar ist.

Ähnlich wie in Xanten soll auch in Bonn über mehreren Märtyrergräbern aus der Römerzeit eine christliche Kirche errichtet worden sein, an deren Stelle im 11. bis 13. Jahrhundert das heutige Münster entstanden ist, eine der größten romanischen Kirchen des Rheinlandes. Im 13. Jahrhundert siedelte der Kölner Erzbischof nach Bonn über, um dem wachsenden politischen Druck der Kölner Bürgerschaft zu entgehen. Auch er betrachtete seinen neuen Regierungssitz zunächst nur als Provisorium, doch im Jahre 1601 wurde daraus die offizielle Hauptstadt des Kurfürstentums Köln. Der mit zahlreichen Bistümern ausgestattete Kurfürst Clemens August ließ im 18. Jahrhundert die prunkvollen Barockschlösser in der Stadt, im benachbarten Poppelsdorf und in Brühl errichten. In seiner Person war es dem mächtigen und ehrgeizigen Kurstaat Bayern zum erstenmal gelungen, in Bonn die politische Macht zu übernehmen. Doch als Preußen 1815 die neu geschaffene Rheinprovinz erhielt, sank Bonn auf den Stand einer geruhsamen, im ganzen unbedeutenden Akademiker- und Beamtenstadt herab. Ihr gesellschaftliches und kulturelles Leben bewegte sich allerdings weiterhin auf einem hohen Niveau. Viele Namen von einflußreichen Persönlichkeiten aus Kunst und Wissenschaft kann man heute noch auf den verwitterten Grabsteinen des alten Friedhofs lesen. Den ersten Platz unter den großen Künstlern nimmt zweifellos Ludwig van Beethoven ein, dem Bonn die besondere Pflege und Anziehungskraft seines Musiklebens zu verdanken hat. Über Bonns Politik kann man wohl trefflich streiten, Beethovens Musik kann man nur ehrfürchtig bewundern und – genießen.

2. Franken – Inbegriff mittelalterlicher Macht

S. 51 →

Die drei Häuser des nach dem Zweiten Weltkrieg wiederaufgebauten Römer beherrschen mit ihren drei Staffelgiebeln den Römerberg, den Schauplatz bedeutender geschichtlicher Ereignisse. Besonders eindrucksvoll ist der historische Kaisersaal im mittleren Giebelhaus.

The tiered gables of the three buildings on the Römer, rebuilt after the Second World War, dominate the "Römerberg", a square that has been the scene of important historical events. The Imperial Hall in the interior of the middle building is especially impressive.

Les trois maisons du Römer reconstruites après la seconde guerre mondiale dominent de leurs trois pignons la Place Römerberg, lieu d'importants événements historiques.

Franken ist klein geworden, verglichen mit dem Gebiet, das unter dem fränkischen König und späteren Kaiser Karl d. Gr. diesen Namen trug. Sein Reich erstreckte sich einst von den Pyrenäen bis zur Elbe. In wenigen Jahrzehnten des 8. Jahrhunderts hatte der fränkische Stammesverband alle germanischen Nachbarstämme mit Schwert und Kreuz besiegt und sich damit den Anspruch auf die Übernahme der römischen Kaiserwürde gesichert. Auch nach den Reichsteilungen des 9. Jahrhunderts behielt der ruhmvolle Name, der ursprünglich soviel wie „freie, kühne Männer" bedeutete, seine politische Geltung. Aus dem westfränkischen Reich wurde im Mittelalter das mächtige „Frankreich", während in der ostfränkischen Reichshälfte der Name auf das Herzogtum Franken überging. Der Name blieb mit der Geschichte des deutschen Reiches so eng verbunden, daß noch in der Zeit der Kreuzzüge alle deutschen Ritter in Palästina unterschiedslos als „Franken" bezeichnet wurden. Dieser große Name hat im Laufe der Jahrhunderte viel von seinem Glanz verloren. Einige Mittelgebirge, Höhenzüge und Flüsse zwischen Main und Donau erinnern heute noch an ihn, auch die Namen vieler Städte und Ortschaften diesseits und jenseits der deutschen Grenzen haben ihn bewahrt. Aber im politischen Sinne ist er nur noch von untergeordneter, regionaler Bedeutung. Bei der Gliederung der 1949 gegründeten Bundesrepublik Deutschland erhielt Franken nicht den Status eines eigenen Bundeslandes. Es wurde Teil des Freistaates Bayern, eingeteilt in drei Regierungsbezirke mit den Hauptstädten Würzburg, Ansbach und Bayreuth. Erst 1973 wurde in Baden-Württemberg ein Regionalverband Franken gebildet, der die Landkreise Heilbronn, Hohenlohe, Mainfranken und Schwäbisch Hall umfaßt. Damit ist der heute recht enge politische Bereich Frankens umschrieben, nicht aber seine überaus große Bedeutung für die deutsche Kunst und Kultur.

Das Herzogtum Franken reichte im Mittelalter von Bonn bis Karlsruhe und vom Hunsrück bis zum Thüringer Wald. Es umfaßte also auch einige Gebiete Hessens, Baden-Württembergs und der DDR. Von diesem größeren Franken soll auch im folgenden Kapitel die Rede sein. Daß dann z. B. auch Frankfurt hierher gehört, mag auf den ersten Blick verwundern, doch ist es sicherlich eine ebenso fränkische Stadt, wie es vor 100 Jahren eine preußische war und heute eine hessische ist.

Frankfurt – die Stadt Goethes und Merkurs

Zuerst muß von dem Älteren und Erfolgreicheren gesprochen werden: von Merkur. Wenn man heute das Typische, Dominierende der mehr als 600 000 Einwohner zählenden Mainmetropole auf einen einzigen Begriff bringen wollte, dann hieße dieser Begriff „Verkehr". Er findet seine vielfältige, massive Ausprägung im Straßen- und Luftverkehr, im Personen- und Güterverkehr und vor allem im weniger sichtbaren, aber äußerst einträglichen Geld- und Devisenverkehr. Frankfurt nennt sich selbst ein „Verkehrs-, Banken-, Börsen- und Messezentrum von Weltgeltung". Hier herrscht Merkur, der Gott der Kaufleute und Händler – und der Diebe.

Vor der Bergkulisse des nahen Taunus ragen die schlanken Verwaltungshochhäuser des

Bankenviertels stolz in den Himmel. Für deutsche Großstädte ist eine solche geschlossene Skyline durchaus noch etwas Ungewöhnliches. Diese modernen Juliustürme aus Stahl, Glas und Beton sind die Kommandozentralen der größten deutschen Banken, die von hier aus ihre mächtigen Finanzimperien regieren und überwachen. Insgesamt sind in Frankfurt über 300 in- und ausländische Bankinstitute vertreten, in deren Tresoren Milliardenbeträge und wertvolle Kunstsammlungen ruhen. In einiger Entfernung steht im Diebsgrund der wuchtige, über 200 Meter lange Betonklotz der Deutschen Bundesbank, sicher abgeschirmt gegen alle unbefugten Selbstabholer. Hier wird eine strenge Kontrolle über unsere Währung ausgeübt und über die Senkung oder Erhöhung von Discontsätzen entschieden. Auch an der Frankfurter Börse dreht sich alles ums Geld. Tag für Tag werden hier die für alle deutschen Börsen maßgeblichen Wechselkurse notiert, Devisen und Wertpapiere mit kaum vorstellbaren Gesamtumsätzen gehandelt.

Bedeutend älter als das einträgliche Bank- und Börsengeschäft ist der Handel, dem Frankfurt seinen frühen wirtschaftlichen Aufstieg verdankt. Schon vor über 800 Jahren gab es die Frankfurter Messe, auf der zweimal im Jahr deutsche und welsche Handwerker und Kaufleute ihre Erzeugnisse anboten. Nicht nur die Geschäftspartner selbst kamen auf ihre Kosten, auch die Herbergen, Gasthöfe, Ladenbesitzer und Schausteller verdienten gut. Gewiß ging es dabei nicht immer ehrlich und christlich zu, aber die Geldsäckel füllten sich, Frankfurt wurde reich und gewann als freie Reichsstadt an politischer Macht und Ansehen. Als es durch Fürstenbeschluß zum Wahl-, später auch zum Krönungsort der deutschen Kaiser aufstieg, verstärkte sich der Zuzug von Geschäftsleuten, Schaulustigen und allerlei fahrendem Volk noch erheblich. Dann schuf die Industrielle Revolution die Möglichkeit der Serien- und Massenproduktion. Aus der traditionellen Verkaufsmesse wurde die moderne Mustermesse für Groß- und Einzel-

Das Stadtbild des Handels- und Verkehrszentrums Frankfurt wird von den modernen Hochhäusern des Bankenviertels beherrscht. Im Vordergrund erkennt man einige der nach dem Krieg vorbildlich wiederhergestellten historischen Gebäude der Altstadt.

The skyline of Frankfurt, the hub of trade and transportation, is dominated by the modern skyscrapers of its banking district. In the foreground one can see a few of the historical, old-town buildings masterfully reconstructed after the war.

La physionomie de Francfort, centre commercial et carrefour de communication est dominée par les immeubles modernes du quartier financier. Au premier plan, on reconnaît quelques-uns des bâtiments historiques de la vieille ville reconstruits de façon exemplaire après la guerre.

*In der Alten Oper, im klassizisti-
schen Stil wiederaufgebaut, finden zahlreiche Konzerte und
Kongresse statt.*

*Numerous concerts and congres-
ses take place in the Old Opera,
rebuilt in the classicist style.*

*Dans le vieil opéra reconstruit en
style néo-classique ont lieu de
nombreux concerts et congrès.*

*Die zum Café umgebaute Haupt-
wache ist ein beliebter Treff-
punkt im Herzen der Stadt.*

*The "Hauptwache", originally the
main guard's house, has been
converted into a café and is a
favourite meeting place in the
heart of the city.*

*Le bâtiment de la garde trans-
formé en salon de thé est un lieu
de rencontre apprécié au coeur
de la ville.*

händler. Schließlich entstand nach dem 2. Weltkrieg, in dem Frankfurt zum großen Teil in Schutt und Asche gelegt wurde, in der Nähe des Hauptbahnhofs das neue Messegelände, auf dem in jedem Jahr zahlreiche Fachmessen, darunter die größte Buchmesse der Welt, stattfinden, zwischendurch aber auch Kongresse und kulturelle Großveranstaltungen.

Banken, Messen und ein auch sonst florierendes Geschäftsleben haben Frankfurt zur größten Drehscheibe für den Bahn-, Straßen- und Luftverkehr in der Bundesrepublik Deutschland werden lassen. Die günstige Tallage am Schnittpunkt uralter Handelsstraßen und die Nutzung der nahen Schiffahrtswege haben diese Entwicklung begünstigt. In dem vor 100 Jahren eröffneten Hauptbahnhof verkehren heute täglich bis zu 1000 Züge, ein Gewirr von meist vollen Autobahnen und Straßen schließt die Stadt wie ein Spinnennetz ein. Ein erheblicher Teil des Personen- und Güterverkehrs wird über den Rhein-Main-Flughafen abgewickelt, einen der größten Flughäfen Europas. Die Zahl der täglich abgefertigten Fluggäste bewegt sich zwischen 50 000 und 70 000. Im Luftfrachtverkehr liegt Frankfurt sogar an der Spitze aller europäischen Flughäfen.

Die große Flughalle ist ständig voller Menschen. Sie schleppen oder karren ihr Gepäck durch Tunnels und über Rolltreppen, stehen an Flugschaltern und Gepäckbändern Schlange oder sitzen gelangweilt in den eintönigen Wartehallen. Wer in die braungebrannten, fröhlichen Gesichter der Ankommenden, in die gespannten Gesichter der auf ihren Abflug Wartenden schaut, wer aus den Lautsprechern die faszinierenden Namen ferner Zielflughäfen hört, der mag leicht von Fernweh und Abenteuerlust erfaßt werden. Doch nicht alle Fluggäste reisen zu ihrem Vergnügen und mit voller Brieftasche. Manche kommen, allein und als ganze Familien, in dürftiger Kleidung und mit geringem Gepäck, ihre Gesichter sind von Leid, Angst und Mißtrauen gezeichnet. Und wieder andere, die sich geschickt durch die Paß- und Zollkontrolle gebracht haben, führen weder Gutes im Schilde noch in ihrem Reisegepäck. Über den einen oder anderen dieser ungebetenen Gäste liest man vielleicht später Genaueres in den Polizeiprotokollen und Gerichtsakten.

Gott Merkur hat, wie man sieht, ein großes Volk in dieser Stadt. Und Goethe? Wie groß sind die Ausstrahlungskraft und die Gefolgschaft dieses Lieblings der Götter, dieses Heroen der deutschen Literatur- und Geistesgeschichte? Sein Geburtshaus am Großen Hirschgraben mit dem anschließenden Goethe-Museum ist zwar im Vergleich zu den Bankriesen nur ein Gartenzwerg, und doch pilgern täglich Tausende kulturbeflissener Touristen dorthin. Es vermittelt ihnen einen guten Einblick in die heile Welt der Frankfurter Patrizierfamilie, in der der Dichter seine ihn prägenden Kindheits- und Jugendjahre verbrachte. Die Stadt hat ihrem größten Sohn noch weitere schöne Denkmäler errichtet. Auch die 1914 von reichen und einflußreichen Bürgern gegründete Universität trägt seinen Namen.

Merkur und Goethe, Geld und Geist. – Nun, so unvereinbar, wie es auf den ersten Blick scheint, sind diese beiden Größen nicht. Goethe war keineswegs ein Feind des Geldes und wirtschaftlichen Wohlergehens, und Gott Merkur teilt seine Schätze auch an die Irdischen aus, die sich der Wissenschaft und Kunst verschrieben haben. Wie oft war seine Hilfe schon willkommen, wenn es darum ging, den großartigen Gedanken und der schöpferischen Phantasie des Menschen in der Kunst eine konkrete, greifbare – wenn auch nicht immer begreifliche – Gestalt zu geben.

Viele bedeutende Bürger Frankfurts haben sich um Kunst und Kultur ihrer Heimatstadt verdient gemacht. Der Arzt Joh. Chr. Senkenberg stiftete ein Naturhistorisches Museum, das als modernstes Schaumuseum Europas großes Ansehen genießt, das Städelsche Kunstinstitut als eine der großen europäischen Gemäldegalerien tritt ihm durchaus ebenbürtig an die Seite. Von den zahlreichen Bauten der historischen Altstadt, die im Bombenhagel des letzten Krieges weitgehend zerstört wurde, sind vor allem der Dom und der aus mehreren Häusern zusammengewachsene Römer erhalten geblieben bzw. wiederhergestellt worden. In der Krönungskapelle des Doms fand seit 1356 die Wahl und seit 1562 auch die Krönung der deutschen Kaiser statt. Auf dem großen Marktplatz vor dem Römer erlebte eine unübersehbare Menschenmenge das großartige Schauspiel eines feierlichen Zeremoniells. Während der Platz bald darauf von dem Lärm und den Lustbarkeiten eines riesigen Volksfestes gefüllt war, nahmen die offiziellen Feierlichkeiten im Kaisersaal mit einem prunkvollen Krönungsmahl ihren Fortgang. 1764 war auch der vierzehnjährige Goethe unter den jubelnden, ausgelassenen Zuschauern auf dem Römerberg.

Nur wenige Schritte vom Römer entfernt steht der schlichte Rundbau der 150 Jahre alten Paulskirche, in der ebenfalls ein wichtiges Kapitel deutscher Geschichte geschrieben wurde. Im Mai 1848 trat hier, als Kampfansage an die noch immer herrschenden Mächte der Restauration und des Gottesgnadentums, die erste deutsche Nationalversammlung zusammen, um aus dem lockeren Bündel souveräner Einzelstaaten einen von vielen Deutschen ersehnten geschlossenen Nationalstaat mit einer liberalen Verfassung zu schaffen. Der Versuch scheiterte, doch die Sehnsucht, die Hoffnung blieb lebendig.

Die Verkehrs- und Wirtschaftsmetropole Frankfurt ist sicherlich kein Urlaubsort, aber es gibt sie auch hier, die Oasen der Ruhe, des erholsamen Müßiggangs und die Schutzzonen des allgemeinen Frohsinns und Vergnügens. Neben den denkmalgeschmückten Promenaden auf den ehemaligen Festungswällen lädt der 29 ha große Grüneburgpark zu ausgedehnten Spaziergängen ein. An seiner Westseite schließt sich der nicht wesentlich kleinere Palmengarten an, eine zauberhafte, exotische Landschaft, bei Erholungsuchenden und Wissenschaftlern gleich beliebt. Wer zum Restaurant des 133

Meter hohen Fernsehturms hinauffährt, kann auf angenehme Weise der lauten Stadt entfliehen, ohne sie aus den Augen zu verlieren. Von dort oben sieht man die Dinge aus einem ganz neuen Blickwinkel. Ausgesprochen fröhlich und gesellig ist die Atmosphäre in den urgemütlichen Weinstuben und Kneipen im Stadtteil Sachsenhausen, jenseits des Mains. Hier wird kein Gast versäumen, den herzhaften „Appelwoi" zu probieren, auch wenn, wie die Frankfurter behaupten, außer ihnen niemand seinen Namen richtig schreiben kann.

Zwischen Rhein und Rhön

Auf einer Länge von rund hundert Kilometern ist der Lauf des Mittelrheins die südwestliche Grenze Hessens. Damit verfügt das „Bundesland der Mitte" über einen beachtlichen Teil altfränkischer Siedlungsgebiete am Rhein und unteren Main. Hier im äußersten Südwesten liegt nicht nur die Landeshauptstadt Wiesbaden, sondern ein besonders kostbares landschaftliches Kleinod: der Rheingau. Auf seinen geschützten Südhängen, die sich von den Taunusbergen bis an das dichtbesiedelte Flußufer des Rheins hinabziehen, gedeihen die bekanntesten rheinhessischen Rebsorten, an ihrer Spitze der hochwertige Riesling, der hier den höchsten Anteil aller Weinbaugebiete der Welt erreicht. Die weitläufige Anlage der früheren Zisterzienserabtei Eberbach, Zentrum der Rheingauer Weinkultur und Weinmessen, veranschaulicht beispielhaft, daß die Pflege und Weiterentwicklung des Weinbaus im Mittelalter in den Händen sachkundiger Mönche lag.

Zwischen Rüdesheim und Wiesbaden liegen die alten, malerischen Weinorte dicht beieinander. Früher lebten ihre Bewohner überwiegend vom Weinbau und der Rheinschiffahrt, heute ist in vielen Fällen der Tourismus die wichtigste Einnahmequelle.

Ausgiebige Mahlzeiten und Weinproben in gepflegter Kleinstadtatmosphäre, umgeben von den Kulissen mittelalterlicher Bauwerke

und einer reizvollen Landschaft – dies zusammen bedeutet für unzählige Besucher ein Erlebnis höchsten Erdenglücks. Die Reiseveranstalter und Lokalbesitzer lassen sich immer wieder etwas einfallen, um neue Gäste anzulocken und von dem reichlich fließenden Geldsegen ihren Teil abzubekommen.

Von einer Hochstimmung ganz besonderer Art waren die Menschen erfüllt, die früher zum imposanten Niederwalddenkmal hinaufpilgerten, dem weithin sichtbaren Wahrzeichen einstiger deutscher Macht und deutscher Einheit. Die auf einem mächtigen Sockel in Siegerpose dargestellte Göttin Germania wurde nach dem Krieg von 1870/71 errichtet, in dem der Erzfeind Frankreich

besiegt und damit die Vollendung der deutschen Reichseinigung möglich geworden war. In Preußen schossen damals die Bismarck- und Kaiser-Wilhelm-Türme wie Pilze aus dem Boden, um die Erinnerung an dieses historische Ereignis wachzuhalten. Heute, nach zwei verlorenen Weltkriegen und der Zerstörung der deutschen Einheit, ist uns die Fähigkeit zu vaterländischer Begeisterung und selbstloser Hingabe gründlich abhanden gekommen. Kriege und Siege können uns heute nicht mehr zu Beifallsstürmen hinreißen. Die Zeit protziger Schlachtendenkmäler und großartiger Siegesfeiern ist endgültig vorbei, den Weg in die Zukunft können nur Mahnmale des Friedens und der Versöhnung weisen.

In dem von 1892–1894 errichteten eindrucksvollen Theaterbau in Wiesbaden finden bis heute zahlreiche Aufführungen und Festveranstaltungen statt.

Built in 1892–1894, this impressive theatre in Wiesbaden continues to be the site of numerous performances and festivities.

Dans le théâtre impressionnant, construit de 1892 à 1894, ont lieu de nombreuses représentations et festivités.

Das vor kurzem vollständig reno-
vierte Foyer des Hessichen
Staatstheaters erstrahlt wieder
im festlichen Glanz.

The recently completely reno-
vated foyer of the Hesse State
Theatre can now once again bask
in all of its festive glowing.

Le foyer du théâtre d'Etat de
Hesse qui fut récemment entièrement rénové, rayonne d'un nouvel éclat solennel.

Meist unbeschwert und zuvorkommend gaben sich die Monarchen und Fürsten Europas, wenn sie sich während ihres jährlichen Aufenthalts in den mondänen Staatsbädern begegneten und ihre Aufwartung machten. Zahlreiche Heil- und Thermalquellen ließen gerade im Rhein-Main-Gebiet bedeutende Badeorte entstehen, deren klassizistische Bauwerke und großzügige Kurparks als Zeugnisse der einst führenden Kreise des europäischen Hochadels erhalten geblieben sind. Wiesbaden, mit 270 000 Einwohnern der größte unter den renommierten Badeorten, war bereits im Mittelalter ein bekanntes Heilbad, doch entwickelte es sich erst im 19. Jahrhundert als Hauptstadt des Herzogtums Nassau zu einem internationalen Kurort. Hier wie auch in Bad Ems erinnert eine prunkvolle russische Kirche mit ihren typischen Zwiebeltürmchen an die engen Beziehungen zum russischen Zarenhof.

Wie viele andere europäische Fürsten weilte auch Zar Alexander II. von Rußland häufig zur Kur in Bad Ems, woran heute noch die fremdartige russische Kirche erinnert.

Like many other European sovereigns, Czar Alexander II of Russia also came frequently to take the waters in Bad Ems, and the foreign-looking Russian church is still a reminder of this today.

Comme beaucoup d'autres princes européens, le tsar Alexandre II de Russie venait aussi faire des cures à Ems les Bains, ce que rappelle l'étrange église russe.

Die Mittelgebirgslandschaft zwischen Rhein und Rhön wird durch die breite, fruchtbare Talsenke der Wetterau und zahlreiche, zum Teil tief eingeschnittene Flußtäler aufgelokkert. Besonders reizvoll ist der vielfach verschlungene Flußlauf der Lahn, an deren Ufern schöne, traditionsreiche Städte wie Marburg, Gießen, Wetzlar, Limburg und Nassau liegen. Während das milde Klima in der „goldenen" Wetterau einen intensiven Obst-bau ermöglicht, ist es in den Höhen- und Kammlagen von Westerwald und Hochtaunus fast immer windig und kühl. Noch rauher und unwirtlicher wirkt der kegelförmige, 772 Meter hohe Vogelsberg, das größte vulkanische Basaltmassiv Deutschlands, von Wald und Mooren bedeckt und von zahlreichen Flüssen zerschnitten. Von ähnlich herber Schönheit sind die höher gelegenen Gebirgszüge der Rhön, die sich vom Oberlauf

Hoch über der Lahn erhebt sich der imposante siebentürmige Limburger Dom, ein architektonisches Meisterwerk aus der Übergangszeit von der Spätromanik zur Frühgotik.

The majestic seven-spired Limburg cathedral, an architectural masterpiece designed during the transition from late Romanesque to the early Gothic style, rises high above the Lahn river.

Sur les hauteurs de la Lahn se dresse l'imposante Cathédrale à sept tours de Limburg, un chef-d'oeuvre architectonique de l'époque transitoire du romantisme tardif au début du gothique.

der Fränkischen Saale bis zum Werrabogen bei Vacha hinaufzieht. In ihrem nördlichen Teil stößt man auf die breiten Waldschneisen und Absperrungen der deutsch-deutschen Grenze, die wie eine negative Antwort auf die Siegesbotschaft des Niederwalddenkmals erscheint, so wie die Rhön überhaupt in einem deutlichen Kontrast zur lieblichen Landschaft des Rheingaus steht.

Zwischen Vogelsberg und Rhön liegt am Oberlauf der Fulda die gleichnamige Stadt, die der hessische Schriftsteller Fritz Usinger einmal eine „Residenz des Himmels" genannt hat. Ihre Keimzelle ist die im 8. Jahrhundert gegründete Benediktinerabtei, deren Klosterschule ein bedeutendes Zentrum frühmittelalterlicher Kultur war. Unter den Fürstbischöfen des 18. Jahrhunderts wurde Fulda zu einer Stadt des Barock, doch besitzt es in der Krypta der kleinen Michaelskirche

Der Marktplatz von Alsfeld wird beherrscht von dem mit schönem Fachwerk und Laubengang versehenen Rathaus und dem benachbarten Weinhaus aus dem 16. Jahrhundert. Hinter ihnen ragt der massige Turm der Walpurgiskirche empor.

The Alsfeld marketplace is dominated by both the town hall, a beautiful half-timber building with a pergola, and the neighbouring 16th century winehouse. The massive tower of the Walpurgis church rises up behind them.

La Place du Marché d'Alsfeld est dominée par l'hôtel de ville pourvu de beaux colombages et de charmille et la maison du vin voisine datant du XVIème siècle. Derrière se dresse la tour massive de l'église Sainte-Walpurge.

Die Michaelskirche in der alten Bischofsstadt Fulda ist eines der bedeutendsten christlichen Baudenkmäler des frühen Mittelalters. Der Zentralbau mit der eindrucksvollen, von einer Mittelsäule getragenen Krypta ist der Grabeskirche in Jerusalem nachgebaut.

The church of St. Michael in the ancient bishopric of Fulda is one of the major Christian architectural monuments of the early Middle Ages. The main building with the impressive crypt, supported by a central pillar, was constructed as an imitation of the Church of the Holy Sepulchre in Jerusalem.

L'église Saint-Michel de la vieille ville épiscopale de Fulda est un des monuments chrétiens les plus importants du début du Moyen Age. Le bâtiment central avec la crypte impressionnante soutenue par une colonne centrale est une copie de l'église sépulcrale du Christ à Jérusalem.

im 19. Jahrhundert als größte Bühne Deutschlands Richard Wagner begeisterte und noch heute als eines der schönsten Hoftheater Europas gilt. Auch das Bürgertum von Bayreuth trug wesentlich zum stilvollen, großzügigen Ausbau der Stadt bei. Vor allem die Friedrichstraße, die ehemalige Prachtstraße, und die breite, brunnengeschmückte Maximilianstraße sind ein eindrucksvolles Dokument patrizischer Lebensart und Baugesinnung. Seit 1876 übt das nach Wagners Wünschen und Plänen erbaute Festspielhaus auf dem Grünen Hügel eine neue, beinahe magische Faszination aus. Das arenaartige Auditorium und eine unübertroffene Akustik sind die idealen äußeren Voraussetzungen für die glanzvollen Aufführungen und rich-

tungweisenden Neuinszenierungen der Wagnerschen Musikdramen. In seinem Hauptwerk, dem „Ring der Nibelungen", hat der Komponist den altgermanischen Mythen und Sagen eine bleibende künstlerische Gestalt verliehen, doch läßt sich daraus keinesfalls die Schlußfolgerung ziehen, er sei damit zum Wiederentdecker der deutschen Seele oder zum Begründer eines erst eigentlich deutschen Musiktheaters geworden. Wagners Persönlichkeit und künstlerisches Schaffen mögen hier und da ideologieverdächtig und daher auch mißverstanden oder mißbraucht worden sein, aber in erster Linie sind sie der Kunst verpflichtet und sind deshalb an ihren Maßstäben und Werthaltungen zu messen.

Das Festspielhaus auf dem grünen Hügel, glanzvoller Mittelpunkt der jährlich stattfindenden Bayreuther Festspiele, wurde nach Richard Wagners eigenen Wünschen und Ideen erbaut.

The Festival theatre on the green hill, glamorous centre of the annual Bayreuth theatre festival, was built according to Richard Wagner's own wishes and ideas.

Le Théâtre Richard Wagner ou Festspielhaus sur la colline verte, centre glorieux du festival de Bayreuth qui a lieu chaque année, fut bâti selon les désirs et les idées de Richard Wagner.

Einer der Prunkräume des Schlosses Weißenstein ob Pommersfelden ist der mit reichem Wand- und Deckenschmuck ausgestattete Marmorsaal.

The marble hall, richly decorated with wall and ceiling ornamentation, is one of the stately rooms in the Weißenstein castle near Pommersfelden.

Une des salles d'apparat du château de Weissenstein ob Pommersfelden est la salle de marbre aux murs et au plafond richement décorés.

wiegend von der Holzwirtschaft, dem Erzabbau und der Glasindustrie, heute haben sich hier andere Erwerbszweige, wie zum Beispiel die Porzellanherstellung, ausgebreitet. In zunehmendem Maße wird die strukturschwache Grenzregion auch als willkommenes Erholungs- und Wintersportgebiet genutzt, wodurch weitere Einnahmequellen erschlossen werden. Ein entlegenes, aber vielbesuchtes Ausflugsziel ist die Luisenburg mit einer wildromantischen Felskulisse, die älteste, immer noch bespielte Freilichtbühne Deutschlands.

Überaus große Vielfalt und Gegensätzlichkeit zeigt die Fränkische Schweiz, die sich zwischen Bamberg, Bayreuth und Forchheim erstreckt. Lustig dahinplätschernde Bachläufe inmitten weiter Talwiesen wechseln fast übergangslos mit steil aufragenden Felsformationen ab. Das vorherrschende poröse Dolomitgestein hat zur Bildung unzähliger, meist unzugänglicher Höhlen geführt. Sie sind neben den vielen Burgen und Burgruinen und den zum Teil noch gut erhaltenen Wassermühlen zum Wahrzeichen dieser zauberhaft-aufregenden Landschaft geworden. Manche kühn auf einem Felsvorsprung errichtete Burg läßt etwas von dem Herrscherwillen und Mut seiner einstigen Erbauer ahnen. In dem anmutigen Wiesentstädtchen Gößweinstein steht gegenüber der alten Herrenburg auf einer Anhöhe die doppeltürmige barocke Wallfahrtskirche zur Heiligen Dreifaltigkeit, die sich, nach Plänen von Balthasar Neumann erbaut, wie eine Gralsburg, eine mystische Gnadenstätte über die irdische Wirklichkeit des menschlichen Lebens erhebt.

Die Lage Bayreuths zwischen dem Fichtelgebirge im Nordosten und der Fränkischen Schweiz im Südwesten verleiht der oberfränkischen Hauptstadt eine zusätzliche Attraktivität. Das Fichtelgbirge bildet das Zentrum im Kreuz der östlichen deutschen Mittelgebirge und ist zugleich die europäische Hauptwasserscheide zwischen Donau, Rhein und Elbe. Trotz des recht rauhen, feuchtkalten Klimas sind die bewaldeten Höhenzüge seit Jahrhunderten verhältnismäßig dicht besiedelt. Früher lebten die Bewohner vor-

← S. 75

Die Fränkische Schweiz ist bekannt für ihre tiefeingeschnittenen windungsreichen Flußtäler, die wie hier im Wiesenttal bei Gößweinstein von leuchtenden Kalksteinfelsen überragt werden.

Franconian Switzerland is known for its deep, winding river valleys which, as here in Wiesenttal near Gößweinstein, are walled by gleaming limestone cliffs.

La Suisse franconienne est connue pour ses vallées sinueuses et profondes qui sont surplombées comme ici dans la vallée de la Wiesent près de Gössweinstein par des rochers calcaires lumineux.

Die mittelalterliche Freie Reichsstadt Nürnberg wird überragt von der mächtigen Kaiserburg, die Schauplatz zahlreicher Reichsversammlungen und anderer bedeutsamer politischer und geschichtlicher Ereignisse war.

The mighty imperial castle towers over the mediaeval Free Imperial City of Nuremburg. The castle was the site of numerous imperial assemblies and other significant political and historical events.

La ville d'Empire libre du Moyen Age, Nuremberg, est dominée par l'imposant château impérial, lieu de nombreuses réunions d'Empire et d'autres événements politiques et historiques importants.

Nürnberg – Reichsgeschichte im Schutze der Burg

Im westlichen Vorland der Fränkischen Alb, kurz vor dem Zusammenfluß von Pegnitz und Rednitz zur Regnitz liegt die mittelfränkische Industrie- und Handelsmetropole Nürnberg, respektvoll oder auch mißtrauisch die „zweite Hauptstadt Bayerns" genannt. Ihre herausragende Bedeutung läßt sich bis ins späte Mittelalter zurückverfolgen, als Nürnberg durch die Goldene Bulle Kaiser Karls IV. zur „Mitte des Deutschen Reiches" gemacht wurde. Dieses älteste deutsche Staatsgrundgesetz verpflichtete jeden deutschen König, seinen ersten Reichstag in Nürnberg abzuhalten. Die erlauchten Versammlungen der geistlichen und weltlichen Fürsten tagten in der Kaiserburg, in der vom 14. bis zum 16. Jahrhundert zweiunddreißig Kaiser und Könige residierten und die Geschicke des deutschen Reiches lenkten. Die Nationalsozialisten setzten diese Tradition auf makabre Weise fort, indem sie Nürnberg zum Schauplatz theatralischer Parteitage mit gigantischen Massenaufmärschen und „pontifikaler Prachtentfaltung" machten. In den Nürnberger Rassegesetzen von 1935 kam die ganze Hybris und Dämonie der Hitlerdiktatur zutage, die Deutschland schließlich in die totale Katastrophe hineintrieb. Die Siegermächte gingen mit unerbittlicher Kon-

Der Heiligblutaltar in Rothenburg o.d. Tauber ist einer der kostbaren Schnitzaltäre Tilman Riemenschneiders, mit denen viele Kirchen im mainfränkischen Raum geschmückt sind.

The Altar of Holy Blood in Rothenburg ob der Tauber is one of the exquisitely carved altars from the hand of Tilman Riemenschneider which adorn many churches in the Main-Franconian area.

L'autel du Saint-Sang à Rothenburg o.d. Tauber est un des précieux autels sculptés de Tilman Riemenschneider parmi tant d'autres, qui décorent beaucoup d'églises dans la région franconienne du Main.

Die ehemalige freie Reichsstadt Rothenburg o. d. Tauber mit ihren gut erhaltenen Stadtmauern, Kirchen und Bürgerhäusern ist vielleicht das eindrucksvollste Beispiel einer mittelalterlichen Stadtanlage. Sie gehört zu den größten touristischen Attraktionen an der Romantischen Straße.

The former free imperial city of Rothenburg ob der Tauber, with its well-preserved city walls, churches and burgherhouses, is perhaps the most impressive example of a medieval town. It ranks as one of the largest tourist attractions on the so-called Romantic Road.

L'ancienne ville libre impériale Rothenburg o. d. Tauber avec ses murs d'enceinte bien conservés, ses églises et maisons bourgeoises est peut-être l'exemple le plus impressionnant de cité du Moyen Age. Elle fait partie des attractions touristiques les plus visitées sur la Route romantique.

satz der reinen Zweckmäßigkeit weit hinaus. Die hohen Besucherzahlen lassen erkennen, daß sich Rothenburg o. d. Tauber als romantischste deutsche Stadt einer ungebrochenen Beliebtheit erfreut. Am brunnengeschmückten Marktplatz steht das vornehmste weltliche Gebäude, der großartige Doppelbau des Rathauses mit Altan und weitausladender Freitreppe. Die Straßen, Wege und Plätze wirken planlos, ungeordnet und machen die Orientierung schwer, und dennoch teilt sich dem Besucher ein Gefühl der Vertrautheit und Geborgenheit mit. Seitdem der Maler Carl Spitzweg die einzigartige Schönheit der Stadt entdeckt hat, sind einige Plätze und Stadttürme zu unsterblichen Fotomotiven geworden.

Romantische Stimmungen können den Menschen beglücken und motivieren, sie können längst Vergangenes und Ersehntes zu einer neu geschaffenen Welt verdichten, aber sie verfehlen fast immer die vielschichtige Realität des Geschauten. Gerade in einer so bezaubernden Stadt wie Rothenburg kann man allzu leicht vergessen, daß auch hier viele Seiten der Geschichte mit Blut und Tränen geschrieben wurden. Die jährlich mit großem Aufwand gefeierten Reichsstadttage, bei denen bedeutende Ereignisse der Stadtgeschichte szenisch nachgespielt werden, vermögen die Vorstellung einer heilen Welt noch kaum zu stören. Unzweideutig ist dagegen die Sprache der mittelalterlichen Folterwerkzeuge im Kriminalmuseum. Sie desillusionieren den romantisch verklärten Besucher ebenso, wie ihn der Anblick von Tilman Riemenschneiders Heilig-Blut-Altar in der St. Jakobskirche zu Bewunderung und frommer Andacht bewegen kann. Theodor Heuß sagte einmal im Blick auf das romantische Tauberbischofsheim: „Der Franke ist auf eine unproblematische Art mit sich selbst zufrieden. Im Fränkischen werden die Dinge dieser Welt weniger schwer gewogen. Leben und leben lassen – es steckt ein liberales Element darin." Ob diese Charakterisierung des fränkischen Menschenschlages auch auf die Bewohner und die

Die Altstadt von Heidelberg zieht mit ihren historischen Bauten und traditionsreichen Gasthäusern Touristen aus aller Welt an.

Heidelberg's old town centre with its historic buildings and traditional inns attracts tourists from all over the world.

La vieille ville d'Heidelberg attire, grâce à ses auberges respectant la tradition, les touristes du monde entier.

S. 85 ⟶

Mit seiner großartigen, imposanten Schloßanlage ist die alte Universitätsstadt Heidelberg für viele Besucher zum Inbegriff der Romantik geworden.

The old university city of Heidelberg, with its magnificent, impressive castle grounds, has become the embodiment of Romanticism for many visitors.

La vieille ville universitaire de Heidelberg avec son imposant et merveilleux château est devenue pour beaucoup de visiteurs l'incarnation du romantisme.

Geschichte Rothenburgs zutrifft – diese Frage dürfte hier wohl nicht so leicht zu beantworten sein.

Obwohl Heidelberg nicht an der Romantischen Straße liegt, zählt es doch ebenfalls zu den schönsten Städten Deutschlands, wie die jährliche Invasion von deutschen und ausländischen Touristen beweist. Wo der Neckar aus den Bergen des Odenwaldes in die Rheinebene hinaustritt, wurde – noch auf altfränkischem Gebiet – die Stadt gegründet, in der fünf Jahrhunderte hindurch die rheinpfälzischen Grafen und Kurfürsten residierten. Waren schon ihre Erbauer schwärmerische Romantiker, oder wählten sie den Ort nur nach strategischen und verkehrstechnischen Gesichtspunkten? Wir wissen es nicht, aber sicher ist, daß die landschaftliche Lage ausschlaggebend war für die spätere Entwicklung Heidelbergs zum Inbegriff einer romantischen Stadt. Die vor allem im Renaissancestil errichteten Gebäudekomplexe des Heidelberger Schlosses steigerten den schönen Gesamteindruck der Neckarstadt ins Unwirkliche, Märchenhafte, und selbst nach den furchtbaren Zerstörungen in den pfälzischen Erbfolgekriegen von 1689 und 1693 blieb die größte Schloßruine Deutschlands noch eine berühmte Sehenswürdigkeit.

Von der großen Schloßterrasse des Friedrichsbaus genießt der Besucher einen unvergeßlichen Blick auf die unter ihm liegende Altstadt, auf den der Rheinebene zustrebenden Neckar mit der Alten Brücke und die dahinter ansteigenden Höhen der Bergstraße. Das Stadtbild erhält seine besonderen Akzente durch die aufragenden Kirchtürme, die turmbewehrten Gebäudeflügel des Marstalls am Neckarstaden und die Bauten der Alten und Neuen Universität, der 1386 gegründeten ältesten Universität auf reichsdeutschem Boden. Im Unterschied zu Rothenburg hat in Heidelberg der Wille eines Reichsfürsten das Stadtbild geprägt. Erst nach der Verlegung der kurfürstlichen Residenz nach Mannheim im Jahre 1720 kam das Bürgertum stärker zum Zuge. Den wissenschaftlichen Ruf und die einzigartige Schönheit der Stadt kann man auch an der langen Liste berühmter Dichter und Gelehrter ablesen, die hier gelebt und gelehrt haben. Zu den großen geistesgeschichtlichen Leistungen der Stadt gehören der Heidelberger Katechismus und die Heidelberger Romantik.

Von den Bombenangriffen und Zerstörungen des letzten Krieges blieb Heidelberg weitgehend verschont. Nachdem die amerikanischen Streitkräfte hier ihr militärisches Hauptlager für Europa eingerichtet hatten, nahm der Zustrom amerikanischer Touristen unvorstellbare Ausmaße an. Wenn in den Sommermonaten die Altstadt von ausländischen Besuchern überflutet wird, übernimmt das Deutsche die Rolle der meistgehörten Fremdsprache. In einem Punkt sind sich wohl alle Besucher einig: Wer auf seinem Europatrip Deutschland besucht und Heidelberg nicht gesehen hat, der hat nichts gesehen.

3. Schwäbische Kunde

Schwarzwaldspezialitäten

Zunächst muß erklärt werden, warum hier dem Gebiet zwischen Karlsruhe und Lörrach, das heißt, der badischen Bevölkerung des Schwarzwaldes, kein eigenes Kapitel gewidmet ist. Denn es ist sicher, daß die alteingesessenen Bürger von Freiburg oder Rastatt sich niemals als Schwaben einstufen lassen, sondern sich eben als waschechte Badener (nicht Badenser) betrachten, die man nicht mit den Bewohnern von Reutlingen oder Biberach in einen Topf werfen darf. Fast unnötig zu erwähnen, daß sich auch die selbstbewußten Schwaben gegen eine solche leichtfertige Gleichmacherei energisch zur Wehr setzen. Auch mit der farblosen Bezeichnung „Baden-Württemberger" sind beide Seiten keineswegs einverstanden; man ist entweder Badener oder Schwabe, und das mit ganzem Herzen und aus voller Überzeugung.

Tatsächlich hat Baden als deutscher Territorialstaat eine jahrhundertelange Tradition. Die seit dem 13. Jahrhundert regierenden Markgrafen verteidigten und festigten ihren unzusammenhängenden Landbesitz und errichteten um 1720 in Rastatt und im neugegründeten Karlsruhe prunkvolle Barockschlösser. Unter Napoleon I. gelang ihnen sogar die großzügige Abrundung ihres Territoriums und seine Erhebung zum Großherzogtum. Als Staat hat Baden also durchaus seinen festen Platz in der Geschichte, aber es hat nie einen deutschen Volksstamm dieses Namens gegeben. Die Bevölkerung zwischen Rhein und Lech, zwischen Stuttgart und Bodensee, wo bis ins 6. oder 7. Jahrhundert die westgermanischen Alemannen saßen, gehörte seit dem 10. Jahrhundert zum Stammesherzogtum Schwaben, das in der mittelalterlichen Reichsgeschichte noch eine entscheidende Rolle spielen sollte.

Die römischen Legionen hatten einst das Gebiet zwischen Rhein, Main und Neckar unterworfen und durch den oberdeutschen Limes gegen die germanischen Stämme gesichert, aber die ihnen unheimlich und bedrohlich erscheinenden Bergwälder des Schwarzwaldes blieben von ihnen weitgehend verschont. Nur an einigen der zahlreichen heilkräftigen Thermalquellen bauten sie im Stile ihrer hochentwickelten Badekultur komfortable Badehäuser.

Die Wiederentdeckung der römischen Badanlagen führte im 19. Jahrhundert zu einer zügigen Erschließung und Ausnutzung neuer Heilquellen. Eine Reihe bis dahin unbedeutender Orte wurde in die Liste der staatlich anerkannten Bäder aufgenommen. Andere Ortschaften, die wenigstens den Vorzug einer ruhigen Lage und gesunden Waldluft vorzuweisen hatten, mußten sich mit dem Prädikat „heilklimatischer Luftkurort" begnügen. Baden-Baden ist die vornehmste unter den Badestädten. Im Jahre 1507 erhielt sie die erste Stadtordnung für das Bäder- und Herbergswesen, im 19. Jahrhundert gelangte sie zu Weltruf, den sie bis heute uneingeschränkt behaupten konnte. Die Gäste aus aller Welt, die in der Lichtentaler Allee promenieren, im Casino, der größten und ältesten Spielbank Deutschlands, ihr Glück versuchen oder einer Einladung ins Kongreßhaus folgen, gehören fast ausnahmslos zur gesellschaftlichen Oberschicht ihres Landes.

Starke religiöse und kulturelle Impulse gingen von den mittelalterlichen Kirchen- und Klostergründungen aus. Im Kloster Hirsau

Der Schwarzwald bietet im Frühling mit seinen schönen, alten Bauernhäusern ein besonders malerisches Bild.

The Black Forest with its old, pretty farmhouses looks especially picturesque in the springtime.

La Forêt-Noire offre au printemps un paysage particulièrement pittoresque avec ses belles et vieilles maisons paysannes.

S. 91 →

Umgeben von dunklen Tannenwäldern liegt der bekannte Luftkur- und Wintersportort Freudenstadt, dessen besondere Attraktion die in Winkelform errichtete evangelische Stadtkirche ist.

Freudenstadt, known for its good climate and winter sports, lies amidst dark evergreen forests. Its special attraction is the Protestant town church with its angular layout.

Entouré de sombres forêts de sapin se trouve le centre réputé de la station climatique et de sports d'hiver Freudenstadt dont l'attraction particulière est le temple construit avec deux nefs à angle droit.

waren seit dem 10. Jahrhundert strenggläubige Benediktinermönche darum bemüht, die vom burgundischen Cluny ausgegangene Reformbewegung fortzusetzen und die alten Ideale mönchischer Askese und christlicher Lebensführung zu erneuern. Auch die Benediktinerabtei St. Blasien versuchte, dem drohenden Verfall von Glauben und Moral mit missionarischem Eifer entgegenzuwirken. In der Reformationszeit trat ein Teil der

Bevölkerung, dem Vorbild ihres jeweiligen Landesherrn folgend, zum lutherischen Glauben über, was die politische Zersplitterung des Landes weiter vertiefte.

Über den bedeutenden kulturellen Einflüssen sollte man die natürlichen Schönheiten der Schwarzwaldlandschaft nicht vergessen. Es ist eigentlich erstaunlich, daß viele von ihnen erst spät entdeckt und entsprechend gewürdigt wurden. Diesem Umstand ist es allerdings auch zu verdanken, daß das Land, das Leben und Brauchtum seiner Bewohner ihre Ursprünglichkeit und Identität durch Jahrhunderte bewahren konnten.

Das Landschaftsbild des Schwarzwaldes ist äußerst vielfältig und interessant. Die dunklen, fast undurchdringlich scheinenden Tannenwälder, die sich auch heute noch über viele Höhen und Berghänge hinziehen, verbreiten eine Atmosphäre von feierlichem Ernst, die kalten, klaren Wasser der freundlich murmelnden oder talwärts stürzenden Gebirgsbäche sind dagegen ein Sinnbild heiteren, ungebändigten Lebens. Einen solchen kontrastreichen Bildwechsel kann man auch erleben, wenn man etwa aus dem idyllischen Glottertal hinauffährt zum kahlen Felsmassiv des Feldbergs, der mit einer Höhe von 1493 Meter bereits alpinen Charakter hat. Die zwischen 800 und 1100 Meter hoch gelegenen Gebirgsseen wirken in ihrer landschaftlichen Umgebung besonders reizvoll. Während der Titisee und der bedeutend größere Schluchsee zu vielbesuchten Ausflugs- und Wanderzielen geworden sind, hält der versteckt liegende, sagenumwobene Mummelsee seine Besucher noch immer in respektvoller Distanz.

Die Schwarzwälder leben seit Jahrhunderten in einer zauberhaften Naturlandschaft, um die sie von vielen Großstadtmenschen mehr denn je beneidet werden. Aber oft fehlten ihnen die Zeit und die innere Gestimmtheit, um all die Schönheiten um sich herum unbeschwert genießen zu können. Die Arbeit als Holzfäller, Bergmann und Handwerker brachte den Männern und ihren Familien meistens nur einen bescheidenen Wohl-

← S. 92/93

Zwischen dem Schwarzwald und der Rheinebene erhebt sich der Kaiserstuhl, auf dessen vulkanischen Bergterrassen die hochwertigen badischen Weine reifen, die weit über die Grenzen Deutschlands hinaus geschätzt werden.

Kaiserstuhl (the Emperor's seat) is situated on a hill between the Black Forest and the Rhine flatlands. Baden's high-quality wines, cherished far beyond the boundaries of Germany, ripen on its volcanic, terraced sides.

Entre la Forêt-Noire et la plaine du Rhin s'élève le Massif du Kaiserstuhl sur les terrasses montagneuses volcaniques duquel poussent les vignes donnantles très bons vins badois qui sont appréciés même hors d'Allemagne.

Das Schwabentor mit den angrenzenden Fachwerkhäusern gehört zu den schönsten Bildmotiven in Freiburg, der ehemaligen Hauptstadt der Grafen von Zähringen.

The Swabian Gate with its adjacent half-timbered houses is one of the most beautiful photos one can take in Freiburg, the former capital of the Earls of Zähringen.

La porte Souabe (Schwabentor) avec ses maisons à colombages avoisinantes fait partie des plus beaux motifs de Fribourg, l'ancienne capitale des comtes de Zähringen.

Das im 16. Jahrhundert am Münsterplatz errichtete Kaufhaus besitzt eine interessante Fassade mit Laubengang, Staffelgiebeln und hübschen Erkern. Das Obergeschoß des Hauses diente den Kaufmannsfamilien der Stadt als Festsaal.

The large shop built in the 16th century on the minster square has an interesting facade with a pergola, staggered gables, and pretty oriels. The upper floor of the house was used for festivities held by the merchant families of the city.

Le magasin ›Kaufhaus‹ construit sur la place de la cathédrale au XVIème siècle possède une façade intéressante avec une galerie, des pignons à redans et de beaux encorbellements.
L'étage supérieur de la maison servait de salle des fêtes aux familles de marchands de la ville.

stand. Selbst die malerischen, geräumigen Schwarzwaldhäuser mit ihren reichverzierten Holzfassaden und tief heruntergezogenen Walmdächern können nicht darüber hinwegtäuschen, daß das Leben ihrer Bewohner von Nöten und Gefahren überschattet war. Wer aber wie der Erfinder der berühmten holzgeschnitzten Schwarzwalduhren Phantasie und handwerkliches Geschick besaß, der brauchte sich um sein Wohl und das seiner Kinder und Enkel keine Sorgen zu machen.

Am Ausgang des wildromantischen Höllentals, durch das eine der schönsten Straßen in den Schwarzwald hinaufführt, liegt die herrliche Stadt Freiburg, eine auf das Jahr 1120 datierte Gründung der Grafen von Zähringen. Unter dem Schutz des Hauses Habsburg, später aber auch in der Gegnerschaft zu diesem entwickelte sich die planmäßig angelegte Siedlung zu einer politisch und kulturell einflußreichen Stadt am Oberrhein. Die noch heute durch viele Straßen fließenden „Bächle", sorgsam gehütete Überreste der mittelalterlichen Kanalisation, gehören ebenso zu ihren Wahrzeichen wie das gotische Münster, nach Gustav Schwabs Urteil „ein Werk, das unter die ersten Zierden des Vaterlandes zu rechnen ist". Die architektonische Geschlossenheit und Schönheit des Doms liegt nicht nur darin begründet, daß er – als einziger gotischer Kirchenbau Deutschlands – noch im Mittelalter vollendet wurde, sondern vor allem in der einzigartigen Wirkung des filigranartig durchbrochenen Turmhelms, der trotz seiner Höhe von 116 Meter sich beinahe schwerelos dem einströmenden Licht entgegenstreckt.

Vor der imposanten Schwarzwaldkulisse kommt das malerische Stadtbild Freiburgs mit dem Münster, seinen alten Stadttoren und Renaissancebauten eindrucksvoll zur Geltung. Es ist aber nicht nur diese wohltuende Harmonie von Landschaft und Architektur, die die Menschen in ihren Bann zieht, es ist auch das beinahe schon südländische Klima, das den Breisgau zu einer bevorzugten Wohn- und Urlauberregion macht. Süd-

baden darf von sich behaupten, das sonnenreichste Land Deutschlands zu sein. Auf dem Vulkangestein des Kaiserstuhls und den warmen Hängen des Markgräflerlands wachsen Spitzenweine von unübertroffener Reife und Würze. Die verlockende Nähe zu den französischen Vogesen und den schweizerischen Alpen trägt ebenfalls zur großen Attraktivität dieses Landstrichs bei. Für die vielen Menschen, die hier ihren Urlaub oder sogar ihren Lebensabend verbringen möchten, bedeuten Sonne, gute Luft und interessante Ausflugsmöglichkeiten einen wichtigen Gradmesser ihrer Lebensqualität.

Stuttgart – die Hauptstadt des Musterländle

Der Ruf und das Ansehen der Schwaben in der Welt sind kaum eindeutig zu bestimmen. Einerseits belächelt man ihre rührende Unfähigkeit, sich mit den großen Dingen dieser Welt zu beschäftigen und auseinanderzusetzen, und sie bestätigen dies auch mit offener Selbstverspottung. Andererseits werden sie als ein erzgescheiter, auf Grund von Erfindungsgeist und Fleiß erfolgreicher Menschenschlag bewundert. Wer sie mit ihrem eigenen Wahlspruch „Schaffe, spare, Häusle baue" zitiert, der tut es stets mit einer Mischung von Distanz und Sympathie. Daß Fleiß und Sparsamkeit sich auszahlen, kann man an dem stolzen Haus- und Grundbesitz erkennen, über den die meisten Schwaben verfügen und den sie in zäher Arbeit zu erhalten und zu vergrößern suchen.

Auch die geschichtliche Entwicklung Stuttgarts und seine heutige Bedeutung als Wirtschaftszentrum in Süddeutschland ist ein Beweis für schwäbische Findigkeit und Geschäftigkeit. Die Stadt galt früher als die an historischen Bauwerken, Kirchen und Klöstern ärmste aller süddeutschen Großstädte. Dafür öffnete sie sich schon früh den Gedanken der Aufklärung und des politischen Liberalismus. Als dann im 19. Jahrhundert die Industrielle Revolution ihren Siegeszug

durch Deutschland antrat, wurde das Königreich Württemberg mit seiner Residenzstadt Stuttgart zur Heimat des deutschen Wirtschaftsliberalismus. In den letzten 35 Jahren hat die im 2. Weltkrieg stark zerstörte Stadt ihren Ruf als Wirtschaftsmetropole weiter gefestigt. Die frühen Erfindungen der Ingenieure Daimler und Benz legten bereits vor hundert Jahren den Grundstein für ihre Entwicklung zur Automobilstadt, für die der weltbekannte Mercedes-Stern zum neuen Wahrzeichen geworden ist.

Obgleich Stuttgart bereits im 13. Jahrhundert Stadtrecht erhielt, wurde es erst um 1500 Hauptstadt der württembergischen Herzöge. In der Nähe der zuvor im gotischen Stil umgestalteten Stiftskirche ließen sie als Zeichen ihrer neuen weltlichen Macht das Alte Schloß errichten, einen meisterhaften Renaissancebau mit einem dreigeschossigen, arkadengeschmückten Innenhof. Als

die anspruchsvolle Mätresse des Herzogs Eberhard Ludwig von ihrem Liebhaber eine ungestörte und bequemere Hofhaltung forderte, gab dieser den Auftrag zum Bau des Ludwigsburger Schlosses, das nach seiner Fertigstellung im Jahre 1744 eine der bedeutendsten Barockresidenzen in Deutschland war. Die Rückkehr des Hofes nach Stuttgart erfolgte erst, nachdem die schwäbische Landschaft dem Herzog die Errichtung des Neuen Schlosses zugesagt hatte. Der von schönen Gartenanlagen umgebene Neubau war von 1806 bis 1918 Regierungssitz der Könige von Württemberg. Durch die Ansiedlung von Museums- und Theatergebäuden ist der Schloßgarten heute zum kulturellen Zentrum von Stuttgart geworden.

Zahlreiche Eingemeindungen und Neubaugebiete haben die Stadt über die natürliche Grenze der sie umschließenden Höhen weit hinauswachsen lassen. Die Namen einiger

Ortsteile weisen noch immer auf die alemannische Besiedlung im Frühmittelalter hin. Dennoch hat Stuttgart seinen Charakter als „Großstadt zwischen Wald und Reben" im ganzen bewahrt. Die auf allen Seiten sich erstreckenden waldreichen Parks, von denen die Wilhelma, der einzige Zoologisch-Botanische Garten Deutschlands, sich besonderer Beliebtheit erfreut, schaffen den notwendigen Ausgleich für den Lärm und die Hetze, denen die Großstadtmenschen in ihrem Berufsalltag ausgesetzt sind.

Kulturschätze der Bodenseelandschaft

Schon in vorhistorischer Zeit waren die flachen Uferzonen des Bodensees ein bevorzugtes Siedlungsgebiet. Das milde, fast südländische Klima und der Wasserreichtum lockten die Menschen in diese an Hügeln, Seen, Mooren und Weihern reiche Landschaft. Wie die Funde von Unteruhldingen beweisen, standen in der Stein- und Bronzezeit die Holzhäuser eines kleinen Dorfes am oder im Wasser auf metertief in den Boden versenkten Pfählen. Das Freilichtmuseum Deutscher Vorzeit vermittelt mit seinen wissenschaftlich fundierten Rekonstruktionen einen guten Einblick in das Leben der Menschen, die zwischen 2200 und 1100 v. Chr. am nördlichen Seeufer siedelten.

Die Zeit des Mittelalters wird am Bodensee in einer Reihe hervorragender, teilweise einmaliger Kulturdenkmäler lebendig. An die Besiedlung durch die westgermanischen Alemannen vom 4. bis zum 7. Jahrhundert erinnern heute noch der vom Schwäbischen stark abweichende Dialekt und die zum Teil derben Bräuche der alemannischen Fasnet, die bis in die Schweiz hinein erhalten geblieben sind. Eines der ältesten und einflußreichsten Zeugnisse frühmittelalterlicher Klosterkultur ist die im Jahre 724 von dem irischen

Mönch Pirmin gegründete Benediktinerabtei auf der Reichenau. Die im Untersee gelegene größte Insel des Bodensees wurde in den folgenden Jahrhunderten zur Pflanzstätte einer vielseitigen Kultur, die vom karolingischen Kirchenbau und der Buch- und Goldschmiedekunst bis zum fachmännisch betriebenen Anbau von Gemüse und Heilkräutern reichte. Ihren Ruf als „Gemüseinsel" verdankt die Insel dem Wissen und Fleiß der Benediktinermönche.

Reich und angesehen war auch die im 12. Jahrhundert gegründete Zisterzienserabtei Salem am Nordufer des Bodensees, aber ihr Weg durch die Geschichte verlief anders, abwechslungsreicher. Ihre oft vorbildliche Arbeit und Sittenstrenge brachte den Äbten eine Reihe kirchlicher und politischer Privilegien ein, so daß sie bald den Status eines freien Reichsstandes besaßen. Nach einem verheerenden Brand von 1697 wurde das Kloster im Barockstil wiederaufgebaut und dabei großzügig erweitert. Die von Napoleon durchgeführte Säkularisation hob die

Abtei auf, ermöglichte aber ihren Umbau zu einem Wohnschloß für die badisch-markgräfliche Familie. Im Jahre 1919 wurde hier schließlich eine Internatsschule eingerichtet, in der viele Persönlichkeiten aus Wirtschaft und Politik eine hervorragende Erziehung und Ausbildung erhielten.

Viele Städte am Bodensee haben bis heute einen beachtlichen Teil ihrer mittelalterlichen Bausubstanz erhalten. Ihren wirtschaftlichen Reichtum verdankten sie dem einträglichen Handel mit Salz, Getreide, Wein und Leinwand. Nachdem ihnen der Aufstieg zur Freien Reichsstadt gelungen war, demonstrierten sie ihre neue Machtposition mit der Errichtung starker Befestigungsanlagen, prunkvoller Rathäuser und Kirchen. Das Ansehen der Freien Reichsstadt Konstanz stieg gewaltig, als in ihren Mauern das große Konzil von 1414 bis 1418 tagte, auf dem der Reformator Johann Hus als Ketzer verbrannt und durch die Wahl eines neuen Papstes die gefährliche Kirchenspaltung überwunden wurde. Nach der Einführung der

engen, treppenreichen Straßen der Ober-
und Unterstadt stehen noch viele sehr alte
Häuser mit schönem Fachwerk und malerischen Erkern. Besonders idyllisch liegt die
noch gut erhaltene Schloßmühle, deren
Mühlrad mit fast neun Meter Durchmesser
das größte in Deutschland ist. Überragt wird
die Stadt von dem viergiebeligen Dagobertturm des Alten Schlosses, der noch aus dem
7. Jahrhundert stammen soll. Einige Räume
des Schlosses bewohnte die westfälische
Dichterin Annette v. Droste-Hülshoff in ihren
letzten Lebensjahren.

Im Bereich von Lindau reicht das heutige
Bundesland Bayern bis an den Bodensee
heran. Der älteste Teil der Stadt, die im früheren Siedlungsgebiet der Alemannen gegründet wurde, liegt auf einer ufernahen Insel, zu
der ein Eisenbahndamm und eine Straßen-
brücke führen. Ähnlich wie Konstanz und
Überlingen hat auch Lindau seine Blütezeit
als Freie Reichsstadt im Übergang vom Mittelalter zur Neuzeit erlebt. Die Stadt profi-
tierte von ihrer günstigen Lage an einer
wichtigen Handelsstraße zwischen Ober-
schwaben und Italien. Das historische Stadtbild ist noch so gut erhalten, daß die ganze
Insel Lindau 1976 in die Liste der „geschützten Ensembles" aufgenommen wurde und
damit unter Denkmalschutz steht. Das Wahrzeichen der Stadt, die von einem Leuchtturm
und einem bayerischen Löwen bewachte
Hafenausfahrt, stammt allerdings erst aus
dem 19. Jahrhundert.

Als Beispiel einer modernen, aufstrebenden
Industriestadt am Bodensee ist Friedrichshafen zu nennen. Seine historischen Siedlungskerne reichen zwar bis ins hohe Mittelalter
zurück, aber in ihrer jetzigen Gestalt besteht
die Stadt erst seit 1811, dem Jahr, in dem Lindau seinen neuen Hafen erhielt. Seitdem
blieb Friedrichshafen dem industriellen und
technischen Fortschritt verpflichtet. Von hier
aus begann 1824 die Dampfschiffahrt auf dem
Bodensee, und hier startete im Jahre 1900 das
erste Luftschiff des Grafen Ferdinand v. Zep-
pelin. Als zweitgrößte Stadt am Bodensee ist
Friedrichshafen ein bedeutendes Wirt-

Reformation mußte der Bischof von Konstanz
seine Residenz nach Meersburg verlegen,
wodurch auch dieses kleine Weinstädtchen
zu größerer Bedeutung gelangte. Meersburg zeigt wohl das geschlossenste Bild
einer alten Stadt am Bodensee. In den

← S. 100

Der prachtvolle Fayanceofen im Sommerrefektorium der Abtei Salem ist ein Meisterwerk von Daniel Meyer aus dem Jahre 1733.

The majestic faience oven in the summer refectory of the Salem Abbey is a masterpiece by Daniel Meyer dating from 1733.

Le magnifique poêle en faïence se trouvant dans le réfectoire d'été de l'abbaye de Salem est un chef-d'oeuvre de Daniel Meyer datant de 1733.

Das Alte Schloß in Meersburg mit dem markanten viergiebligen Dagobertturm. Hier lebte vorübergehend die westfälische Dichterin Annette von Droste-Hülshoff, bevor sie in das von ihr erworbene Fürstenhäusle übersiedelte.

The Old Castle in Meersburg with its striking four-gabled Dagobert tower. The Westphalian poet Annette von Droste-Hülshoff lived here for a time before moving to the little noble residence she had acquired.

Le Vieux Château (Altes Schloss) de Meersburg avec sa tour de Dagobert à quatre pignons. C'est là que la poétesse de Westphalie Annette von Droste-Hülshoff vécut quelque temps avant d'aménager dans sa propre maison princière.

Dicht gedrängt liegen die Boote im Yachthafen von Überlingen-Nußdorf, über dem die friedliche Stimmung eines Sommerabends ruht.

The boats are moored side by side in the yacht harbour of Überlingen-Nußdorf, in the peaceful atmosphere of a summer evening.

Les bateaux s'alignent côte à côte dans le port de plaisance d'Überlingen-Nussdorf, sur lequel plane l'atmosphère paisible d'une soirée d'été.

schafts-
zugleich ei
an der Schw
kulturgeschich
Ein ganz beson
kunst ist die zwis
dingen auf einsame
Bodensees stehende
nau. Die vom Kloster Sa
tete Barockkirche besitzt
benprächtige Rokokoausst
dort in jedem Jahr veranstalte
einen festlichen Rahmen verlei
Zu den kulturellen Kostbarkeiten
seegebiets gehört schließlich auch
meninsel Mainau, eine wahre Tra
schaft von exotischem Reiz. In dem
wöhnlich milden Klima gedeihen viele Pr
zen und Bäume aus südeuropäischen Lä
dern, die Rosenstöcke und Blumenrabatten
entfalten eine unvorstellbare Blütenpracht.
Der Mittelpunkt dieser kleinen Märchenwelt
ist das um 1740 erbaute Barockschloß. In der
benachbarten Schloßkirche weisen die Gräber der Komture darauf hin, daß die Mainau
bis 1805 eine Kommende des Deutschen Ritterordens war. Unter ihrem heutigen Besitzer wurde das Schloß Mainau als Begeg-
nungszentrum für die Jugend zu einem
neuen kulturellen Mittelpunkt am Bodensee.

Im Überlinger See liegt die viel besuchte Insel Mainau. In ihrem ungewöhnlich milden Klima gedeihen zahlreiche exotische Pflanzen, und ein Meer von Blumen verwandelt sie vom Frühjahr bis zum Herbst in eine paradiesische Landschaft.

The much-visited island of Mainau lies in the Überling Lake. Numerous exotic plants thrive in its unusually mild climate, and a sea of flowers transforms it into a paradise-like landscape from spring to fall.

Sur le lac d'Überlingen se trouve l'île de Mainau qui attire beaucoup de visiteurs par son climat exceptionnellement doux favorisant la floraison de plantes exotiques. Une plénitude de fleurs la transforme dès le printemps et jusqu'en automne en un paysage de paradis.

Über dem Echaztal am Nordrand der Schwäbischen Alb steht die romantische Burg Lichtenstein, die durch den gleichnamigen Roman von Wilhelm Hauff berühmt wurde.

The romantic Lichtenstein castle, made famous by Wilhelm Hauff's novel of the same name, stands high above the Echaz valley on the northern crest of the Swabian Alb mountains.

Au-dessus de la vallée de l'Echaz au bord nord du Jura souabe se dresse le château-fort romantique de Lichtenstein, rendu célèbre par le roman de Wilhelm Hauff auquel il a prêté son nom.

Von der Schwäbischen Alb bis ins Allgäu

Mit dem Bodensee hat die Schwäbische Alb eines gemeinsam: Auch hier liegen die meisten und bedeutendsten Sehenswürdigkeiten am Rande, dort, wo Ackerland und Flußtäler die notwendigen Voraussetzungen für eine dauerhafte Besiedlung bieten. Auf den rauhen Hochflächen des Kalksteingebirges, das sich vom Hegau im Südwesten mehr als 200 Kilometer bis zum Nördlinger Ries im Nordosten erstreckt, hat häufiger Wassermangel zu einer starken Verkarstung geführt. In vielen Höhlen, darunter einigen märchenhaft schönen Tropfsteinhöhlen, weisen Funde von Knochen und Werkzeugen auf menschliches Leben in der Eiszeit hin. Es ist anzunehmen, daß Menschen und Tiere einst vor den alles unter sich begrabenden Eismassen hier Zuflucht suchten.

Während des Mittelalters errichteten mächtige Adelsgeschlechter auf den steilen Felshängen am Nordrand der Alb ihre stolzen Herrenburgen. Früher oder später fielen sie fast ausnahmslos den Angriffen des Feindes oder dem nagenden Zahn der Zeit zum Opfer. Auch der Lichtenstein im Echaztal südlich von Reutlingen entging diesem Schicksal nicht. Die heute noch gut erhaltene, malerische Burganlage, ein beliebtes Ausflugsziel und Fotoobjekt, wurde erst vor rund 150 Jahren in neugotischem Stil erbaut. Sie ist der sichtbar gewordene Ausdruck der damals florierenden Burgenromantik, die durch Wilhelm Hauffs gefühlvollen Roman „Lichtenstein" eine willkommene Unterstützung erhielt.

Auf den Berghöhen der Schwäbischen Alb standen auch die Stammburgen der Hohenstaufen und Hohenzollern, die Jahrhunderte hindurch zu den führenden Herrscherhäusern in Deutschland gehörten. Im Kampf um die Nachfolge der ausgestorbenen salischen Kaiser setzten sich die Staufer im 12. Jahrhundert gegen die rivalisierenden Welfenherzöge durch und trugen mit ihrer Politik dazu bei, daß das deutsche Reich um 1200 eine kulturelle Blütezeit erlebte. Sie kämpften leidenschaftlich für die Erhaltung Reichsitaliens und bauten das ererbte Königreich Sizilien zu einem fortschrittlichen Staatswesen aus. Hier erfuhr die kaiserliche Hofhaltung ihre höchste Prachtentfaltung, hier gediehen die kühnen Pläne für ein staufisches Weltreich, und hier fand die Herrschaft der Staufer mit der Enthauptung ihres letzten Thronfolgers ein jähres Ende. Auch die Hohenzollern stiegen aus bescheidenen Anfängen zur führenden Macht im deutschen Reich empor. Nachdem sie zunächst das angesehene Amt des Burggrafen von Nürnberg erhalten hatten, wurde Friedrich VI. 1415 Markgraf und Kurfürst von Brandenburg. Im Jahre 1701 erlangte der Hohenzoller Friedrich III. die Königswürde für das Herzogtum Preußen. Damit war der Grundstein gelegt für den unaufhaltsamen Aufstieg Brandenburg-Preußens zur zweiten deutschen Großmacht, der es unter Bismarcks Führung gelang, Österreich die Vorherrschaft in Deutschland zu entreißen. An dieser glänzenden politischen Karriere der fränkisch-protestantischen Hohenzollern hatte die katholisch gebliebene schwäbische Linie keinen direkten Anteil. Ihre Herrschaft beschränkte sich im wesentlichen auf ihre Besitzungen um Hechingen und Sigmaringen. Erst als nach dem 2. Weltkrieg Preußen zerschlagen wurde und die Hohenzollern hier auf ihren Besitz und Einfluß verzichten mußten, gewann die Stammburg der Hohenzollern auf der Schwäbischen Alb wieder an Bedeutung. Die im 19. Jahrhundert von Grund auf erneuerte und erweiterte Burg, die heute von der Familie des Prinzen Louis Ferdinand von Preußen, des Chefs des Gesamthauses Hohenzollern, bewohnt wird, ist zu einem wichtigen Kulturdenkmal preußisch-deutscher Geschichte geworden. Wertvolle Kunstgegenstände und Utensilien sowie die seit 1952 in der evangelischen Kapelle ruhenden Särge der Könige Friedrich Wilhelms I. und Friedrichs II. halten die Erinnerung an eine glanzvolle und zugleich tragische deutsche Vergangenheit lebendig.

S. 108/109 →

Auf der Spitze eines breiten, bewaldeten Bergkegels in der Nähe von Hechingen erhebt sich die Burg Hohenzollern, der Stammsitz der großen preußischen Herrscherdynastie. Sie wird noch heute von den Nachfahren des letzten deutschen Kaisers bewohnt, enthält aber auch reich ausgestattete Museumsräume.

The Hohenzollern castle, family seat of the great Prussian dynasty, rises aloft at the peak of a broad, wooded mountain cone near Hechingen. It is still inhabited by the descendants of the last German Emperor, but also contains museum rooms rich in contents.

Au sommet d'une large montagne en cône boisée près de Hechingen se dresse le château-fort de Hohenzollern, résidence de famille de la puissante dynastie des souverains de Prusse. Il est toujours habité par les descendants du dernier empereur allemand mais il contient également des salles de musée dignes d'intérêts.

Auffällig an dem Zollernschlöß-chen in Balingen ist die über-dachte Holzbrücke, die Herren-haus und Rundturm miteinander verbindet.

What strikes the eye when visiting the Little Zollern plalace in Balingen is the covered wooden bridge joining the manor house and round tower.

Une particularité du petit château de Zollern à Balingen est le pont de bois couvert reliant la maison seigneuriale à la tour ronde.

Reichtum und Selbstbewußtsein der Ulmer Bürger überzeugen. Ob auch der im Jahre 1840 erfolgte Ausbau der Stadt zur stärksten Festung Süddeutschlands auf diese Weise zu erklären ist, muß nun wiederum eine offene Frage bleiben.

In Ravensburg, noch heute wirtschaftlicher und kultureller Mittelpunkt Oberschwabens, gründeten geschäftstüchtige Kaufleute um 1400 die Große Ravensburger Handelsge-sellschaft, die mit ihren zahlreichen Kontoren einen großen Teil Südeuropas kontrollierte und durch den Export von Metallwaren und Textilien hohe Gewinne erzielte.

Noch bedeutend erfolgreicher war die Kaufmannsfamilie der Fugger, die hundert Jahre später in Augsburg ein riesiges Wirtschaftsimperium aufbaute. Jakob Fugger, „der Reiche", besaß zwischen Ungarn und Spanien einträgliche Kupfer- und Silberbergwerke, verdiente am ostindischen Gewürzhandel und nahm als Geldverleiher großen Stils bald Einfluß auf die europäische Politik. Sein Bankhaus finanzierte den Wahlkampf um hohe geistliche Ämter und um die deutsche Kaiserkrone. Mit seinem Geld konnten auch die Truppen gerüstet werden, die Europa gegen die Türken verteidigten. Für ihre Heimatstadt stiftete Jakob Fugger 1515 die älteste Sozialsiedlung der Welt, in der bedürftige Bürger einen jährlichen Mietzins von nur einem rheinischen Gulden zahlten – und auch heute noch zahlen. Nachdem die Augs-

burger Bürgerschaft ihren Kampf gegen das geistliche Stadtregiment für sich entschieden hatte, wurde die Stadt beträchtlich erweitert und mit Türmen und Wällen gesichert. Der im Jahre 1555 in Augsburg geschlossene Religionsfriede beendete den leidenschaftlich geführten Kampf zwischen Katholiken und Protestanten und machte den Namen der Stadt zum Symbol für Vernunft und religiöse Toleranz. Wie in Augsburg ist auch die Bevölkerung in Kempten, Oberstdorf und Füssen, obgleich diese Städte nach der heutigen politischen Gliederung zu Bayern gehören, nach ihrer Herkunft und Wesensart eindeutig schwäbisch. Der Lech ist die Stammesgrenze zwischen Schwaben und Bayern. Westlich davon verweisen Sprache und Brauchtum vieler Orte sogar noch auf die alemannische Besiedlung in der vormals römischen Provinz Raetien.

← S. 118

In der Bibliothek des ehemaligen Benediktinerklosters Ulm-Wiblingen verbinden sich Bilder und Plastiken zu einer großartigen philosophisch-theologischen Gesamtschau.

In the library of the former Benedictine monastery of Ulm-Wiblingen pictures and sculptures fuse into one magnificent philosophical and theological panorama.

Dans la bibliothèque de l'ancien couvent bénédictin d'Ulm-Wiblingen, tableaux et sculptures se fondent en un magnifique ensemble philosophico-théologique.

Der im 11. Jahrhundert im romanischen Stil begonnene Augsburger Dom wurde nach zahlreichen Ergänzungen und Umbauten erst im 18. Jahrhundert vollendet. Zur kostbaren Innenausstattung gehören fünf Glasfenster, die als die ältesten der Welt gelten.

The Augsburg cathedral, begun in the 11th century Romanesque style, was completed, after numerous additions and alterations, in the 18th century. The exquisite interior includes five glass windows considered to be the oldest in the world.

La Cathédrale d'Augsbourg, dont la construction en style roman fut commencée au XIème siècle, ne fut achevée qu'après maintes transformations qu'au XVIIIème siècle. Parmi le décor précieux de l'intérieur on trouve cinq vitraux qui sont considérés comme les plus anciens du monde.

119

Das schwäbische Allgäu gehört fast ausschließlich zum Alpenvorland, nur im äußersten Süden schiebt sich die Grenze bis in die Alpen vor. Und doch verbinden viele Menschen mit dem Namen „Allgäu" gerade die Vorstellung von Hochgebirge, Bergsteigen und alpinem Skilauf. Der Tourismus der letzten Jahrzehnte hat viel dazu beigetragen, daß das Allgäu – wie auch viele andere Urlaubsgebiete – sich in seiner Wirtschafts- und Sozialstruktur stark gewandelt hat. So bekannte Ferienorte wie Sonthofen und Oberstdorf sind zu großen Freizeit- und Kulturzentren geworden, die sowohl das äußere Erscheinungsbild der Orte als auch die Lebensweise ihrer Bewohner nachhaltig beeinflußt haben. Die Gefahr der Anpassung, ja der Überfremdung ist in den Urlaubsgebieten nicht zu übersehen. Aber noch sind in vielen Bauern- und Handwerkerfamilien des Allgäus die bewahrenden Kräfte der Tradition wirksam: die Liebe zur Natur und zur Heimat, der Stolz auf den geschaffenen und von den Vätern ererbten Besitz und eine unangefochtene tiefe Frömmigkeit.

Keimzelle vieler Städte war eine mittelalterliche Herrenburg oder ein bescheidenes Kloster. Die Geschichte von Füssen und Kempten beginnt beispielsweise mit der Gründung eines Klosters St. Mang, an das sich erst in späterer Zeit die Handelsplätze und Handwerkerviertel der Bürger anschlossen. Aus dem Missionskloster in Kempten entwickelte sich auf der Grundlage erworbener Privilegien und Rechtstitel nach dem Dreißigjährigen Krieg eine eigene Stiftsstadt, gegen die sich die angrenzende protestantische Bürgerstadt nur schwer behaupten konnte. Die fürstäbtliche Residenz mit reichgeschmückten Prunkräumen brachte den geistlichen und weltlichen Machtanspruch ihres Erbauers auf großartige Weise zum Ausdruck. Die zahlreichen neuzeitlichen Klostergründungen der Benediktiner fanden ihren Höhepunkt in der Errichtung der Abtei Ottobeuren, der prächtigsten Klosteranlage des deutschen Barock. Die Entwicklung einer

In der kleinen Kirche St. Stephan in Genhofen bei Oberstaufen steht dieser spätgotische Schnitzaltar von Adam Schlantz.

This late Gothic altar carved by Adam Schlantz is to be found in the little church of St. Stephan in Genhofen near Oberstaufen.

Dans la petite église Saint-Etienne de Genhofen près d'Oberstaufen se trouve cet autel du gothique tardif, sculpté par Adam Schlantz.

121

Bereits aus dem 12. Jahrhundert stammt das Schloß Hohenschwangau bei Füssen, das Maximilian von Bayern von 1832—1836 im neugotischen Stil der Romantik umbauen ließ. Einen Teil der Wand- und Deckendekorationen entwarf der Maler Moritz von Schwind.

The Hohenschwangau castle near Füssen dates all the way back to the 12th century, but Maximilian of Bavaria had it rebuilt between 1832 and 1836 in the Neo-Gothic style characteristic of Romanticism. A section of the decoration on the wall and ceiling was designed by Moritz von Schwind, the painter.

Le château Hohenschwangau près de Füssen remonte au XIIème siècle; il fut transformé par Maximilien de Bavière entre 1832 et 1836 en style néo-gothique de l'époque romantique. Une partie des décorations des murs et du plafond est l'oeuvre du peintre Moritz von Schwind.

Stadt aus einem mittelalterlichen Adelssitz oder Königshof läßt sich am Beispiel Memmingen und Kaufbeuren gut verfolgen. Die hier arbeitenden Handwerker und Kaufleute gelangten nicht nur zu Wohlstand, sondern auch zu einem neuen politischen Selbst- und Verantwortungsbewußtsein. Sie erhielten die Stadtrechte und die kaiserliche Anerkennung als freie Reichsstadt, was ihnen weitere Vorteile einbrachte. Während Kaufbeuren sich im Spätmittelalter mit einer starken Befestigungsanlage umgab, die noch heute das Bild der Stadt beherrscht, entstanden in Memmingen eine Reihe imposanter Bürgerhäuser, darunter der vornehme Hermansbau und das originelle Siebendächerhaus.

Die Hauptstadt des bayerischen Allgäu ist Kempten, sein touristisches Wahrzeichen jedoch ist das oberhalb von Füssen stehende Schloß Neuschwanstein – ein mit Türmen und Erkern geschmücktes Märchenschloß inmitten einer zauberhaften Märchenlandschaft. Der junge Bayernkönig Ludwig II., ganz seinen Träumen von mittelalterlichen Burgen und Gralsrittern hingegeben und daher ein schwärmerischer Anhänger Richard Wagners, ließ den kostspieligen Bau nach eigenen Vorstellungen und Wünschen errichten. Die mit künstlerischen Details überladenen Prunkräume, insbesondere der Thron- und Sängersaal, spiegeln das krankhafte Bedürfnis nach glanzvoller Repräsentation wider, zugleich aber auch seine Lebensuntüchtigkeit, seine Flucht in eine mythisch-imaginäre Welt. Der baubesessene, stets um Geld verlegene König hat sein Traumschloß kaum bewohnt. Noch vor der Vollendung wurde er für geisteskrank erklärt und abgesetzt. Als er kurz darauf auf rätselhafte Weise im Starnberger See ertrank, war er gerade 40 Jahre alt.

S. 124   ⟶

Vor einer gewaltigen Bergkulisse steht auf einem Felsen das nach den Plänen Ludwigs II. erbaute Märchenschloß Neuschwanstein. Die leidenschaftliche Phantasie des Königs fand in der romantisch-verspielten Architektur und der prunkvollen Ausstattung des Schlosses ihren künstlerischen Ausdruck. Im Vordergrund die Wallfahrtskirche St. Coloman aus dem 17. Jahrhundert.

The fairy-tale castle Neuschwanstein, built according to the plans of Ludwig II, stands high on a cliff against the backdrop of a massive mountain panorama. The king's passionate imagination found artistic expression in the romantically playful architecture and lavish interior. In the foreground one sees the 17th century pilgrimage church of St. Coloman.

Devant un arrière-plan magnifique de montagnes se dresse sur un rocher le château de contes de fées de Neuschwanstein, construit d'après les plans de Louis II de Bavière. L'imagination passionnée du roi trouva son expression artistique dans l'architecture romantique et extravagante et dans l'intérieur somptueux du château. Au premier plan, l'église de pèlerinage Saint-Coloman du XVIIème siècle.

4. Bayern – Tradition und Stabilität

S. 127 →

Das heute nur noch selten bespielte Cuvilliéstheater in der Münchner Residenz ist ein besonderes Juwel des deutschen Rokoko. Es wurde zwischen 1751 und 1753 von dem genialen französischen Baumeister Francios Cuvilliés als „Neues Opera Haus" errichtet.

While seldom used for performances today, the Cuvilliés Theatre in the Munich residential palace is an exquisite gem of German Rococo architecture. It was constructed between 1751 and 1753 as the "New Opera House" by the brilliant French masterbuilder Francois Cuvilliés.

Le Théâtre de Cuvilliés dans la Résidence de Munich, qui ne sert plus que très rarement à sa destination originale, est un joyau du style rococo allemand. Il fut construit entre 1751 et 1753 en tant que ›Nouvel Opéra‹ par le génial architecte français François Cuvilliés.

Aus den beiden vorangegangenen Kapiteln wird deutlich geworden sein, daß längst nicht alles, was heute hinter den weiß-blauen Grenzpfählen wohnt, echte, stammesbewußte Bayern sind. Von den rund elf Millionen Einwohnern des größten Bundeslandes muß man – abgesehen von den vielen zugewanderten Neubürgern – einige Millionen abziehen, die ihre „Ebenbürtigkeit" als Franken und Schwaben betonen. Obgleich das Land Bayern in seiner heutigen Ausdehnung bereits seit 180 Jahren besteht, beginnt das altbayerische Stammesgebiet erst östlich der Linie Nürnberg – Augsburg – Füssen. Nach allen Seiten wird es von „natürlichen" Grenzen umgeben: im Süden von den Bayerischen Alpen, im Osten von den Flüssen Salzach und Inn und zum Norden hin vom Bayerischen Wald und Fichtelgebirge.

Bayern hat – und darauf sind alle echten Bayern stolz – in vielen Bereichen seine jahrhundertealte Kontinuität und Stabilität bewahrt. Beinahe 800 Jahre hindurch regierten hier die Wittelsbacher, die ihre von den Staufern übertragene Macht dem Ungehorsam des damaligen Welfenherzogs Heinrich der Löwe verdankten. Das Land erlebte in seiner Geschichte zwar manche gefährliche Erbteilung und kriegerische Bedrohung, aber auch den Aufstieg seiner Herzöge ins Kurfürstenkolleg und schließlich zur Königswürde. Die Reformation Luthers scheiterte hier an der Kirchentreue und Frömmigkeit der überwiegend ländlichen und kleinstädtischen Bevölkerung. Fast zwangsläufig ergab sich daraus eine distanzierte bis ablehnende Haltung Bayerns gegenüber dem erstarkenden protestantischen Preußen, das darauf hinarbeitete, den katholischen Habsburgern die politische Führung in Deutschland zu ent-

reißen. Manches deutet darauf hin, daß die selbstbewußt-kritische Einstellung gegenüber dem von Bismarck begründeten Deutschen Reich heute noch nachwirkt – trotz grundlegender politischer Veränderungen seit 1918. Und es ist nicht zu übersehen, daß gerade Bayern die jedem Bundesland verfassungsmäßig garantierten Rechte zu nutzen und die historisch gewachsenen Wertmaßstäbe und Lebensformen gegen alle unbilligen Forderungen einer fragwürdigen Liberalität zu verteidigen weiß.

Die Kunstmetropole München

Man könnte es beinahe als unverantwortlich bezeichnen, daß in jedem Jahr Zehntausende von Autofahrern auf ihrer Urlaubsreise in den Süden die moderne Umgehungsstraße benutzen und sich auf diese Weise um München herumwinden. Auf dem Autobahnabschnitt zwischen Ismaning und Oberhaching sollten sie sich an ein Wort des Bayernkönigs Ludwigs I. erinnern, der München zu einer Stadt machen wollte, „die Teutschland so zur Ehre gereichen soll, daß Keiner Teutschland kennt, wenn er nicht München gesehen hat". An München führt eigentlich kein Weg vorbei, und das nicht etwa nur, weil es die Hauptstadt Bayerns ist, sondern weil ihr der Rang einer europäischen Kunst- und Kulturmetropole zukommt. Thomas Mann, der hier vierzig Jahre seines Lebens verbrachte, hat ihr in seiner Erzählung „Gladius Dei" ein schönes Denkmal gesetzt: „Die Kunst blüht, die Kunst ist an der Herrschaft, die Kunst streckt ihr rosenumwundenes Zepter über die Stadt hin und lächelt." Seit dieser Huldigung eines großen Dichters sind über achtzig Jahre vergangen.

München hat inzwischen die kunstfeindliche, barbarische Zeit des Nationalsozialismus und die furchtbaren Bombennächte des 2. Weltkrieges durchlebt und sich danach zu einer Millionenstadt mit neuen Industrie- und Wohngebieten entwickelt. Die Verkehrsprobleme sind hier – trotz eines modernen U- und S-Bahn-Netzes – ebenso groß wie das verwirrende Warenangebot in den Geschäften der stark belebten Einkaufs-City. Aber noch immer ist die Stadt schön und liebenswert, ein wahrhaftes „Athen an der Isar", in dem die Künste und Wissenschaften blühen.

Vom Welfenherzog Heinrich d. Löwen 1158 gegründet, erfuhr München unter Kaiser Ludwig d. Bayern im 14. Jahrhundert eine bedeutende Vergrößerung und Befestigung seines Stadtgebietes, das in den folgenden 500 Jahren fast unverändert blieb. Im späten 16. Jahrhundert begründeten die Wittelsbacher Herzöge mit der Errichtung der ersten Sammlungsbauten den Ruhm der Stadt als deutscher Kunstmetropole. Zur gleichen Zeit wurde der Bau von Kirchen und Klöstern durch den Jesuitenorden gefördert, dessen erklärtes Ziel es war, durch eine Erneuerung des Glaubens und die Schaffung eigener Ausbildungsmöglichkeiten in Kollegien und Schulen die gefährlichen Lehren des lutherischen Protestantismus zu bekämpfen. Die Münchner Michaelskirche und das ihr angeschlossene Jesuitenkolleg, der größte sakrale Renaissancebau in Deutschland, sind

Der vor 200 Jahren im Herzen Münchens geschaffene Englische Garten ist mit seinen weiträumigen Anlagen eine der schönsten Parklandschaften Europas.

The spacious English Gardens, created 200 years ago in the heart of Munich, is one of the most beautiful park landscapes in Europe.

Le Jardin anglais, aménagé en plein coeur de la ville de Munich, il y a 200 ans, est un espace vert très étendu qui compte parmi les plus jolis paysages de parc en Europe.

Das Glockenspiel und der Figurenlauf am Turm des neuen Rathauses locken jedesmal eine große Menschenmenge auf den Marienplatz.

The Glockenspiel and the moving figures on the tower of the new city hall always draw large crowds of people to St. Mary's Square.

Le carillon à figurines mobiles dans le beffroi du Nouvel Hôtel de ville attire chaque jour la foule sur la Marienplatz.

Am Ende der Prinzregentenstraße, an der mehrere bedeutende Museen stehen, erblickt man die hohe korinthische Säule mit dem vergoldeten Friedensengel.

At the end of Prinzregentenstraße, where several major museums are located, one glimpses the high Corinthian pillar with the golden angel of peace atop it.

Au bout de la Prinzregentenstrasse qui longent plusieurs musées importants, se dresse la haute colonne corinthienne surmontée de l'Ange de la paix doré.

ein eindrucksvolles Beispiel für die im Bereich der Theologie wie der Kunst wirksamen Abwehrkräfte der Gegenreformation. Wie viele andere Residenzstädte erlebte auch München nach den Wirren und Zerstörungen des Dreißigjährigen Krieges eine großartige Blütezeit der höfischen Kultur. Die kurfürstliche Residenz wurde beträchtlich erweitert und galt bald als der bedeutendste Schloßbau in Deutschland. Hier und in den vor den Toren Münchens erbauten Schlössern Nymphenburg und Schleißheim fanden glänzende Aufführungen von Opern,

Konzerten, Komödien und Ritterspielen statt. Das 1753 im Rokokostil erbaute Cuvilliés - Theater vermittelt auch heute noch etwas von der Pracht und dem Zauber des damaligen Hoflebens. Über alle politischen Umbrüche und Belastungen hinweg hat München seine große Tradition als Musik- und Theaterstadt bis in die Gegenwart hinein bewahrt. An der Spitze der rund sechzig Theater stehen das Bayerische Nationaltheater und das Residenztheater, deren Aufführungen in der Fachwelt wie beim Publikum oft höchste Anerkennung finden. Das gleiche gilt für die

den Palastbauten zeigen eine eindrucksvolle stilistische Geschlossenheit; das Siegestor und die Feldherrenhalle, die den großartigen Abschluß der Prachtstraße bilden, verkörpern ebenso wie die am Königsplatz errichteten Propyläen die Kunstbegeisterung und die politisch-vaterländische Gesinnung ihres Auftraggebers.

Nach außen hin kaum sichtbar ist die riesige Fülle bedeutender Kunstwerke, die Ludwig I. in der Glyptothek, in der Antikensammlung und der Alten Pinakothek zusammentragen ließ. Unter seinen Nachfolgern entstanden weitere bedeutende Museen, in denen – den prägenden Kräften der Zeit folgend – wichtige Zeugnisse der deutschen Kulturgeschichte bis hin zu den modernen Naturwissenschaften ihren Platz fanden. Das bereits 1903 begründete, aber erst 1925 eingeweihte Deutsche Museum für Technik und Naturwissenschaften wurde bald zum größten Museum seiner Art in der Welt. Über 1,4 Millionen Besucher bewundern und studieren hier in jedem Jahr die genialen Erfindungen und wissenschaftlichen Erkenntnisse, die unsere Welt bis in unser persönliches Leben hinein grundlegend verändert haben. Schon König Ludwig I. bewies sein Interesse an der Wissenschaft und Forschung, indem er 1826 die Universität von Landshut nach München verlegte. Durch das Wirken bedeutender Gelehrter gelangte die Hochschule zu großem Ansehen in Bayern und im Deutschen Reich. Weitere Hochschulen, darunter die 1868 gegründete Technische Universität, kamen hinzu, und heute sind in München insgesamt über 100 000 Studenten aus vielen Ländern der Erde eingeschrieben. Allein die beiden Universitätsbibliotheken umfassen einen Bestand von rund 3,5 Millionen Bänden, doch wird diese respektable Zahl noch weit übertroffen von der Bayerischen Staatsbibliothek, die über 6,5 Millionen Bände besitzt, zu denen auch eine Handschriftensammlung von einzigartigem Wert gehört. In München befindet sich – neben zahlreichen anderen Bildungseinrichtungen – auch die Zentralverwaltung des Goethe-

Münchner Philharmoniker, die im modernen Kulturzentrum Am Gasteig eine neue künstlerische Wirkungsstätte erhalten haben.

Als König Ludwig I. 1825 an die Regierung kam, setzte er als Kenner und Förderer antiker Kunst alles daran, um München zu einer Stadt des monumentalen Klassizismus zu machen. Er ließ in der Residenz neue Gebäudetrakte mit verschwenderisch ausgestatteten Fest- und Repräsentationsräumen errichten und der neugeschaffenen Ludwigstraße den Charakter einer königlichen Via triumphalis geben. Die zu beiden Seiten stehen-

Institutes, eines 1951 gegründeten gemeinnützigen Vereins, dessen wichtige Aufgabe „die Pflege der deutschen Sprache im Ausland und die Förderung der internationalen kulturellen Zusammenarbeit" ist.

In allein 16 Instituten der Bundesrepublik Deutschland einschließlich West-Berlin wird mit Sprachkursen und landeskundlichen Veranstaltungen Studenten aus aller Welt die Möglichkeit gegeben, Deutschkenntnisse zu entwickeln, zu vervollkommnen und sogar mit Diplomen zu belegen. In 139 Instituten und 12 Nebenstellen, verteilt auf 67 Länder, wird mit Lehrkräften und Unterrichtsinstitutionen vor Ort zusammengearbeitet, werden ausländische Deutschlehrer und Germanisten gefördert, werden Unterrichtsmethoden verbessert und entwickelt und ist man behilflich bei der Erstellung von Unterrichtsliteratur und Materialien. Zusammen mit der Universität München vergibt das Goethe-Institut das „Deutsche Sprachdiplom"; zusammen mit dem Deutschen Volkshochschulverband wurde das „Zertifikat Deutsch als Fremdsprache" entwickelt. Eine wichtige Voraussetzung für das Studium an deutschen Hochschulen ist auch die „Zentrale Mittelstufenprüfung". Das Goethe-Institut vermittelt Informationen aus erster Hand über die kulturelle, soziale und politische Wirklichkeit der Bundesrepublik Deutschland. Es ist dabei bemüht, diese Selbstdarstellung realistisch und sachbezogen auszurichten. Mit diesen Kulturprogrammen, die einen Beitrag zur Förderung der internationalen kulturellen Zusammenarbeit leisten, kommen Menschen einander näher. So stehen neben Präsentationen von Kultur im traditionellen Sinn – wie Theateraufführungen, Filmvorstellungen, Literatur- und Musikveranstaltungen — auch Gastregien und Meisterkurse sowie Auseinandersetzungen mit Themen aus technischen, sozialen und naturwissenschaftlichen Bereichen. Es sind Themen, die den Erfahrungsaustausch auf allen Gebieten des heutigen Lebens fördern. Seit 1979 werden im Rahmen der Kulturabkommen zwischen der Bundesrepublik Deutschland und osteu-

ropäischen Staaten deutsche Kulturwochen in Osteuropa durchgeführt.

Als Experte für Planung und Programmgestaltung wird das Goethe-Institut jeweils an den bilateralen Verhandlungen beteiligt und mit der Durchführung fast aller kulturellen Veranstaltungen beauftragt. Eine Parallele zum Goethe-Institut finden wir in der Aufgabe des Herder-Institutes in Leipzig.

Kunst und Wissenschaft machen einen großen Teil der Münchener Kulturlandschaft aus, aber ohne die gemütlichen Biergärten und das alte Hofbräuhaus, ohne das bunte Treiben im Englischen Garten und bei den Faschingsumzügen bliebe das Bild doch

Das 1952 in München gegründete Goethe-Institut sieht seine besondere Aufgabe in der Pflege deutscher Sprache und Kultur im Ausland.

The Goethe Institute, founded in Munich in 1952, sees its special task as one of cultivating German language and culture abroad.

L'institut Goethe, fondé en 1952 à Munich a pour vocation la promotion de la langue et de la culture allemande à l'étranger.

Ein Schulzimmer in einer der 115 Unterrichtsstätten des Goethe-Instituts.

A classroom in one of the Goethe Institute's 115 centres.

Une salle de classe dans une des 115 écoles de l'institut Goethe.

sehr einseitig. Den Satz, mit dem Schiller seinen Prolog zu „Wallensteins Lager" beschließt: „Ernst ist das Leben, heiter ist die Kunst" hätte der Dichter als Bürger von München vielleicht nicht geschrieben. Die Münchener nehmen auch das Leben durchaus von seiner heiteren Seite, sie lieben die Geselligkeit, ihre Feste und ihren hintergründig-derben Humor. Und ihre Ausgelassenheit ist ansteckend wie die Windpocken. Wenn mit dem Zapfen der ersten Maß Bier das Oktoberfest auf der Wiesn eröffnet wird, strömen bis zu fünf Millionen Besucher aus dem In- und Ausland in die Stadt, um dieses größte Volksfest der Welt, das nebenbei auch ein nicht zu verachtender Wirtschaftsfaktor ist, im Lärm und Gewühle der Bierzelte mitzuerleben. Mit frischen Weißwürsten, Knödeln oder einer Kalbshaxe mit Kraut läßt sich zwar das alkoholgestörte Gleichgewicht wieder etwas stabilisieren, aber was hätte man andererseits schon vom Oktoberfest, wenn man gegen Morgen mißgelaunt und stocknüchtern heimkehrt! Hellwach sollten dagegen diejenigen sein, die vom Restaurant des Fernsehturms im Olympiapark aus einen herrlichen Rundblick über München bis zu den Alpen genießen wollen oder im Menschengedränge auf dem Marienplatz auf das Glockenspiel und den Figurenlauf am Turm des Neuen Rathauses warten.

Je häufiger, je länger man in München gewesen ist, je aufmerksamer man sich hier umgesehen hat, um so deutlicher wird einem bewußt, daß es noch unendlich viel zu entdecken gibt, daß man immer erst gerade angefangen hat, die Schönheiten und Kostbarkeiten dieser einmaligen Stadt Schritt um Schritt kennenzulernen.

1972 war München Austragungsort der Olympischen Spiele. Der
damals neu geschaffene Olympiapark mit dem rotierenden
Fernsehturm-Restaurant ist noch
immer ein beliebtes Ausflugsziel.

In 1972 Munich was the site of the
Olympic Games. The Olympic
Park especially created for the
occasion and its communications
tower with the revolving restaurant is still a favourite among
tourists and residents alike.

En 1972 Munich fut le cadre des
jeux olympiques. Le parc olympique construit à cette occasion et
le restaurant tournant sur la tour
olympique sont toujours un but
d'excursion apprécié.

Das Münchener Oktoberfest zieht in jedem Jahr 5 Millionen Besucher in die blau-weiße Metropole. 15 Tage lang herrscht auf der Wiesn bis spät in die Nacht ein dichtes Gedränge und eine feucht-fröhliche Stimmung.

Each year the Munich October-fest draws five million visitors to the "blue-and-white" metropolis. The meadows are crowded with people two weeks long amidst an effervescent, merry atmosphere that lasts until well into the night.

La Fête d'octobre attire chaque année 5 millions de visiteurs dans la métropole bavaroise. Pendant 15 jours jusque tard dans la nuit la foule se presse sur le terrain de la Fête de la bière où règne une ambiance gaie et bien arrosée.

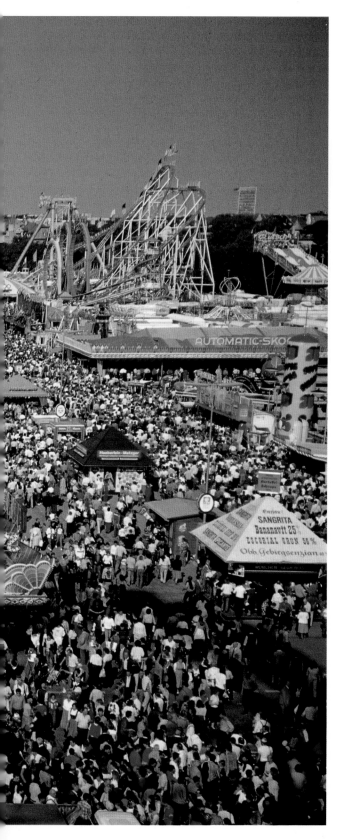

Oberbayern – ein Urlaubsparadies zwischen Himmel und Erde

In den Urlaubsmonaten werden unzählige Bundesbürger – sofern sie nicht von vornherein die sonnensicheren Mittelmeerländer vorziehen – zu ausgesprochenen Randsiedlern in unserem Land. Die Ost- und Nordseeküste, der Schwarzwald, der Bayerische Wald und die Bayerischen Alpen – das sind die bekannten deutschen Urlaubsgebiete, in denen man Ruhe und Erholung sucht und wo man in gesunder Meeres- oder Höhenluft seinen sportlichen Ehrgeiz befriedigen möchte. Nach Aussage der Tourismusstatistik liegt Oberbayern eindeutig an der Spitze aller deutschen Feriengebiete, wobei sich der Begriff „Oberbayern" im wesentlichen auf den schmalen Alpenrand zwischen Garmisch-Partenkirchen und Berchtesgaden beschränkt. Gerade die Bergwelt mit ihren gewaltigen, unerreichbar scheinenden Felsmassiven, mit ihren bis in die Wolken aufragenden Gipfeln und ihren herrlich blühenden Almwiesen ist für die Menschen von einer ungeheuren Faszination. Hier wandern nicht nur die Blicke hinauf zu den leuchtenden Schneefeldern und einsamen Gipfelkreuzen, hier fühlt sich der Mensch mit sei-

Fesch schaut er aus, der bärtige Bayer mit seinem blumengeschmückten Hut und dem dunklen Wams.

Looks spiffy – the bearded Bavarian with the flower in his hat and the dark doublet.

N'est-il pas chic ce Bavarois barbu avec son chapeau décoré de fleurs et son pourpoint sombre?

137

Blick auf das Massiv des Wettersteingebirges mit der Zugspitze, die mit 2964 Meter der höchste Berg Deutschlands ist.

View of the Wetterstein massif with the Zugspitze, 2964 metres high. Germany's highest mountain.

Vue sur le massif du Wetterstein avec le sommet Zugspitze (2964 m), le plus haut pic d'Allemagne.

nem ganzen Sein, mit seiner Seele emporgehoben und befreit aus den Niederungen seines oft so beschwerlichen Lebens. Er läßt sich gefangennehmen von der Erhabenheit und dem wunderbaren Geheimnis der Schöpfung und spürt doch zugleich etwas von der tödlichen Gefahr, in die er bei jedem leichtfertigen Schritt in diese verlockende Welt geraten kann.

Der bekannteste und meistbesuchte Fremdenverkehrsort in den Bayerischen Alpen ist Garmisch-Partenkirchen, im Loisachtal vor der grandiosen Felskulisse des Wettersteingebirges gelegen. Die breiten, flachgiebeligen Häuser mit ihren kunstvollen Lüftlmale-

reien und blumengeschmückten Balkons sind ebenso bewundernswert wie die düsteren Felsschluchten der nahegelegenen Partnachklamm, in der tief unten das Wasser über mächtige Steinblöcke tost und schäumt. In der Ebene hinter Garmisch türmt sich fast übergangslos das gewaltige Zugspitzmassiv auf, das mit einer Gipfelhöhe von 2964 Meter der höchste Berg der Bundesrepublik Deutschland ist. Die verschiedenen Seilbahnen, die zur Zugspitze und in die Alpspitzregion hinaufführen, weisen das Wettersteingebirge als ideales Wander- und Skigebiet aus. Weiter aufwärts liegt an der alten Verbindungsstraße zwischen Isar und Inn die grenz-

Die Frühlingsgasse in Garmisch-Partenkirchen ist eine der vielen malerischen Straßen, die mit ihrem reichen Blumenschmuck eine freundliche Atmosphäre verbreiten.

The Frühlingsgasse in Garmisch-Partenkirchen is one of the many, friendly picturesque streets lined with flowers.

La Frühlingsgasse 'ruelle du printemps' est une des nombreuses rues pittoresques au riche décor floral répandant une ambiance accueillante.

Der kleine Ort Oberammergau bei Garmisch-Partenkirchen ist nicht nur wegen seiner Holzschnitzer, sondern auch wegen seiner eindrucksvollen Passionsfestspiele weltbekannt. Alle Mitwirkenden, wie hier Kaiphas, sind Laiendarsteller.

The little town of Oberammergau near Garmisch-Partenkirchen is famous world-wide, not only because of its wood-carvers, but also because of its impressive passion play festival. All of the characters, such as Caiphus, depicted here, are portrayed by lay actors.

Le village d'Oberammergau près de Garmisch-Partenkirchen n'est pas seulement réputé pour ses sculpteurs sur bois, il jouit également d'une renommée mondiale à cause de son impressionnant théâtre de la passion. Tous les acteurs – comme Caïphe ici – sont des habitants du village.

139

Das von König Ludwig II. erbaute Schloß Linderhof zeigt eine bescheidene Außenarchitektur, enthält jedoch im Inneren viele im Barock- und Rokokostil ausgestattete Prunkräume.

The Linderhof palace built by Ludwig II displays modest architecture to the outside, but inside it is full of lavish rooms furnished in the Baroque and Rococo styles.

Le château de Linderhof construit par le roi Louis II de Bavière est d'un extérieur plutôt modeste, contrastant avec beaucoup de salles somptueuses de style baroque et rococo à l'intérieur.

nahe Geigenbauerstadt Mittenwald, deren Geschichte von den besonders hübsch bemalten Häusern im Werdenfelser Stil erzählt wird. Die Kunst des Geigenbaus, die einst zur Existenzsicherung ihrer Bewohner diente, ist hier noch lebendig, doch hat sie ihre frühere Bedeutung schon längst an den Fremdenverkehr als wichtigste Einnahmequelle verloren.

Nach Oberstdorf und Garmisch-Partenkirchen ist Berchtesgaden das dritte bedeutende Ferienzentrum in den deutschen Alpen. Bereits in der Römerzeit wurde hier, im südöstlichsten Zipfel Bayerns, Salz in großen Mengen gewonnen und über den Fernhandel verkauft. Zahlreiche Salzbergwerke und Solequellen führten zum wirtschaftlichen Aufschwung von Berchtesgaden und Bad Reichenhall, sie fanden ihren Niederschlag auch in den Namen mancher Orte, Flüsse und Landschaften. Hoch über dem Steilufer der Ache gelegen und von mächtigen Berg-

riesen umgeben, gehört Berchtesgaden sicherlich zu den landschaftlich schönsten Orten in Deutschland. Noch großartiger ist der Blick vom Jenner auf den Königssee und die dahinter steil aufragende Ostwand des 2713 Meter hohen Watzmann. Die auf einer Trümmerhalde am Seeufer erbaute Wallfahrtskirche St. Bartholomä wirkt mit ihrer Kleeblattform und ihren Kuppeln fremdartig und zugleich anziehend. Sie ist wie die zahllosen Andachtskapellen und Bergkirchen ringsum im Land ein schönes Zeugnis für die durch Jahrhunderte lebendig gebliebene Frömmigkeit der Menschen, die die paradiesische Schönheit der Natur bewundern und sich vor ihrer tödlichen Übermacht fürchten.

Auch im oberbayerischen Alpenvorland hat der Glaube der Väter vielfältigen Ausdruck gefunden. In Altötting, dem seit 1498 bestehenden größten Wallfahrtsort Bayerns, schlägt das katholische Herz des Landes. Pil-

Nur mit dem Boot gelangt man zu der Wallfahrtskirche St. Bartholomä am Königssee, der mit der großartigen Bergkulisse des Watzmann wohl als der schönste deutsche Alpensee gelten darf.

The pilgrimage church of St. Bartholomew on the Königssee can only be reached by boat. With the magnificent panorama of the Watzmann mountain in the background, it can justly be considered the most beautiful of the Alpine lakes.

Seul le bateau permet l'accès à la chapelle de pèlerinage Saint-Barthélémy qui se trouve sur le ›Königssee‹ qui, encaissé entre les hautes montagnes du Watzmann, est considéré comme le plus beau lac des Alpes allemandes.

ger aus aller Welt kommen in jedem Jahr zu Hunderttausenden hierher, um vor dem Gnadenbild zum Dank- und Fürbittegebet niederzuknien. Selbst gekrönte Häupter haben in Altötting gebetet, und unter dem Steinpflaster der Gnadenkapelle ruhen in kostbaren Urnen die Herzen mancher bayerischen Kurfürsten und Könige.

Eine besondere Tradition katholischer Frömmigkeit hat sich in dem kleinen Holschnitzerdorf Oberammergau herausgebildet. Als während des Dreißigjährigen Krieges die Pest ausbrach, leisteten seine Bewohner Gott das Gelübde, für seine Hilfe und Rettung alle zehn Jahre ein Spiel vom Leiden und Sterben Christi aufzuführen. Aus dieser Not sind die inzwischen weltberühmten Oberammergauer Passionsspiele entstanden, bei denen über 1000 Laiendarsteller mitwirken. Man mag bedauern, daß aus dem einst frommen Verkündigungsspiel inzwischen eine lukrative Touristenattraktion geworden ist, doch das ändert nichts an der Tatsache, daß hier wie überall in Bayern das Empfinden und Leben der Menschen immer noch stark geprägt wird von religiösen Vorstellungen und Ausdrucksformen, die sich dem Zugriff des wissenschaftlich-kritischen Denkens einfach entziehen.

Auf eine ganz andere, ebenso eindrucksvolle Art und Weise haben die großen Barockbaumeister Dominikus und Johann Baptist Zimmermann dem Glauben ihrer Zeit sichtbare Gestalt verliehen. Sie schufen mit der 1754 vollendeten Wieskirche das wohl vollkommenste Meisterwerk des bayerischen Rokoko. Der architektonisch stark betonte ovale Mittelraum wirkt im Innern wie ein prunkvoller Festsaal, in dem alle Formen und Farben mit dem einströmenden Licht zu

einer großartigen Harmonie von überirdischer Schönheit zusammenfließen. Den Eindruck des Heiter-Verspielten , der Schwerelosigkeit, der die Besucher der Wallfahrtskirche fasziniert, vermittelt auch der Anblick der großen Waldwiese und der nahegelegenen Trauchberge. In dieser ländlichen Stille geschah vor 250 Jahren das Tränenwunder, das den Wunderglauben der damaligen Zeit stärkte und bereits nach wenigen Jahren die herrliche Wieskirche entstehen ließ.

Im bayerischen Alpenvorland gibt es eine Zahl schöner Seen, Überreste des Gletscherschmelzwassers aus der Eiszeit. Aus den alten Ufersiedlungen sind in den letzten hundert Jahren moderne und mondäne Urlaubs- und Badeorte geworden, in denen neben den verschiedensten Einrichtungen des Massentourismus die Luxusvillen vieler prominenter Vertreter aus Politik, Kunst und Showgeschäft stehen. Zwar beeinträchtigt der häufige Föhn das Wohlbefinden vieler Menschen, doch sorgt die Nähe der Millionenstadt München auf der einen und die der Hochgebirge auf der anderen Seite für eine immer noch anhaltende Zuwanderung im Alpenvorland, die die Grundstücks- und Baupreise in die Höhe getrieben hat. Der bisher teuerste Bau entstand jedoch bereits vor hundert Jahren, als Ludwig II. auf der Insel Herrenchiemsee sein neues Versailles entstehen ließ. Von diesem ehrgeizigen Projekt wurde zwar nur der Mittelteil fertiggestellt, aber ein Blick in die berühmte Spiegelgalerie und in das goldverzierte Arbeits- und Schlafzimmer vermittelt einen hinreichenden Eindruck von dem maßlosen Repräsentationsbedürfnis des Bayernkönigs.

Die nur 40 Kilometer voneinander entfernten Isarstädte Freising und Landshut weisen in

ihrem landschaftlichen Charakter wie in ihrer historischen Ausprägung deutliche Unterschiede auf. Am Rand der Münchener Schotterebene und des angrenzenden Hügellandes gelegen, erhielt Freising schon im 8. Jahrhundert durch das von Bonifatius begründete Bistum eine besondere kirchliche und damit auch kulturelle Bedeutung. Äußerlich sichtbar wird diese an dem im 12. Jahrhundert neuerbauten Dom und der in der Renaissancezeit entstandenen Bischofsresidenz. Von kulturgeschichtlicher Bedeutung sind aber auch die Brauerei des Klosters Weihenstephan, die seit 1040 bestehende älteste Brauerei der Erde, und die „Weltchronik" des Bischofs Otto von Freising, mit der die mittelalterliche Geschichtsschreibung ihren Höhepunkt erreichte. Im Gegensatz dazu entwickelte sich Landshut, das in einer fruchtbaren Lößlandschaft liegt

und bereits zu Niederbayern gehört, zu einer wichtigen Residenzstadt der Wittelsbacher Herzöge. Unter den Reichen-Herzögen des 15. Jahrhunderts gelangte es zu besonderem Reichtum und Ansehen und wurde auf Grund seiner hohen Bürgerkultur zum Idealbild einer spätmittelalterlichen Stadt. Die bis heute alle vier Jahre (zuletzt 1985) gefeierte „Landshuter Hochzeit", das größte historische Festspiel in der Bundesrepublik Deutschland, erinnert an die glanzvolle Hochzeit Georgs des Reichen mit der polnischen Königstochter Hedwig im Jahre 1475, an der außer dem Kaiser 25 Fürsten und zahllose Vertreter des Adels und des hohen Klerus teilnahmen. Dem Dom und der Bischofsresidenz von Freising entsprechen in Landshut als Zeichen weltlicher Macht die Burg Trausnitz und die herzogliche Residenz der Renaissance.

Zur Erinnerung an die glanzvolle Hochzeit Herzog Georgs des Reichen mit der polnischen Königstochter Hedwig im Jahre 1475 wird alle vier Jahre die „Landshuter Hochzeit" mit farbenprächtigen Umzügen gefeiert.

The "Marriage of Landshut" is celebrated every four years with colourful processions commemorating the glamorous marriage in 1475 of Duke George the Rich to Hedwig, daughter of the Polish king.

Le mariage princier de Landshut, avec son cortège aux couleurs magnifiques, a lieu tous les quatre ans en souvenir du somptueux mariage du duc Georges le Riche et de la princesse polonaise Hedwige en 1475.

145

Schiffsreise von Donauwörth bis Passau

Wenn die aus dem Schwarzwald kommende Donau nach 387 Kilometern das deutsche Gebiet bei Passau wieder verläßt, hat sie erst eine kleine Strecke ihres fast zweieinhalbtausend Kilometer langen Weges bis zum Schwarzen Meer zurückgelegt. Sie ist also in Deutschland noch ein junger Fluß, den die meisten Urlauber auf ihrer Fahrt in den Süden ohne großes Staunen oder Herzklopfen überqueren. Nachdem sie die Gebirgssperren der Schwäbischen Alb mühsam überwunden hat, führt ihr Weg durch weite Wiesen- und Auenlandschaften, in die sich auf dem Nordufer einige Ausläufer der Schwäbischen und Fränkischen Alb vorschieben. Über weite Strecken bietet das Donautal keine besonderen landschaftlichen Reize oder Sehenswürdigkeiten. Die Kriegsheere,die seit der Völkerwanderung immer wieder stromauf und stromab gezogen sind,

die blutigen Kämpfe, die hier um politische Machtinteressen und religiöse Überzeugungen geführt worden sind — das alles hat nur wenige Spuren hinterlassen, die für uns noch in einigen Bauwerken und Denkmälern greifbar sind.

In Donauwörth, am Südrand des Ries zwischen Schwäbischer und Fränkischer Alb gelegen, ist die gut erhaltene Stadtbefestigung ein weithin sichtbares Zeugnis für jahrzehntelange kriegerische Auseinandersetzungen. Die schwersten Zerstörungen wurden der ehemaligen Reichsstadt allerdings nicht durch feindliche Söldnerheere zugefügt, sondern durch die modernen Waffen des 2. Weltkrieges, denen etwa drei Viertel der historischen Altstadt zum Opfer fielen. 60 Kilometer stromabwärts liegt die frühere bayerische Landesfestung Ingolstadt, die auf ein karolingisches Kammergut zurückgeht und im 15. Jahrhundert zur fürstlichen Residenz der Ingolstädter Linie der wittelsbacher Herzöge ausgebaut wurde. An der im

Ingolstadt, zu dessen mittelalterlichem Stadtbild das doppeltürmige Liebfrauenmünster und das malerische Kreuztor gehören, war jahrhundertelang bayerische Residenz- und Universitätsstadt.

The twin spires of the Basilica of Our Lady and the picturesque Kreuztor gate dominate the mediaeval skyline of Ingolstadt, for centuries a university town and seat of the Bavarian court.

Ingolstadt dont la cathédrale »à Notre Bonne et Belle Dame« aux deux clochers et la pittoresque porte Sainte-Croix représentent la physionomie moyenâgeuse, était des siècles durant la ville résidence des ducs de Bavière et le siège de l'université de la Bavière.

späten Mittelalter gegründeten Hohen Schule lehrte vor 400 Jahren der Theologe Dr. Johannes Eck, der seinem berühmten Amtskollegen Dr. Martin Luther in der Leipziger Disputation von 1519 die Verbreitung gefährlicher Irrlehren vorwarf. Dieser mit Leidenschaft geführte Theologenstreit wurde eine schwere Niederlage für den Herausforderer, denn Luthers auf die Bibel gegründete neue Auffassung von Kirche und Glauben gewann gerade danach eine außergewöhnlich große Publizität.

In der Sakristei der Barockkirche Sta. Maria Victoria erinnert eine kunstvoll gearbeitete Monstranz an den Seesieg des spanischen Feldherrn Juan d'Austria bei Lepanto im Jahre 1571, wodurch die drohende Türkengefahr für Europa vorerst abgewehrt worden war. In wesentlich engerer Beziehung zur deutschen Geschichte steht das hier ebenfalls aufbewahrte Tilly-Kreuz. Der Name des bedeutenden Generalissimus, der 1632 in Regensburg seinen Verletzungen erlag, gehört zweifellos in die lange Reihe hervorragender Kriegshelden, die sich durch persönlichen Mut und mitreißende Begeisterungsfähigkeit auszeichneten; er ist aber auch geradezu zum Symbol geworden für die furchtbaren Greuel und sinnlosen Zerstörungen, die sich Katholische und Evangelische im Dreißigjährigen Krieg unter dem Vorwand der Rechtgläubigkeit gegenseitig zufügten. Das stark befestigte Ingolstadt hielt damals allen Angriffen des Schwedenkönigs Gustav Adolf stand. Zweihundert Jahre später wurde es zur Landesfestung des 1805 zum Königreich erhobenen Bayern erklärt, lange nachdem die Universität ihre Pforten geschlossen hatte und nach Landshut verlegt worden war.

Kurz vor Regensburg, dort, wo einmal der rätische Limes der Römer die Donau erreichte, passiert man mit dem Schiff den engen, malerischen Felsdurchbruch bei Weltenburg. Die mächtigen Kalksteinwände ragen hier hundert Meter empor, so daß man

Eine der schönsten Flußlandschaften Süddeutschlands ist der Donaudurchbruch bei Weltenburg, wo sich der Fluß zwischen den hochaufragenden Kalksteinfelsen des Jura seinen Weg sucht.

The Danube slashes through the rocks near Weltenburg and wends its way past the yawning limestone cliffs of the Jura – some of Southern Germany's prettiest river scenery.

Le défilé rocheux du Danube près de Weltenburg, où le fleuve se fraye un chemin à travers les hauts rochers calcaires du Jura, est un des plus beaux paysages fluviaux de l'Allemagne du sud.

Das gewaltige Deckenfresko in Ingolstadt's Maria-Viktoria-Kirche zeigt Cosmas Damian Asam's allegorische Darstellung von Europa, welche im linken Teil des Freskos als gerüstete Frauenfigur mit Helmbusch und einer Krone in der Rechten erscheint.

The immense ceiling fresco in Ingolstadt's Maria-Viktoria-Church shows Cosmas Damian Asam's allegorical portrayal of Europe, which appears in the left-hand part of the fresco as an armed female figure with a plume and a crown in her right hand.

L'immense fresque au plafond de l'église Maria-Viktoria d'Ingolstadt, oeuvre de Cosmas Damian Asam, montre une interprétation allégorique de l'Europe avec, dans la partie gauche, une femme armée, ornée d'un panache et portant une couronne dans la main droite.

die auf schmalem Uferrand erbaute Benediktinerabtei Weltenburg beinahe übersehen könnte. Betritt man die Kirche dieses ältesten bayerischen Barockklosters, so schaut man wie gebannt auf den Hochaltar, der aus verborgenen Quellen in gleißendes Licht getaucht wird, vor dem die dunkle Silhouette des heiligen Georg zwischen Drachen und Jungfrau besonders wirkungsvoll erscheint. Das weltliche Gegenstück zu diesem effektvollen Theatrum sacrum ist der tempelartige Rundbau der Befreiungshalle, die der Bayernkönig Ludwig I. vor über hundert Jahren auf dem Michelsberg bei Kelheim errichten ließ. Die darin aufgestellten 34 Viktorien verkörpern die 34 Einzelstaaten des 1815 gegründeten Deutschen Bundes, gleichzeitig aber auch den von allen Deutschen gemeinsam errungenen Sieg über Napoleon, der zuvor das Heilige Römische Reich Deutscher Nation zerschlagen und die Herrschaft über große Teile Europas erlangt hatte.

Auf ihrem Weg durch Schwaben und Bayern überschreitet die Donau nur einmal den 49. Breitengrad. An diesem nördlichen Scheitelpunkt liegt ein wichtiger Flußübergang, an dem die Römer im Jahre 179 n. Chr. eine mächtige Festungsanlage, die Castra Regina, das spätere Regensburg, errichteten. Dieser Militärstützpunkt entwickelte sich im Mittelalter zu einem bedeutenden Wirtschafts- und Kulturzentrum von großer Ausstrahlungskraft. Protzige Patrizierburgen und platzsparende Turmhäuser gehörten und gehören noch immer genauso zum Bild der Altstadt wie die über 300 Meter lange Steinerne Brücke, das gotische Rathaus und der doppeltürmige gotische Dom St. Peter, eines der großartigsten Bauwerke der Gotik in Bayern. Regensburg spielte seit dem frühen Mittelalter aber auch eine führende politische Rolle. Schon im 7. Jahrhundert war es Sitz der agilolfingischen Herzöge in Bayern, und im 8. Jahrhundert entstand hier eine karolingische Königspfalz. Über 60 Reichstage

wurden in der freien Reichsstadt abgehalten, bevor diese von 1663 bis 1806 als Tagungsort des Immerwährenden Reichstags diente. Der Name dieser politischen Institution ist allerdings kein Hinweis auf eine nach dem Dreißigjährigen Krieg wachsende Parlamentarisierung des deutschen Reiches. Hinter ihm verbirgt sich vielmehr der damals erschreckende Machtverlust des habsburgischen Kaiserhauses zugunsten der zunehmend absolutistisch regierenden Territorialfürsten.

In den großen Kreis der deutschen Reichsfürsten gehörte auch die heute noch in Regensburg ansässige Adelsfamilie Thurn und Taxis, die 1615 in den Besitz des kaiserlichen Reichserbpostgeneralats gelangte und 1743 mit dem wichtigen Prinzipalkommissariat beim Regensburger Reichstag betraut wurde. Diese einflußreichen Ämter ermöglichten den weiteren Ausbau ihrer angesehenen Position im Handel und Bankwesen. Einen besonders klangvollen Namen in der Stadtgeschichte haben die Regensburger Domspatzen, der berühmteste deutsche Knabenchor, der 1975 bereits sein tausendjähriges Bestehen feiern konnte und bei den Musikkennern des In- und Auslandes seit Jahrzehnten höchstes Ansehen genießt.

Kurz hinter Regensburg erhebt sich über einer imposanten terrassenförmigen Treppenanlage am linken Donauufer die 1842 eingeweihte Walhalla. Der dem Parthenon in Athen nachgebildete dorische Tempel wurde von König Ludwig I. zu Ehren aller berühmten deutschen Männer und Frauen errichtet, „die durch ihr Wirken zum Ruhme Deutschlands beigetragen haben". Daß in dem ehrwürdigen Panoptikum auch die Büsten nichtdeutscher Herrscherpersönlichkeiten stehen, kann als Ausdruck der Überwindung eines ursprünglich streng nationalen Denkens gewertet werden. Und man darf gespannt sein, welchen verdienten Männern und Frauen der Freistaat Bayern bis zum Ende dieses Jahrtausends noch einen gebührenden Platz unter den „Genossen Walhalls" einräumen wird.

Wesentlich kleiner, wenn auch nicht viel jünger ist die ehemalige bayerische Herzogsstadt Straubing, aus deren römischer Vergangenheit ein 1950 entdeckter kostbarer Schatzfund erhalten geblieben ist. Das Bild der historischen Altstadt wird bestimmt von zahlreichen eindrucksvollen Bürger- und Kirchenbauten sowie der wuchtigen Burg der bayerischen Herzöge, die nach der Landesteilung von 1349 die Linie des Teilherzogtums Straubing-Holland begründeten. Im Schloßhof wird in jedem „geraden" Jahr von 300 Mitwirkenden das historische Freilichtspiel „Die Agnes Bernauerin in Straubing" aufgeführt. Es erinnert an das tragische Schicksal der Augsburger Badertochter, die wegen ihrer heimlichen Ehe mit dem Herzogssohn von dessen Vater im Jahre 1435 in der Donau ertränkt wurde. Die Bewohner Straubings und des umliegenden fruchtbaren Gäubodens hängen aber keineswegs nur solchen traurigen Erinnerungen nach, sondern sie sind im ganzen durchaus aufgeschlossene, gesellige Menschen von bayerischer Gemütlichkeit, die schon seit 1812 das Gäuboden-Volksfest, mit etwa einer Million Besuchern das zweitgrößte Volksfest Bayerns, mit vielen Attraktionen und Belustigungen feiern.

Als eine der ältesten deutschen Städte bietet Regensburg eine große Fülle historischer Sehenswürdigkeiten und kultureller Anziehungspunkte, zu denen auch die berühmten »Regensburger Domspatzen« gehören.

Regensburg, one of Germany's oldest cities, is home to numerous historical sights and points of cultural interest, including the renowned "Regensburger Domspatzen" choir.

Ratisbonne, une des plus vieilles villes allemandes, offre un grand nombre de curiosités historiques et de points d'attraction culturels entre autres aussi les célèbres »Domspatzen« (moineaux de la cathédrale), chanteurs de Ratisbonne.

Einer der schönsten Räume der bereits im 8. Jahrhundert gegründeten Benediktinerabtei in Metten ist die prunkvolle Bibliothek mit über 130 000 Bänden.

A majestic library with over 130,000 volumes is one of the most beautiful rooms in the Benedictine abbey at Metten, which dates back to the 8th century.

Une des plus belles salles de l'abbaye bénédictine de Metten qui fut fondée déjà au VIIIème siècle, est la somptueuse bibliothèque abritant plus de 130 000 volumes.

Die Kreisstadt Deggendorf, das Tor zum Bayerischen Wald, besitzt wie viele altbayerische Stadtanlagen einen langgestreckten Marktplatz, in dessen Mitte sich das spätgotische Rathaus und ein mächtiger Stadtturm erheben. Für die Christianisierung und Kultivierung der nördlich der Donau gelegenen Waldgebiete waren die im 8. Jahrhundert gegründeten Benediktinerklöster Metten und Niederaltaich von großer Bedeutung. Die prunkvolle Klosterbibliothek in Metten mit ihren 130 000 Bänden ist ein hervorragendes Zeugnis für die geistliche Bildungsarbeit früherer Jahrhunderte, und das hier seit 150 Jahren existierende Gymnasium mit angeschlossenem Internat weiß sich dieser großen Tradition verpflichtet. In der 1918 wiedererrichteten Abtei Niederaltaich wurde ein ökumenisches Institut gegründet, das die gegenwärtigen Bemühungen um die Einheit der Christen unterstützt.

In Passau, das wegen seiner einzigartigen Lage am Zusammenfluß von Donau, Inn und Ilz von Alexander v. Humboldt zu den sieben schönsten Städten der Welt gezählt wurde, findet die Donaureise ihren krönenden Abschluß. Auch in dieser südöstlichen Stadt Deutschlands weisen Überreste auf eine römische Befestigungsanlage hin, die im 6. Jahrhundert von den germanischen Bajuwaren besetzt und zur Residenz der Agilolfinger ausgebaut wurde. Mit der Gründung eines Bistums durch Erzbischof Bonifatius im Jahre 739 wurde Passau zum Ausgangs- und Mittelpunkt einer umfassenden Missionsarbeit, die bis nach Ungarn reichte und wichtige Ostgebiete für die römisch-katholische Kirche gewann. Im Mittelalter war Passau die Haupt-

S. 166/167

←

Die Saale, die sich in malerischen Schleifen durch das thüringische Bergland zieht, war mehrere Jahrhunderte hindurch die Ostgrenze des mittelalterlichen deutschen Reiches.

The Saale, with picturesque bends meandering through the Thuringian mountains, was for centuries the eastern border of the mediaeval German Empire.

La Saale qui s'étire en pittoresques méandres à travers le pays montagneux de la Thuringe était pendant plusieurs siècles la frontière orientale de l'Empire allemand au Moyen Age.

Nützliche, der sie befähigt, sich im Leben zurechtzufinden und miteinander auszukommen. Die Thüringer haben keinen stark ausgeprägten Volkscharakter, was möglicherweise darauf zurückzuführen ist, daß an der Entstehung ihres Stammes außer den zahlenmäßig überlegenen Hermunduren auch die westgermanischen Warnen und Angeln beteiligt waren. Nach der Ansiedlung gelang ihnen zwar die Errichtung eines einheitlichen Königreiches Thüringen, aber es unterlag schon im Jahre 531 dem benachbarten Frankenreich und verlor damals seine politische Selbständigkeit für immer. Auch als im 13. Jahrhundert die sächsischen Wettiner als Herzöge und Kurfürsten das Land regierten, konnte es seine frühere Machtstellung nicht wieder zurückgewinnen. Vielmehr wurde es, durch die Ausdehnung des Reiches nach Osten längst aus seiner unsicheren Grenzlage befreit, zum Tummelplatz eines hemmungslosen dynastischen Egoismus und Partikularismus, der selbst die von Napoleon I. nach 1803 durchgeführte große Flurbereinigung überlebte. Aus der Vielzahl thüringischer Duodezfürstentümer, deren Namen heute nur noch den Fachhistorikern und Heimatforschern geläufig sind, entstand erst 1920 wieder ein einheitlich verwaltetes Land Thüringen mit Weimar als Hauptstadt. Durch die politische Neugliederung der DDR im Jahre 1952 wurde jedoch die historisch-traditionelle Ländereinteilung zugunsten eines einheitlichen Bezirkssystems aufgegeben.

Thüringen wurde früher und wird auch heute noch gern als „das grüne Herz Deutschlands" bezeichnet. Mit dieser freundlichen Umschreibung wird nicht nur seine geographische Lage in der Mitte des früheren Deutschen Reiches bestimmt, sondern auch die immer noch existierende innere Bindung unzähliger Menschen an dieses in vieler Hinsicht liebenswerte Land zum Ausdruck gebracht. In der politischen Geschichte hat Thüringen nie eine führende oder irgendwie außergewöhnliche Rolle gespielt, und die Teilung Deutschlands nach dem 2. Weltkrieg hat es erneut in eine nach-

teilige Randlage gebracht, und dennoch besitzt es nach wie vor eine erstaunliche Ausstrahlungskraft und ungebrochene Wertschätzung.

Die partikularistische, ehrgeizige Politik der sächsisch-thüringischen Herzöge verhinderte auf der einen Seite die Herausbildung eines überragenden politischen und kulturellen Mittelpunkts im Land. Andererseits förderte sie die Entwicklung vieler kleiner Orte zu ansehnlichen Residenzstädten mit einer überraschend hohen Bürger- und Hofkultur. Die Geschichte vieler thüringischer Städte beginnt bereits in karolingischer Zeit mit der Gründung von fränkischen Königshöfen, Herrensitzen oder Missionsklöstern, in deren Nähe und Schutz früher oder später verkehrsreiche Handelsplätze und befestigte Bürgersiedlungen entstanden. Das Vorhandensein von Bodenschätzen und Energiequellen sowie die Nähe von Märkten und Handelswegen waren für den wirtschaftlichen Aufstieg von entscheidender Bedeutung. Die Namen mehrerer Städte, wie z. B. Suhl, Bad Langensalza und Bad Salzungen, weisen auf Solequellen und Salzlager hin, die schon im Mittelalter entdeckt und nutzbar gemacht wurden. In Suhl besaßen die Grafen von Henneberg außerdem die Bergrechte zum Abbau von Eisenerz, womit der Grundstein für die später weitbekannte Waffenindustrie gelegt war. Im Dreißigjährigen Krieg galt die kleine Stadt an der Lauter als die „Waffenschmiede Europas", die sowohl die Truppen der evangelischen Union als auch der katholischen Liga ausrüstete. Das Geschäft mit dem Krieg blühte bis ins 20. Jahrhundert, erst nach dem 2. Weltkrieg wurde die Produktion auf Jagd- und Sportwaffen reduziert. Wesentlich friedlicher ging es in dem nicht weit entfernten, heute an den Regierungsbezirk Unterfranken des Freistaates Bayern angrenzenden Landkreis Sonneberg zu, der sich im 18. Jahrhundert zum Zentrum der deutschen Spielzeugindustrie entwickelte. Die Dörfer und Werkstätten am Südrand des Thüringer Waldes waren allerdings alles andere als ein Spielzeugpara-

Einen „Dom des deutschen Mittelalters" nannten die Romantiker das im 16. Jahrhundert zerstörte Benediktinerkloster Paulinzella, dessen Ruine zu den wertvollsten Denkmälern romanischer Kirchenbaukunst zählt.

Thinkers of the Romantic era called the Benedictine abbey of Paulinzella, destroyed in the 16th century, a "cathedral" of the German Middle Ages. Its ruins are among the most significant treasures of Romanesque church architecture.

A l'époque romantique, les poètes appelaient l'abbaye bénédictine de Paulinzella une »cathédrale« du Moyen Age allemand; elle fut détruite au XVIème siècle, mais les ruines restent un des plus précieux monuments de l'architecture sacrale romane.

dies; denn die von zahllosen Familien übernommene Heimarbeit wurde meist schlecht bezahlt und von Zeiten wirtschaftlicher Rezession bedroht. Am Anfang bestanden die „Sonneberger Waren" vor allem aus bemaltem Holzspielzeug, dann nahm die Herstellung von Puppen einen immer größeren Raum ein. Obgleich Technik und Elektronik heute auch schon die Kinderzimmer erobert haben, wird Spielzeug aus Sonneberg noch immer in alle Welt verkauft.

In Gotha, einer der bedeutendsten thüringischen Residenzstädte, haben sich im Laufe der Jahrhunderte wieder andere Berufs- und Wirtschaftszweige besonders stark entwickelt. Nachdem die kleine Kaufmannssiedlung an der wichtigen, von Frankfurt nach Leipzig führenden Handelsstraße zu bescheidenem Wohlstand gelangt war, machten die Herzöge von Sachsen-Gotha die Stadt nach dem Dreißigjährigen Krieg zu einem bedeutenden geistigen und kulturellen Zentrum. Der Hof stand den Ideen der französischen Aufklärung aufgeschlossen gegenüber und unterhielt im Schloß Friedenstein das erste deutsche Theater mit fest

angestellten Künstlern. Durch das starke naturwissenschaftliche Interesse einiger Herzöge gewann Gotha im 18. Jahrhundert eine führende Stellung in der Geographie und Kartographie, zwei Wissenschaftsbereichen, in denen die Stadt bis heute Hervorragendes geleistet hat. Auch an der Entwicklung des deutschen Versicherungswesens hat Gotha einen entscheidenden Anteil.

Das „turmreiche Erfurt" war bereits am Ende des Mittelalters eine der größten Städte des deutschen Reiches, trotzdem gehörte es nicht zu den siebzehn thüringischen Residenzstädten, die es auf Grund fortwährender Erbteilungen mittlerweile in Thüringen gab. Kaiser Rudolf von Habsburg hatte schon 1290 die Überzeugung geäußert: „Erfurt ist des Römischen Reiches herrlicher Garten." Und zweihundert Jahre später sagte Martin Luther in der ihm eigenen Weise: „Erfurt ist ein fruchtbar Bethlehem. Erfurt liegt am besten Ort. Da muß eine Stadt stehen, wenn sie gleich wegbrennete." Bis heute fehlt es nicht an ähnlichen anerkennenden und schwärmerischen Worten über die Stadt, die Jahrhunderte hindurch als das Herz und die

heimliche Hauptstadt Thüringens galt.

Die Tatsache, daß Erfurt zur Zeit Luthers neunzig Kirchen und Kapellen besaß – weshalb man später auch vom „thüringischen Rom" sprach –, weist auf den prägenden Einfluß hin, den die Kirche in der Stadt seit ihrem Bestehen ausgeübt hat. Das von Bonifatius im 8. Jahrhundert gegründete Bistum fiel bereits 755 an die Diözese Mainz und verlor damit seine erst in Ansätzen vorhandene geistlich-politische Selbständigkeit. Durch zahlreiche Klostergründungen und Kirchenbauten wurde Erfurt am Ende des Mittelalters zum geistig-kulturellen Zentrum Thüringens. Und die 1392 gegründete Universität, die erste Volluniversität in Deutschland, galt bald als eine bekannte Pflanzstätte des Humanismus, durch den grundlegende Positionen und Traditionen der alten Kirche in Frage gestellt und schließlich überwunden wurden. Einer der berühmtesten Schüler der Erfurter Alma mater war Martin Luther, der im Jahre 1506 sein Jurastudium überraschend abbrach und in das Schwarze Kloster des strengen Augustiner-Eremitenordens eintrat. Das berühmte Turmerlebnis im Winter 1513/14 führte ihn zu der damals als ketzerisch geltenden Erkenntnis, daß der Mensch allein durch den Glauben vor Gott gerecht und damit gerettet werde. Dieses neue Schriftverständnis eines einzelnen Menschen hatte nicht nur die endgültige Auflösung der Glaubenseinheit in Deutschland und Europa zur Folge, sondern war letztlich auch die Ursache für tiefgreifende Veränderungen in den politischen Machtverhältnissen und auf der politischen Landkarte. Mit der Säkularisation im Jahre 1803 war die über tausend Jahre alte Vorherrschaft der Kirche in Erfurt für immer beseitigt, aber die Tatsache, daß es hier das einzige katholische Priesterseminar der DDR gibt, wirkt wie ein letzter Nachklang der Geschichte, wie ein bescheidener Beweis für die Überlebens- und Durchsetzungskraft historischer Traditionen.

Erfurt, die einzige Großstadt in Thüringen, besitzt heute noch eine Reihe eindrucksvoller Zeugnisse seiner über achthundertjährigen Stadtgeschichte. Seine Lage an der wichtigen Handelsstraße, die die westeuropäischen Staaten mit den slawischen Län-

Auf dieser Orgel in der ehemaligen Bonifatiuskirche spielte Johann Sebastian Bach, als er in der Zeit von 1703–1707 Organist in Arnstadt war.

While employed as organist in Arnstadt from 1703 to 1707, Johann Sebastian Bach played on this organ, located in the former Church of St. Boniface.

C'est sur ces orgues dans l'ancienne église Saint-Boniface que Jean-Sébastien Bach jouait quand il était organiste à Arnstadt de 1703 à 1707.

Die Walkenrieder Bibel ist ein Zeugnis des reichen und mächtigen Zisterzienserklosters Walkenrede, das 1127 gegründet und während der Bauernkriege 1525 wieder zerstört wurde.

The Walkenried bible bears witness to the rich and influential Cistercian monastery of Walkenrede, which was founded in 1127 and destroyed in the Peasants' War of 1525.

La bible de Walkenried est un témoignage de la riche et puissante abbaye cistercienne qui fut fondée en 1127 et détruite pendant les Guerres des Paysans en 1525.

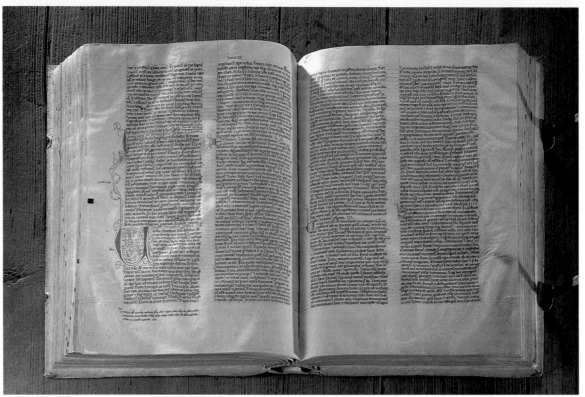

dern im Osten verband, förderte die wirtschaftliche Entwicklung und damit das politische Selbstbewußtsein der Bürgerschaft. Neben der Stadtmauer mit ihren Tor- und Wachttürmen und den großen Plätzen mit ihren schmucken Bürgerhäusern ist die beidseitig bebaute Krämerbrücke von 1325 eine besondere Sehenswürdigkeit. Unter den zahlreichen Sakralbauten ragt auf dem Domhügel die markante Baugruppe des gotischen Doms und der anschließenden St. Severikirche über die Altstadt empor. Mit ihren unterschiedlich gestalteten Spitztürmen ist sie nicht nur zum malerischen Wahrzeichen der alten Bischofs- und Domstadt geworden, sondern auch zu einem schönen Sinnbild für das Verhältnis zwischen Katholizismus und Protestantismus, die nach außen

deutlich voneinander getrennt sind, aber dennoch durch denselben Ursprung und dieselbe Heilslehre miteinander verbunden bleiben. Seit dem 18. Jahrhundert hat sich Erfurt auch als Garten- und Blumenstadt einen guten Ruf erworben. Die heutigen großen Gartenbau- und Saatzuchtbetriebe sind für die Arbeit der Landwirtschaftlichen Produktionsgenossenschaften in der DDR von großer Bedeutung, während die nationalen und internationalen Gartenbauausstellungen die Attraktivität der Stadt deutlich erhöht haben.

Im Jahre 742 gründete Bonifatius das Bistum Erfurt, das sich im Laufe der Jahrhunderte zu einem herausragenden Zentrum kirchlichen Lebens entwickelte. Der große Marktplatz wird vom Dom und der Severikirche mit ihrer charakteristischen Dreiturmgruppe überragt.

The bishopric of Erfurt, founded by St. Boniface in the year 742, developed over the centuries into a prominent centre of religious life. The large market square lies in the shadows of the cathedral and the characteristic triple spires of the Church of St. Severinus.

Saint Boniface créa en 742 le diocèse d'Erfurt qui devint au cours des siècles un éminent centre de vie ecclésiastique. La grande place du Marché est dominée par la cathédrale et l'église Saint-Séverin avec son ensemble caractéristique de trois tours.

Das am Triangel gelegene Portal des Erfurter Doms ist mit
Aposteln und Heiligenfiguren
aus dem 14. Jahrhundert geschmückt.

The portal at the triangle of Erfurt
Cathedral is decorated with 14th-
century images of the apostles
and saints.

Le portail de la cathédrale d'Erfurt donnant sur le ›Triangel‹ est
orné de statues d'apôtres et de
saints du XIVème siècle.

Zum malerischen Bild der historischen Altstadt gehört auch die
beidseitig mit Bürgerhäusern
überbaute Krämerbrücke, die im
Mittelalter als Teil einer wichtigen Handelsstraße große Bedeutung hatte.

Built up on both sides with bur-
ghers' houses, the Krämer bridge
lends picturesque character to
the historic old town. In the Middle Ages it was a crucial link in an
important trade route.

Le ›pont des épiciers‹ avec ses
maisons bourgeoises en saillie
des deux côtés, fait partie de
l'image pittoresque du centre
historique de la ville; au Moyen
Age, il se trouvait sur une importante route commerciale.

Einer der prächtigsten Räume
der Wartburg ist die Elisabeth-
Kemenate im Palas, die ihren
Namen nach der später heilig-
gesprochenen Landgräfin Elisabeth erhielt.

One of the Wartburg's most magnificent rooms is the Elisabeth
bower in the palace, named for
the Margravine Elisabeth, who
was later canonised.

L'appartement d'Elisabeth dans
le palais est une des plus belles
salles de la Wartburg. Il fut
nommé ainsi d'après la margrave
Elisabeth qui fut canonisée.

In diesem Raum arbeitete Martin Luther als Junker Jörg an der Übersetzung des griechischen Neuen Testaments ins Deutsche.

Disguised as Junker Jörg, Martin Luther worked in this room while translating the New Testament from Greek into German.

C'est dans cette salle que Luther sous le nom de junker Jörg préparait la traduction du Nouveau Testament grec en langue allemande.

Frauenplan und sein besonders geliebtes, bescheidenes Gartenhaus an der Ilm, beides Geschenke seines herzoglichen Freundes und Bewunderers, wurden bald zu bekannten Orten, wo junge Künstler und Kunstfreunde Anerkennung und Rat zu finden oder wenigstens das Wirken des genius loci zu spüren hofften.

Nach Goethes Tod im Jahre 1832 verblaßte der Ruhm Weimars als geistig-literarischer Metropole in Deutschland zusehends. Man sprach bald mehr kritisch als bedauernd von der Stadt als einem „literarischen Friedhof" und einem „Pompeji des deutschen Geistes". Erst durch das Wirken bedeutender Musiker und Maler erlebte Weimar in der zweiten Hälfte des 19. Jahrhunderts eine neue kulturelle Blüte. Dazu trug auch der Wunsch vieler interessierter Besucher bei, die früheren Wirkungsstätten der großen deutschen Dichter und Denker und alles, was irgendwie im Zusammenhang mit ihnen stand, zu besichtigen: das Goethe-Haus am Frauenplan und das Parkhaus an der Ilm, das Schiller-Haus an der Esplanade, das Wohnhaus der Frau v. Stein und die herzoglichen Schlösser in Weimar, Belvedere, Ettersburg und Tiefurt. Wichtige Anziehungspunkte wurden auch die großen Archive, die heutigen „Nationalen Forschungs- und Gedenkstätten der klassischen deutschen Literatur", und natürlich der Neue Friedhof mit der Fürstengruft, in der die schlichten Särge Goethes und Schillers ruhen.

Ein einziges Mal in seiner jahrelangen Geschichte wurde Weimar auch zum Schauplatz gesamtdeutscher Entscheidungspolitik, sein Name zum Sinnbild eines politischen Neuanfangs und einer neuen Staatsform. Nachdem sich die große Mehrheit des deutschen Volkes nach dem 1. Weltkrieg in den Wahlen vom 19. Januar 1919 für die Errichtung einer Demokratie entschieden hatte, trat die Verfassunggebende Nationalversammlung in Weimar zu ihrer Arbeit zusammen. Die Sitzungen fanden im bisherigen Großherzoglichen Hoftheater statt, das genau an der Stelle stand, an der Goethe

hundert Jahre zuvor das „Alte Comödienhaus" viele Jahre hindurch geleitet hatte. Sie bedeuteten für Weimar gewiß kein glanzvolles, allenfalls ein denkwürdiges Ereignis, ging es doch darum, eine demokratische Verfassung für ein in der Demokratie noch unerfahrenes Land zu schaffen, über dem noch das Damoklesschwert eines ungewöhnlich harten Friedensvertrages schwebte.

Friedrich Ebert, der Führer der SPD, erinnerte in seiner Eröffnungsrede an die „klassischen Dichter und Denker" und forderte die Versammlung auf: „Jetzt muß der Geist von Weimar, der Geist der großen Philosophen und Dichter wieder unser Leben erfüllen." Was bedeutete dieser „Geist von Weimar", der hier für die Schaffung eines neuen Deutschlands beschworen wurde? Worin lag seine tragfähige, zukunftsweisende Kraft, die Deutschland aus diesem Geist schöpfen sollte? Bei allen Unterschieden im einzelnen waren sich die Klassiker von Weimar einig gewesen in dem Glauben an die Existenz und Wirksamkeit großer Ideen, an die Notwendigkeit und Möglichkeit des Menschen, das Schöne, Gute und Wahre zu erkennen und in sittlicher Selbstbestimmung zu verwirklichen. Geistes- und Herzensbildung sowie die innere Übereinstimmung mit Gott und der Natur machten für sie die wahre Kultur, die reine Humanität des Menschen aus, die auch in den begrenzten Lebensbereichen des Berufs, der Politik und der sozialen Beziehungen spürbar werden muß. Die volle Bedeutung dieses an der Antike orientierten idealen Menschenbildes der Klassik war erst auf dem Hintergrund der Großen Französischen Revolution zu begreifen, die die alte absolutistische Staatsordnung zerstört, gleichzeitig aber die Errichtung einer besseren Weltordnung mit Hilfe von Gewalt und Terror höchst fragwürdig gemacht hatte.

Für die Begründer der Weimarer Klassik hatten Kunst und Kultur unbedingten Vorrang vor den praktischen Erfordernissen der Politik. Es war anerkennenswert und blieb doch zugleich fragwürdig, wenn Ebert versuchte,

← S. 190

Zu den großen Schloßanlagen an der Ilm gehört das Gelbe Schloß, ein zweigeschossiger Barockbau aus dem Anfang des 18. Jahrhunderts.

The Yellow Palace, a two-story Baroque structure built in the early 18th century, is but one of the large palaces on the banks of the Ilm.

Le château jaune, un bâtiment de style baroque à deux étages, du début du XVIIIème siècle fait partie des grands châteaux sur l'Ilm.

In seinem mit großen finanziellen Opfern erworbenen Haus schrieb Friedrich Schiller seine letzten großen Werke.

Friedrich Schiller wrote his final masterpieces in a house he acquired at considerable expense.

Dans sa maison acquise au prix de grands sacrifices financiers, Friedrich Schiller écrivit ses dernières grandes oeuvres.

aus der Rückbesinnung auf die Humanität des Idealismus an die Bewältigung der vor ihm liegenden schwierigen Aufgaben zu gehen. Denn Politik ist zwar nicht der Feind der Wahrheit und Menschlichkeit, aber sie muß doch oft genug ohne ihren wohlgemeinten Rat auskommen.

Das Herder-Denkmal vor der Stadtkirche, gestiftet „Von Deutschen aller Lande", wurde 1850 als erstes der Weimarer Standbilder errichtet.

Donated by "Germans of all nations", the Herder monument was erected in front of the city church in 1850. It is Weimar's oldest statue.

Le monument de Herder devant l'église paroissiale, un don »d'Allemands de toutes les contrées« fut érigé en 1850 et fut la première des statues de Weimar.

6. Sachsen zwischen Rhein und Elbe

Eines der bekanntesten und spannendsten Kapitel der frühmittelalterlichen Geschichte erzählt von dem mehr als dreißig Jahre dauernden grausamen Krieg, den Karl der Große im Namen der Staatsräson und des Christentums gegen den mächtigen Stammesverband der Sachsen führte. Herzog Widukind setzte dem Versuch des Frankenkönigs, sein Volk zu unterwerfen und gewaltsam zum christlichen Glauben zu bekehren, hartnäckigen Widerstand entgegen. Aber Karl ging gegen die Sachsen, deren Wohngebiete damals fast bis an den Rhein heranreichten, mit äußerster Härte vor und konnte seinen Machtbereich schließlich bis an die Elbe ausdehnen. Seitdem nahm Sachsen als eines der fünf großen Stammesherzogtümer eine bedeutende, zeitweise sogar führende Stellung innerhalb des ostfränkisch-deutschen Reiches ein.

Menschen im Bergischen Land

Wie sich an zahlreichen niederdeutschen Sprachformen nachweisen läßt, gehört das Bergische Land, zwischen Ruhr, Rhein und Sieg gelegen und im Osten in das Sauerland übergehend, teilweise noch zum altsächsischen Siedlungsraum. Ausgedehnte Wälder, zahlreiche Trinkwassersperren und Höhlen sowie schön gelegene Ortschaften, in denen das schieferverkleidete bergische Haus und die Zwiebel- oder Schweifhaube der Kirchtürme vorherrschen, haben das Land zu einem beliebten Ausflugs- und Erholungsgebiet der Großstadtbevölkerung an Rhein und Ruhr gemacht. Seinen Namen verdankt es allerdings nicht dem abwechslungsreichen Landschaftscharakter, sondern dem ersten Grafengeschlecht, das seit dem 12. Jahrhun-

dert über das Land herrschte und zeitweise auch die Kölner Erdiözese besaß. Schloß Burg an der Wupper, nach der Zerstörung im Dreißigjährigen Krieg lange Zeit vergessen und im 19. Jahrhundert in romantisierendem Stil wiederaufgebaut, diente den Grafen von Berg über zwei Jahrhunderte als mächtiger Herrensitz, so lange, bis der erste Herzog von Berg aus dem Hause Jülich seine Residenz in die damals noch bescheidene Stadt Düsseldorf verlegte.

Nach Mentalität und Temperament gehören die Bewohner des Bergischen Landes weder zu den lebenslustig-geselligen Rheinländern noch zu den eher schwerfällig-verschlossenen Westfalen. Sicherlich steckt in ihnen auch etwas von der Wesensart ihrer so unterschiedlichen Nachbarn, aber vor allem zeichnen sie sich durch Fleiß und Besonnenheit aus. Sie sind echte „Knösterer", d.h. nachdenklich-grübelnde Menschen, und ihre Frömmigkeit nimmt nicht selten deutlich sektiererische Züge an.

Neben der Land- und Forstwirtschaft gehört die Eisen- und Werkzeugindustrie zu den ältesten und wichtigsten Erwerbszweigen des Landes, das immer reich an Erzvorkommen, Holz und der zur Verarbeitung notwendigen Wasserkraft war. Remscheid hatte schon um 1500 den Ruf einer bedeutenden Werkzeugmacherstadt, und im 18. Jahrhundert wurden seine hochwertigen Erzeugnisse bereits in alle Welt verschickt. Nicht weniger bekannt und begehrt waren die Solinger Schneidwaren, von denen die Messer und Scheren heute noch zu den führenden Markenartikeln gehören. Überall im Bergischen Land, in den Dörfern und an einsamen Bachläufen, arbeiteten die Schleifkotten und Schmieden, die sich als kleine Fami-

S. 197 →

Schloß Burg an der Wupper war bis zum 13. Jahrhundert Sitz der Grafen von Berg.

Burg Palace on the banks of the Wupper was the seat of the Counts of Berg until the 13th century.

Le château de Burg sur la Wupper fut jusqu'au XIIIème siècle la résidence des comtes de Berg.

lienbetriebe auf Grund ihrer handwerklichen Qualität und Zuverlässigkeit noch viele Jahrzehnte hindurch gegen die aufkommende industrielle Massenproduktion behaupten konnten. Einen interessanten Einblick in die Geschichte und die Leistungsfähigkeit der bergischen Handwerksbetriebe vermitteln das Deutsche Werkzeugmuseum in Remscheid und das Deutsche Klingenmuseum in Solingen. Auch das Deutsche Schloß- und Beschlägemuseum im niederbergischen Velbert dokumentiert mit seiner umfangreichen Sammlung die jahrhundertealte handwerkliche Tradition in der Eisenverarbeitung.

Wuppertal, die Hauptstadt des Bergischen Landes, entstand erst vor sechzig Jahren durch den Zusammenschluß von Barmen und Elberfeld mit vier weiteren selbständigen Städten zu einer modernen Industriegroßstadt. Ausgangspunkt für den frühen wirtschaftlichen Aufstieg der Stadt war das im Jahre 1527 verliehene Privileg der Garnnahrung, das die Herstellung und den Verkauf von Textilien stark förderte. Auf den Wiesen des engen Wuppertales, dort wo sich heute Fabrikanlagen, Geschäftshäuser und Straßen zusammendrängen, breiteten früher die Manufakturarbeiter ihre Garnbündel zum Bleichen aus, bevor diese zu Stoffen, Borten, Bändern und Litzen weiterverarbeitet wurden. Die Industrielle Revolution mit ihren gewaltigen technischen Neuerungen ermöglichte später die Garnveredelung in modernen Spinnereien, Webereien und Färbereien. Im 19. Jahrhundert galt Wuppertal als das deutsche Manchester, dessen wirtschaftliche und soziale Verhältnisse für das politische Denken des Barmer Fabrikantensohns Friedrich Engels große Bedeutung erhalten sollten. Eine Fahrt mit der berühmten Schwebebahn, deren auffällige Trägerkonstruktion sich wie ein stählerner Tausendfüßler mehr als zehn Kilometer über der Wupper entlangschlängelt, führt an den riesigen Fabrik- und Lagerhallen weltbekannter Wirtschaftskonzerne und an zahllosen Werkstätten mittelständischer Betriebe vorbei. Viele von ihnen

ist das aus einem ehemaligen Frauenstift hervorgegangene Essener Münster, dessen ältere, aus dem 11. Jahrhundert stammende Bauteile an die Aachener Pfalzkapelle Karls d. Gr. erinnern. In den Schatzkammern der beiden Kirchen werden wertvolle Goldschmiedearbeiten aufbewahrt, darunter der kostbare Ludgerkelch und eine um 980 geschaffene Goldene Madonna, die erste erhaltene vollplastische Marienfigur des Abendlandes. Die Salvatorkirche in Duisburg und die Reinoldi- und Marienkirche in Dortmund sind weitere bedeutende Beispiele für die sakrale Baukunst des Mittelalters im Ruhrgebiet.

Im 16. Jahrhundert galt Duisburg, dessen Gründungsdatum nicht einmal genau bekannt ist, als Stadt der Wissenschaften. Hier lebte und wirkte Gerhard Mercator, der mit seiner großen Weltkarte zum Begründer der modernen Kartographie wurde. Der Große Kurfürst ließ hier im Jahre 1655 eine reformierte Universität errichten, die bis 1818

bestand, wegen ihrer engen kirchlichen Bindung aber nur regionale Bedeutung hatte. Mit der Industrialisierung im 19. Jahrhundert stieg auch der Bedarf an fachlich und wissenschaftlich ausgebildeten Arbeitskräften, für deren Ausbildung eine Reihe verschiedener Fachhochschulen geschaffen wurde. Mit der Gründung der Bochumer Ruhr-Universität im Jahre 1972 begann im Ruhrgebiet der Ausbau eines immer dichter werdenden Hochschulnetzes, das Nordrhein-Westfalen inzwischen zum führenden Hochschulland in der Bundesrepublik Deutschland gemacht hat.

In allen größeren Städten des Ruhrgebietes gibt es höchst sehenswerte Museen und Kunstsammlungen, wie etwa das Lehmbruck-Museum in Duisburg und das Folkwangmuseum in Essen. Daneben vermitteln regionale oder berufsbezogene Museen interessante Einblicke in die Geschichte und Arbeitsweise bestimmter Industriebranchen, beispielsweise das Brauereimuseum in Dortmund, das Deutsche Bergbaumuseum

in Bochum, das Plakatmuseum in der Zeitungsstadt Essen und das Museum der deutschen Binnenschiffahrt in Mülheim. Eine weit über das Ruhrgebiet hinaus bekannte Adresse für Kunstfreunde ist die Villa Hügel der Familie Krupp in Essen-Bredeney, wo häufige Wanderausstellungen mit hochkarätiger Kunst aus aller Welt gezeigt werden. Schließlich hält das Ruhrgebiet auch ein großzügiges Angebot an Konzert- und Theaterprogrammen bereit. Das Recklinghauser Ruhrfestspielhaus und die Deutsche Oper am Rhein in Duisburg, das „Bayreuth des Westens", sind bereits mit einer Reihe aufsehenerregender Inszenierungen hervorgetreten und haben damit zur Anerkennung des Reviers als einer bemerkenswerten Kulturlandschaft beigetragen.

Wasserburgen und Schlösser im Münsterland

„Wenn wir von Westfalen reden, so begreifen wir darunter einen großen, sehr verschiedenen Landstrich, verschieden nicht nur den weit auseinanderliegenden Stammwurzeln seiner Bevölkerung nach, sondern auch in allem, was die Physiognomie des Landes bildet oder wesentlich darauf zurückwirkt, in Klima, Naturform, Erwerbsquellen und, als Folge dessen, in Kultur, Sitten, Charakter und selbst Körperbildung seiner Bewohner: daher möchten wohl wenige Teile unsers Deutschlands einer so vielseitigen Beleuchtung bedürfen." Mit dieser zusammenfassenden Beurteilung beginnt die große deutsche Dichterin Annette von Droste-Hülshoff ihre mit klaren Konturen gemalten „Bilder aus Westfalen", die 1842 in Meersburg am Bodensee entstanden. Die Kompetenz und Glaubwürdigkeit ihres Urteils wird gewiß dadurch nicht in Frage gestellt, daß sie über sich selbst nicht ohne Stolz sagt: „Ich bin ein Westfale, und zwar ein Stockwestfale, nämlich ein Münsterländer – Gott sei Dank!"

Als das eigentliche Kerngebiet Westfalens erstreckt sich das Münsterland vom Niederrhein bis zur Weser. Im Süden wird es vom Ruhrgebiet und den Bergen des Sauerlandes, im Osten und Nordosten von den Höhenzügen des Teutoburger Waldes begrenzt. Die fast durchweg flache, endlos scheinende Landschaft verliert sich irgendwo im Dunstkreis des Horizonts, der oft trübe oder regenverhangene Himmel ruft den Eindruck einer alle Empfindungen dämpfenden Herbheit und Strenge hervor. Dennoch lieben die Westfalen ihr Land mit seiner wechselvollen Geschichte, und man sagt ihnen ein überaus stark ausgeprägtes Stammesbewußtsein nach, wie es die Sachsen schon zur Zeit Karls d. Gr. unter Beweis stellten.

In der weiten Moor- und Heidelandschaft des Münsterlandes gibt es noch mehr als hundert Wasserburgen, die – im Unterschied zu den zahllosen, weithin sichtbaren Kirchen der Dörfer und Städte – oft hinter hohen Alleebäumen oder in Parklichtungen versteckt liegen und damit vielleicht einen wichtigen Wesenszug seiner Erbauer oder Bewohner widerspiegeln, nämlich ihre bewußte Zurückhaltung und ihren stolzen Eigensinn. Die Burgen, deren Anfänge teilweise bis ins Mittelalter zurückreichen, wurden auf künstlichen Inseln erbaut oder mit breiten Wassergräben umgeben und erhielten durch Brückentore, Vorburg und Ecktürme oft das Aussehen einer Festungsanlage. Es waren wehrhafte Landsitze adliger Feudalherren, die auf diese Weise ihren Besitz und ihre Rechte als reichsmittelbare Fürsten zu verteidigen oder sich gegen anderweitige Gefahren und Bedrohungen zu schützen suchten.

Trotz häufiger Übereinstimmung in den typischen Bauelementen zeigen die Wasserburgen in ihrem äußeren Erscheinungsbild eine überraschende Vielfalt. So wurde die Burg Vischering bei Lüdinghausen auf einem unmittelbar aus dem Wasser ragenden Mauerring errichtet, andere Herrenhäuser wie Haus Hülshoff und die Burg Gemen erhielten die oft wiederkehrende Form einer Zwei- bzw. Dreiflügelanlage. Die Adelssitze des 17. und 18. Jahrhunderts entsprechen mit ihrer streng axialsymmetrischen Anordnung von Wohngebäuden und Gärten der Kunstauffassung des Barock. Hervorragende Beispiele hierfür sind Schloß Ahaus im Westmünsterland und vor allem Schloß Nordkirchen, das wegen seiner ungewöhnlichen Größe und seiner einzigartigen, harmonischen Gesamtkonzeption zu Recht als „westfälisches Versailles" bezeichnet wird. Nur wenige dieser meist entlegenen, idyllischen Adelssitze werden heute noch von den Nachkommen der Gründerfamilien bewohnt. Die Erhaltung und Pflege der jahrhundertealten Anlagen verursachen erhebliche Kosten, die nur teilweise von den in ihnen untergebrachten kirchlichen und staatlichen Institutionen gedeckt werden. Einige gut eingerichtete Museen bieten interessante Einblicke in die Geschichte einzelner Adelsgeschlechter in

← S. 210

Burg Vischering ist eine der zahlreichen malerischen Wasserburgen des Münsterlandes, die in früherer Zeit von bekannten Adelsfamilien bewohnt wurden.

Vischering Château is one of the Münsterland's many picturesque moated castles formerly occupied by well-known noble families.

Le château de Vischering est un des nombreux et pittoresques châteaux sur douves du pays de Münster, anciennes demeures de célèbres familles nobles.

Im Merfelder Bruch bei Dülmen leben noch 200 Wildpferde auf freier Wildbahn, die weder eine ärztliche Betreuung noch zusätzliche Fütterung durch den Menschen erhalten.

Some 200 wild horses roam freely at the Merfelder Bruch, a wildlife preserve not far from Dülmen. The horses receive no medical care, nor may they be fed by human hands.

Au Merfelder Bruch près de Dülmen vivent encore 200 chevaux sauvages en liberté qui ne reçoivent de l'homme ni soins vétérinaires ni nourriture supplémentaire.

S. 213 →

Hinter der prächtigen Fassade des Rathauses in Münster liegt der holzgetäfelte Friedensaal, in dem die Verhandlungen zur Beendigung des Dreißigjährigen Krieges stattfanden.

Pass through the magnificent facade of the Münster town hall and you will enter the wood-panelled Peace Chamber, the site of the negotiations which ended the Thirty Years War.

Derrière la magnifique façade de l'hôtel de ville de Münster se trouve la ›salle de la paix‹ aux boiseries (du XVIème siècle) dans laquelle se déroulèrent les pourparlers devant mettre fin à la guerre de Trente Ans.

ihrem jeweils politischen und sozialen Umfeld.

Für das Wirtschaftsleben des Münsterlandes war die Landwirtschaft, die auf den überwiegend guten Böden hohe Erträge brachte, von großer Bedeutung. Daneben entwickelte sich die bäuerliche Leinenweberei zu einem gewinnbringenden Erwerbszweig, der Vorstufe für die später entstandenen großen Manufakturen und Textilfabriken. Nach der zuerst in Rheine eingeführten Maschinenspinnerei wurde die Stadt durch die Herstellung von Nessel bald zu einem Zentrum der deutschen Textilindustrie, während das benachbarte Emsdetten in der Jute-Fabrikation führend war. Wenig bekannt ist die Tatsache, daß eine Reihe von heute wirtschaftlich unbedeutenden Orten im Spätmittelalter Mitglieder des Bundes der deutschen Hanse war und durch ausgedehnte Handelsbeziehungen zu Wohlstand und Ansehen gelangte. Weit verbreitet ist dagegen die Vorstellung vom Münsterland als einem Land der Pferde und der Pferdezucht. Die Zeit, in die dieses Bild paßt, ist jedoch längst vorbei. Sie ist nur noch in der kleinen Landstadt Warendorf lebendig, wo es ein seit 160 Jahren bestehendes Gestüt und die berühmten jährlichen Hengstparaden gibt, die von einem internationalen Publikum besucht werden. Eine andere Sehenswürdigkeit ist das letzte Wildpferdegestüt Europas im Merfelder Bruch bei Dülmen. Hier leben etwa zweihundert Pferde in freier Wildbahn, ohne ärztliche Betreuung und zusätzliche Fütterung. Der einzige menschliche Eingriff besteht in der jährlichen Auslese der Junghengste, die vom Besitzer des Wildparks, dem Herzog von Croy, zum Verkauf angeboten werden.

Das politische und kulturelle Zentrum und die einzige Großstadt des Münsterlandes ist, abgesehen von Hamm, die alte Bischofs- und Universitätsstadt Münster, die auf ein vom Friesenmissionar Liudger gegründetes Monasterium zurückgeht und von diesem auch den Namen erhielt. Bis ins 13. Jahrhundert besaß die Kirche die unbestrittene Herrschaft über die schnell wachsende Stadt, dann forderten die reichen und angesehenen Patrizierfamilien immer energischer das Recht, die Geschicke der Bürger selbst in die Hand zu nehmen. Die Handelsbeziehungen, die Münster als Mitglied der Hanse unterhielt, reichten bis nach London und Nowgorod und förderten Wohlstand und Selbstbewußtsein des Bürgertums. Am langgestreckten Prinzipalmarkt, einer der großartigsten städtebaulichen Leistungen des Mittelalters, ließen vornehme Bürger ihre prächtigen Wohn- und Geschäftshäuser mit schönen Stufengiebeln und Arkadengängen errichten. Besonders kunstvoll wurde die Giebelfassade des Rathauses gestaltet, eines der bedeutendsten Profanbauten der deutschen und europäischen Gotik.

Annette von Droste-Hülshoff sah in den eingangs zitierten Worten einen engen und sicherlich auch zutreffenden Zusammenhang zwischen Landschaft und Klima auf der einen und Charakter und Kultur des Menschen auf der anderen Seite. Darin liegt vielleicht auch die Erklärung für viele abergläubische Vorstellungen und Lebensweisheiten, die gerade in der bäuerlichen Bevölkerung des Münsterlandes noch lebendig sind. Das Unheimlich-Bedrohliche, wovon die Dichterin vor 150 Jahren in ihren naturmagischen Balladen und Geschichten erzählt hat, ist noch immer für viele Menschen in Dörfern und Einzelhöfen eine erfahrbare, nicht wegzuredende Realität. Dabei ist das Land seit mehr als tausend Jahren christlich, und seine Bewohner waren über fünfhundert Jahre mehr oder weniger treue und fromme Untertanen des Bischofs von Münster. Die Reformation konnte sich nur in Gemen und Burgsteinfurt durchsetzen, wo die um 1600 gegründete calvinistische Hochschule ein deutliches Gegengewicht zur Jesuitenuniversität in Münster darstellte. Kleine Orte wie Metelen und Vreden waren im Mittelalter bedeutende Zentren geistlichen Lebens. Aus der Burg Cappenberg entstand im 12. Jahrhundert ein Doppelkloster des Prämon-

stratenserordens, dessen Stiftsherren sogar Bischöfe von Ratzeburg, Havelberg und Brandenburg waren. Der Wunderglaube des Volkes fand seine besondere Ausprägung in der Wallfahrt zur Schmerzhaften Muttergottes in Telgte, die seit dem Beginn im 14. Jahrhundert bis heute lebendig geblieben ist. Im 19. Jahrhundert besaß auch Dülmen eine starke religiöse Anziehungskraft, als sich an der aus einer Bauernfamilie stam-

menden ehemaligen Ordensfrau Anna Katherina Emmerick die Wundmale Christi zeigten. Viele Menschen kamen, um das Wunder der Stigmatisierung mit eigenen Augen zu schauen und daraus Trost und Glaubensstärkung zu erfahren. Der romantische Dichter Clemens Brentano siedelte sogar nach Dülmen über und war, wie seine umfangreichen Aufzeichnungen beweisen, von den gottgewirkten Körpermalen und

Bischofs konnte nicht verhindern, daß die reformatorischen Lehren Luthers und Calvins auch in Münster Fuß faßten und tiefgreifende Veränderungen im kirchlichen und politischen Leben hervorriefen. Als sich die Bewegung jedoch radikalisierte und von den fanatischen Anführern der Wiedertäufer zur Errichtung einer Recht und Ordnung verachtenden Gewaltherrschaft ausgenutzt wurde, gelang es der Kirche, mit allen verfügbaren finanziellen und militärischen Kräften das von Zügellosigkeit und Haß regierte Königreich des „Neuen Jerusalem" in wenigen Monaten zu vernichten und mit der Wiedereinführung des katholischen Glaubens auch die weltliche Herrschaft über die Stadt zurückzugewinnen. Hundert Jahre später trat Münster noch einmal in das Blickfeld der Geschichte, als hier und in Osnabrück die Friedensverhandlungen zur Beendigung des Dreißigjährigen Krieges zu einem — wenn auch nicht für alle Parteien befriedigenden — Abschluß gebracht wurden. Der Westfälische Friede von 1648 bedeutete für die Stadt einen Höhepunkt ihres politischen Ansehens, obgleich die Rechte der Bürgerschaft durch das Übergewicht der Kirche erneut eingeschränkt wurden.

Seine künstlerische Blütezeit im 18. Jahrhundert verdankt Münster vor allem dem großen westfälischen Barockbaumeister Johann Conrad Schlaun, der in der Domstadt und in vielen anderen Orten des Münsterlandes eine erstaunliche Bautätigkeit entfaltete. Der Erbdrostenhof, einer der schönsten Adelssitze in Europa, und das fürstbischöfliche Residenzschloß auf dem Gelände der ehemaligen Zitadelle gehören zu seinen genialen Leistungen, aber auch das von Annette von Droste-Hülshoff viele Jahre bewohnte Rüschhaus, das eine originelle Synthese aus münsterländischem Bauernhaus und französischem Herrenhaus darstellt, ist ein eindrucksvolles Zeugnis seiner hohen künstlerischen Begabung.

Im 2. Weltkrieg zerstörten über hundert Bombenangriffe den größten Teil der Altstadt von Münster, doch konnten wichtige historische

Visionen dieser frommen Frau außerordentlich fasziniert.

Das geistliche Machtzentrum der Stadt war der westlich an den Markt angrenzende Dombezirk. In der Mitte des großen, freien Platzes erhob sich der massige Bau der doppeltürmigen Bischofskirche aus dem 13. Jahrhundert, umgeben von verschiedenen Kuriengebäuden. Die durch das Bürgertum bereits stark eingeschränkte Macht des

Von den großen Adelshöfen in Münster blieb nach dem 2. Weltkrieg nur der vom westfälischen Barockbaumeister J. C. Schlaun geschaffene Erbdrostenhof erhalten.

The Erbdrostenhof, a work of the Westphalian Baroque architect J. C. Schlaun, was the only noble palace in Münster left intact by the devastation of the Second World War.

Le palais Erbdrostenhof, construit par l'architecte baroque westphalien J. C. Schlaun est le seul grand palais de nobles conservé après la seconde guerre mondiale.

216

Bauwerke in ihrer ursprünglichen Gestalt wiederhergestellt werden. Beim Neubau kleinerer Wohn- und Geschäftshäuser wurde oft der für den münsterländisch-niederländischen Raum typische Ziegel- und Klinkerstein verwendet, der mit den grauen Betonfassaden der modernen Großstadt lebhaft kontrastiert. Die Universität, deren Verwaltung in der ehemaligen Residenz untergebracht ist, ist mit 45 000 Studenten eine der größten Hochschulen in Deutschland. Auf den Straßen und vor den vielen, weit verstreuten Institutsgebäuden der Universität wimmelt es von Fahrrädern, die aus dem öffentlichen Verkehr nicht mehr wegzudenken sind und den Eindruck von wohltuender provinzieller Gelassenheit erwecken.

Zu dem vielseitgen kulturellen Angebot der Stadt gehören neben universitären Einrichtungen und Veranstaltungen viele interessante Museen, angefangen vom Westfälischen Landesmuseum bis hin zum Bibelmuseum und dem Freilichtmuseum Mühlenhof. Um Münster aber wirklich kennenzulernen, muß man nicht nur einen ausgiebigen Rundgang durch Dom und Altstadt oder einen anstrengenden Museumsbesuch absolvieren, sondern auch in der traditionsreichen Bierwirtschaft „Pinkus Müller" einkehren, wo seit 150 Jahren das würzige „Müllers Alt" gebraut und ausgeschenkt wird. Bei nächtlicher Heimkehr wird man dann vielleicht noch einmal zum gotischen Kirchturm der Lambertikirche hinaufschauen, von wo bis morgens um 6 Uhr noch alle halbe Stunde die Zeit geblasen wird. Und vielleicht läuft einem dabei wie dem „Knaben im Moor" ein Schauer über den Rücken, wenn man daran denkt, daß da oben am Turm immer noch die drei Eisenkäftige hängen, in denen einmal die furchtbar zugerichteten Leichen der Wiedertäufer Knipperdollinck, Jan van Leiden und Bernt Krechting zur Schau gestellt wurden.

Schlachtenruhm und Weserrenaissance

Die Historiker sind sich darin einig, daß die Schlacht im Teutoburger Wald, in der der Cheruskerfürst Arminius (Hermann) im Jahre 9 n. Chr. drei Legionen des römischen Feldherrn Varus besiegte, von weitreichender geschichtlicher Bedeutung war. Aber der Streit darüber, wo genau die 20 000 römischen Soldaten aus dem Hinterhalt überfallen und vernichtet wurden, geht noch unter engagierten Heimatforschern und geschichtlich interessierten Militärexperten weiter. Der 1875 vollendete Bau des monumentalen Hermannsdenkmals auf der Grotenburg südlich von Detmold bedeutete für sie nicht etwa eine endgültige Klärung dieses Problems, sondern war eher der Ausdruck eines stolz zur Schau getragenen Geschichts- und Nationalbewußtseins, das die Suche nach dem historischen Schlachtort durchaus nicht überflüssig machte. Die einen glaubten, daß mancherlei Hinweise für die Umgebung von Osnabrück sprächen, andere hielten an der Überzeugung fest, der Ort könne nur im Habichtswald bei Kassel oder im Raum Warburg liegen. Es erscheint höchst unwahrscheinlich, daß weitere Nachforschungen noch zu einem wissenschaftlich gesicherten Ergebnis führen; im übrigen könnte ein solches wohl nur noch interessante Einzelheiten zutage fördern, unser Wissen über die damaligen Ereignisse aber nicht mehr grundsätzlich in Frage stellen.

Genauer als die römischen Quellen über die Varus-Schlacht im Teutoburger Wald berichten einige fränkische Quellen über die Kämpfe, die Karl d. Gr. in diesem Gebiet gegen die Sachsen führte. Karls Hofbiograph Einhard charakterisiert in der um 820 verfaßten Kaiser-Vita die Sachsen als „wild von Natur, dem Götzendienst ergeben und gegen unsere Religion feindselig". Und er hebt hervor, daß Karl während der über dreißig Jahre dauernden Kriege „nicht mehr als zweimal in ordentlicher Feldschlacht" gekämpft habe, „das erstemal am Osning bei

Detmold, das zweitemal an der Haase". Im Jahre 785 unterwarf sich Widukind, der Anführer der aufständischen Sachsen, dem Frankenkönig und ließ sich zusammen mit seinen Getreuen in Attigny taufen. Die anschließende Feststellung der Reichsannalen, „da war nun ganz Sachsen unterworfen", entsprach dagegen nicht der Wirklichkeit, zumindest war dieser Zustand nicht von langer Dauer. Erst nach etwa zwanzig Jahren befand sich das sächsische Stammesgebiet fest in der Hand des inzwischen zum Kaiser gekrönten Frankenherrschers.

Karl, dem Bezwinger der „hinterlistigen" und „treulosen" Sachsen, wurde nirgends ein monumentales Denkmal gesetzt, weder im Teutoburger Wald noch sonst irgendwo im sächsischen Stammesgebiet zwischen Rhein und Elbe. Dabei hatte das Land ihm und seinen siegreichen Heeren – wenigstens aus der Sicht von Kaiser und Papst – außerordentlich viel zu verdanken, denn den Soldaten folgten bald die Missionare, Händler und Bauleute. Sie gründeten zahlreiche Klöster und Kirchen, bekehrten die Unterworfenen mit Predigt und Schwert zum Christentum und legten gutbefestigte Straßen und Siedlungen zur Erschließung und Kontrolle des Landes an.

Eine der bedeutendsten karolingischen Pfalzen auf sächsischem Gebiet war Paderborn, wo Karl d. Gr. seit 777 mehrere Reichsversammlungen abhielt und – neben zahlreichen anderen vornehmen Gästen – im Jahre 799 auch den um Hilfe flehenden Papst Leo III. empfing. Wenige Jahre danach erhob der Kaiser den Ort zum Bischofssitz, den der tatkräftige Bischof Meinwerk zu Beginn des 11. Jahrhunderts durch die Errichtung eines neuen Doms und durch den Bau der Busdorf-Kirche und der Abtei Abdinghof zu einem Zentrum kirchlicher Bildung und Kunst machte. Der heutige Dom, ein Bau aus dem 13. Jahrhundert, fasziniert durch sein mächtiges, kaum gegliedertes Westwerk, das in auffallendem Kontrast steht zu den breiten, übergiebelten Maßwerkfenstern der Seitenschiffe und dem reichgeschmückten Figu-

renportal in der Vorhalle des westlichen Querschiffs. Auf der Nordseite des Doms, in unmittelbarer Nähe der Paderquellen, wurden nach dem letzten Kriege noch beachtliche Reste einer karolingischen und ottonischen Pfalz freigelegt. Hier steht auch die von griechischen Bauleuten errichtete kleine Bartholomäus-Kapelle, wahrscheinlich die älteste Hallenkirche auf deutschem Boden.

Der immer stärker werdende Druck des in der Stauferzeit zu wirtschaftlicher und politischer Macht gelangten Bürgertums zwang die Bischöfe, die Stadt zu verlassen. Sie residierten nun in einer nahegelegenen Wasserburg, die sie zum prunkvollen Schloß Neuhaus erweitern und ausbauen ließen, konnten aber bald nach den Wirren der Reformation ihre geistliche und weltliche Herrschaft über die Stadt zurückgewinnen und im Jahre 1614 eine Universität gründen, die bis ins 19. Jahrhundert bestand. Der hohe Rang, den Paderborn als karolingische Bischofsstadt lange Zeit einnahm, erhielt durch seine Erhebung zum Erzbistum im Jahre 1930 und durch die Gründung einer Philosophisch-Theologischen Akademie eine neue Bestätigung.

Im Früh- und Hochmittelalter entstand im Gebiet des Teutoburger Waldes noch eine Reihe weiterer bedeutender Kirchen, die das Leben und die Kultur des Landes nachhaltig beeinflußten. In den noch von Karl d. Gr. gegründeten Bistümern Osnabrück und Minden, die für die Christianisierung und Verwaltung der sächsischen Gaue eine wichtige Rolle spielten, begann man im 11. Jahrhundert mit dem Bau mächtiger Dome, die dem Apostelfürsten Petrus geweiht waren. Ähnlich wie in Paderborn wurde auch in Minden eine mehrschiffige gotische Hallenkirche mit dem massigen Baukörper eines romanischen Westwerks verbunden, was zunächst ein wenig irritiert, im ganzen jedoch einen großartigen Gesamteindruck entstehen läßt.

Von höchster kunst- und kulturgeschichtlicher Bedeutung ist die heute zu Höxter gehörende ehemalige Benediktinerabtei Corvey,

Neben dem glänzenden Sieg der Germanen über die Legionen des römischen Feldherrn Varus verkörpert das Hermannsdenkmal im Teutoburger Wald auch die Macht und Stärke des Wilhelminischen Kaiserreiches.

The Arminius Monument in the Teutoburger Wald commemorates the power and strength of Wilhelmian Germany in addition to the glorious victory of the Germanic tribes over the legions of the Roman general Varus.

En plus de la brillante victoire des Germains sur les légions du général romain Varus, le monument d'Arminius, situé dans le Teutoburger Wald, est le symbole de la puissance de l'Empire wilhelmien.

die 822 von Mönchen aus dem französischen
Kloster Corbie an der Somme gegründet
wurde. Von einem zeitgenössischen Chroni-
sten als „Wunder Sachsens und des Erdkrei-
ses" gerühmt, hatte die Abtei nicht nur einen
entscheidenden Anteil an der Missionierung
Skandinaviens, die vor allem von dem Hamburger Erzbischof Ansgar gefördert wurde,
sondern in ihren Werkstätten entstanden
auch – ähnlich wie im benachbarten Hel-
marshausen – kostbare Handschriften und
Buchmalereien. Die Kaiserkapelle des Westwerks, einziger erhaltener Bestandteil der

im 9. Jahrhundert erbauten Klosterkirche, ist
zudem noch ein seltenes Zeugnis der christ-
lich-abendländischen Baukunst. Zu den Kostbarkeiten der großen Klosterbibliothek
gehören die Schriften des Cicero und die
ersten sechs Bücher der Annalen des Tacitus
– ein Beweis dafür, daß man inzwischen
gelernt hatte, mit den einst so verhaßten
heidnischen Römern in Frieden und guter
Nachbarschaft zusammenzuleben und die
jahrhundertelange Überlegenheit ihrer Kultur anzuerkennen.
Ein ebenso geheimnisvolles wie einzigarti-

ges Kulturdenkmal sind die über dreißig Meter hohen Felsen der Externsteine bei Detmold, die der Bischof von Paderborn im 12. Jahrhundert zu einer höchst ungewöhnlichen Pilgerstätte, einem modern anmutenden Kalvarienberg, ausgestalten ließ. Neben einigen in die Felsen gehauenen Nischen und auf den Gipfeln errichteten Kapellen ist besonders die kunstvoll gearbeitete Großplastik bemerkenswert, die an dem größten der fünf Felsen die Kreuzabnahme Jesu in einer ausdrucksstarken Szene darstellt. Im Mittelalter war diese ungewöhnliche Felsgruppe ein Ort frommer Andacht und asketischer Übungen, dagegen gibt es für die Annahme, daß es sich hier um eine alte germanisch-heidnische Kultstätte handelt, keinerlei überzeugende Beweise.

Die meist kleinen Städte des Teutoburger Waldes und Weserberglandes, von denen viele im späten Mittelalter Mitglied der Hanse waren, gelangten auf Grund ihrer verkehrsgünstigen Lage zu einer teilweise lange anhaltenden wirtschaftlichen und damit auch kulturellen Blüte, die ihren schönsten künstlerischen Ausdruck in der Weser-

Im Friedenssaal des Osnabrük-ker Rathauses wurden bis 1648 die Friedensverhandlungen zwischen dem Kaiser und den evangelischen Reichsständen geführt.

The Peace Chamber of the Osnabrück town hall was, up to 1648, the site of peace negotiations between the Emperor and the Protestant Estates of the Empire.

Dans la salle de la paix (Friedenssaal) de l'hôtel de ville d'Osnabrück se déroulèrent jusqu'en 1648 les négociations de paix entre l'Empereur et les états protestants de l'Empire.

Das Stadtbild der Rattenfängerstadt Hameln wird von einer großen Zahl schöner Fachwerkhäuser geprägt.

A large number of beautiful half-timbered houses set the tone in Hamelin, home of the Pied Piper.

L'image de la ville du 'Charmeur de rats de Hameln' est marquée par un grand nombre de belles maisons à colombages.

renaissance des 16. und 17. Jahrhunderts fand.

Die Straßenfassaden der Rathäuser und wohlhabenden Bürgerhäuser erhielten formenreiche Stuckornamente, die Staffelgiebel wurden oft zusätzlich mit schmückendem Rollwerk und phantastischen Figuren und Türmchen versehen. Das Balkenwerk der schmucken Fachwerkhäuser verschönerte man gern mit Bibel- oder Sinnsprüchen und kunstvoll bemalten Schnitzereien. In der Altstadt von Münden, Höxter und Hameln, um nur einige der reizvollen Städte an der Oberweser zu nennen, gibt es noch eine große Zahl solcher malerischen Gebäude. Die Rathäuser in Uslar und Paderborn und vor allem das in Lemgo gehören zu den prächtigsten bürgerlichen Profanbauten des Landes. In Osnabrück ist der Einfluß der Weserrenaissance, die auch noch weite Gebiete des Teutoburger Waldes erfaßt hatte, allerdings nicht mehr spürbar. Hier trägt das um 1500 erbaute Rathaus, in dem am Ende des Dreißigjährigen Krieges der Friede zwischen den evangelischen Reichsständen ausgehandelt wurde, noch eindeutig gotische Züge.

Die Grenzen der heutigen Bundesländer Hessen, Nordrhein-Westfalen und Niedersachsen stoßen im Weserbergland aneinander und wechseln in ihrem Verlauf einige Male von einer Flußseite zur anderen. Darin spiegelt sich, wenn auch nur noch sehr ungenau, die wechselvolle Geschichte der früheren Jahrhunderte wider, in denen das Gebiet unter verschiedenen geistlichen und weltlichen Fürsten aufgeteilt war. In Detmold und Bückeburg, den Hauptstädten der Grafschaften Lippe und Schaumburg-Lippe, die ihre politische Selbständigkeit bis ins 20. Jahrhundert erhalten konnten, entstanden bereits im 16. Jahrhundert großartige Renaissanceschlösser. Die Bückeburger Residenz, nach 1615 im gerade aufkommenden Barockstil verändert und erweitert, wurde in der Folgezeit zu einem bedeutenden geistigen und kulturellen Zentrum, wofür eine gesunde wirtschaftliche Entwicklung die notwendige Voraussetzung schuf. Detmold erlebte seine kulturelle Blütezeit im 19. Jahrhundert durch das Wirken namhafter Schriftsteller und Komponisten. Die Nordwestdeutsche Musikakademie und das Landestheater als die größte Wanderbühne Europas geben der Stadt auch heute wieder eine überregionale Bedeutung.

Wie der Taunus und Schwarzwald ist auch das Weserbergland reich an Mineral- und Thermalquellen, die, teilweise schon seit Jahrhunderten bekannt, eine große Anzahl von Bade- und Kurorten entstehen ließen. Manche von ihnen entwickelten sich im 18. und 19. Jahrhundert zu vornehmen Modebädern mit prächtig ausgestatteten Badehäusern, Brunnenhallen und sorgfältig gepflegten Parkanlagen. Bad Pyrmont, das größte niedersächsische Staatsbad, zog bereits im 16. Jahrhundert mit seinem „Wunderbrunnen" das Volk in großen Scharen an. Ihnen folgten im 17. und 18. Jahrhundert viele Angehörige der politischen und geistigen Aristokratie — 1681 waren unter ihnen allein vierzig Könige und Fürsten —, die Pyrmont zu einem Heilbad und gesellschaftlichen Mittelpunkt von Weltgeltung machten.

Seine heutige Attraktivität verdankt das Weserbergland nicht nur den zahlreichen Heilquellen und freundlichen Kurorten, sondern in weit höherem Maße der Schönheit seiner Landschaft und Städte mit ihren Sehenswürdigkeiten und mancherlei Kuriositäten. Viele Dinge freilich, die früher einmal für die Menschen wichtig, vielleicht sogar lebensnotwendig waren, gibt es heute nicht mehr. Verschwunden sind nicht nur die Ratten in Hameln und die Festungsanlagen in Minden und Detmold, verschwunden sind auch die Wind-, Wasser- und Roßmühlen, die in den Gebieten um Hameln und Lübbecke das äußere Bild der Landschaft prägten. Verschwunden sind schließlich auch die Webereien und Spinnereien, die den Menschen im Umkreis von Herford und vor allem in der berühmten Leineweberstadt Bielefeld jahrhundertelang Arbeit und Brot gaben. Nur im Westfälischen Freilichtmuseum Detmold, das mit einer Fläche von 80 Hektar und einem Bestand von 180 teilweise fertiggestellten Bauten das größte Freilichtmuseum Deutschlands ist, ist die alte Zeit mit der kleinen, überschaubaren Welt der Bauern und Handwerker noch lebendig. Es war eine Zeit, in der noch Platz war für Kobolde und Geister, die in der Natur ihr Unwesen trieben und die Phantasie der Menschen zu immer neuen Märchen und Sagen anregten. Wer weiß, ob diese Menschen nicht auch heute noch an geheimnisvolle Kräfte und Zauber glauben würden, wenn sie am modernen Wasserstraßenkreuz bei Minden stehen und zusehen könnten, wie ein Schiff durch eine Schachtschleuse von der Weser in den zwölf Meter höher über sie hinwegführenden Mittellandkanal, dessen Trogschale nur 22 Zentimeter dick ist, gehoben wird.

Seit siebzig Jahren gibt es auch das deutsche Kaiserreich nicht mehr, dessen Macht und Herrlichkeit noch zwanzig Jahre zuvor mit dem kollossalen Kaiser-Wilhelm-Denkmal an der Porta Westfalica gefeiert wurde. Entworfen wurde der insgesamt 88 Meter hohe Riesenbau von dem damals bekannten Künstler Bruno Schmitz, der auch das Kyffhäuser-Denkmal und das Völkerschlachtdenkmal bei Leipzig geschaffen hatte. Die

Größe des Monuments und die Heldenpose des Kaisers unterstreichen noch einmal das, was schon seit 1875 auf dem Schwert der Arminiusfigur zu lesen war: „Deutschlands Einigkeit meine Stärke – Meine Stärke Deutschlands Macht". Hatte man sich hier für die Manifestation monarchischen Selbstbewußtseins noch einer germanischen Heldengestalt bedient, so verkörperte dort der Kaiser selbst die Einigkeit und Unbesiegbarkeit des deutschen Reiches. Die Denkmäler sollten die seit 1871 hochfliegende vaterländische Gesinnung der Deutschen und ihr grenzenloses Vertrauen zu Kaiser und Reich aller Welt machtvoll vor Augen führen – oder zumindest zur Entstehung einer solchen Haltung beitragen. Seit nunmehr hundert Jahren ziehen Arminius und Kaiser Wilhelm mit ihren Titanengestalten die Blicke der Menschen auf sich, von vielen aufrichtig verehrt und bewundert, von anderen mit sachlich begründeter Skepsis betrachtet. Sie stehen auf ihren Sockeln wie für die Ewigkeit gemacht, Sinnbilder menschlicher Willenskraft und Tapferkeit. Nur Widukind, dem großen Sachsenherzog, der die Freiheit seines Stammes gegen eine feindliche Übermacht jahrelang verteidigte, wurde auf den Berggipfeln kein Heldendenkmal gesetzt. Und dennoch lebt er nach über tausend Jahren noch im Bewußtsein der Bevölkerung, vornehmlich in der kleinen Wittekindstadt Enger bei Herford, wo ein würdiges Grabmal an ihn erinnert und ihm zu Ehren in jedem Jahr das Timpken-Fest gefeiert wird.

Die Harzlandschaft – erhaben, erholsam und bedrückend zugleich

In den jährlichen Schul- und Betriebsferien, aber auch an sonnigen Wochenenden herrscht auf allen Straßen, die in den Harz, das höchste Mittelgebirge nördlich des Mains, führen, lebhafter bis dichter Autoverkehr. Tausende von Menschen aus der näheren Umgebung, aus dem Ruhrgebiet, aus den Niederlanden und Skandinavien und

besonders viele Berliner sind dann unterwegs, um sich in den bekannten Ausflugsorten ein paar Tage oder Wochen Ruhe und Erholung zu gönnen. Sie fahren nach St. Andreasberg, Bad Sachsa und Hahnenklee, nicht etwa nach Wernigerode oder Schierke. Diese Orte sind zwar ebenso beliebt und überlaufen, aber die Urlauber, die hierher kommen, wohnen in Schwerin, Ost-Berlin und Leipzig. Man kann eben nur in den Westharz oder Ostharz fahren, denn zwischen beiden Teilen verläuft seit vielen Jahren eine tödliche Grenze, ein moderner Limes, der aus einer breiten, häßlichen Waldschneise mit Stacheldrahtzäunen, Alarmanlagen und Wachtürmen besteht. Frühere Wanderwege und Straßen enden an den überall aufgestellten Warnschildern, von wo aus man nur noch

Am Wasserstraßenkreuz bei Minden werden die Schiffe von der Weser durch die Schachtschleuse in den zwölf Meter höheren Mittellandkanal gehoben.

In the Great Lock near Minden, where the waterways intersect, ships are transported from the Weser into the canal 12 metres higher in elevation.

Au carrefour des voies navigables près de Minden, un ingénieux système d'écluses permet de hausser les bateaux sur la Weser de 12 mètres jusqu'au Mittellandkanal.

mit dem Fernglas zur anderen Seite hinüberschauen kann, vielleicht in der Erinnerung an eine weit zurückliegende Harzreise oder in der Hoffnung, daß die Grenzbefestigungen eines Tages doch noch beseitigt werden. Denn der Harz ist schön, hüben wie drüben, mit seinen dichten Bergwäldern und steilen Felsschluchten, seinen rauschenden Wasserfällen und märchenhaften Tropfsteinhöhlen. Die Dichter Goethe und Heine, die

wie unzählige Menschen vor ihnen und nach ihnen das Gebirge durchwanderten, legen davon in ihren Bildern, Aufzeichnungen und Gedichten ein eindrucksvolles Zeugnis ab. Schon im frühen Mittelalter gab es im Harz und im umliegenden Vorland Grenzen und Grenzkämpfe, als die fränkischen Truppen bis zur Elbe vordrangen und dabei die Stellungen der feindlichen Sachsen eroberten. Aber nach den Reichsteilungen des 9. Jahrhunderts entwickelte sich das Gebiet sehr bald zu einem politischen und geistigen Machtzentrum des ostfränkisch-deutschen Reiches. Es gibt nur wenige Landstriche in Deutschland, in denen einmal so viele Königsgüter so dicht beieinanderlagen wie im nördlichen Harzvorland zwischen Leine und Elbe. Ottonen und Salier verfügten über das Land wie über ihren Privatbesitz und errichteten hier zahlreiche Klöster, Pfalzen und Fliehburgen, die ihnen bei drohender Gefahr – und diese Situation trat damals häufig genug ein – als Schutz vor Feinden und als Ausgangspunkt militärischer Gegenaktionen dienten. Die Harzlandschaft ist ein wahrhaft königliches Land, das trotz schwerer Kriegszerstörungen diesseits und jenseits der heutigen innerdeutschen Grenze noch immer hervorragende und einzigartige Kulturdenkmäler besitzt, deren Ursprünge großenteils bis ins 9. und 10. Jahrhundert zurückreichen. Die heute zum Bezirk Halle gehörende Kreisstadt Quedlinburg ist mit dem Namen Heinrichs I., des Begründers des sächsischen Herrscherhauses, eng verknüpft. Im Jahre 919 war hier, so erzählt die spätere geschichtliche Überlieferung, dem Sachsenherzog von den Vertretern der deutschen Stämme beim Vogelfang „Am Finkenherd" die Königskrone angetragen worden. In der Kirche oben auf dem Schloßberg fand er zusammen mit seiner Gemahlin Mathilde seine letzte Ruhestätte. Die Särge des Herrscherpaares stehen in einer schönen romanischen Krypta, über der zu Beginn des 12. Jahrhunderts eine neue Stiftskirche für das Kanonissenstift St. Servatius errichtet wurde, dessen „Damen vom Schloß" die Stadt bis zur Säkularisierung im Jahre 1803 regierten. Dies schloß allerdings nicht aus, daß Quedlinburg fünfzig Jahre lang dem Hansebund angehörte und zu bürgerlichem Wohlstand gelangte, wie die vielen malerischen Fachwerkbauten beweisen. Am Ende des 19. Jahrhunderts wurde die Stadt zu einem weltweit bekannten Zentrum für Gartenbau und Saatzucht, dessen Tradition sich bis in die Gegenwart hinein erhalten hat.

Heinrichs berühmter Sohn und Nachfolger Otto d. Gr. richtete sein besonderes Interesse auf den fränkischen Handelsplatz Magdeburg an der Elbe, die hier die Grenze zu den benachbarten slawischen Völkern bildete. Er schenkte seiner ersten Gemahlin Editha den Ort als Morgengabe und stiftete 937 das Mauritiuskloster, das die Keimzelle des im 13. Jahrhundert entstandenen Doms

wurde. Nach dem Willen des Königs sollte Magdeburg, das er erheblich ausbauen und befestigen ließ, ein Zentrum der von ihm stark geförderten Slawenmission sein. Die Stadt wurde im Jahre 968 zum Erzbistum erhoben, von dem die Bistümer Oldenburg i. H., Havelberg und Brandenburg gegründet wurden. Der im 2. Weltkrieg schwer beschädigte, inzwischen jedoch wiederhergestellte Dom, in dem außer dem Königspaar noch andere bedeutende Persönlichkeiten beigesetzt sind, ist als erster großer Kirchenbau der deutschen Gotik ein architektonisches Meisterwerk. Magdeburg entwickelte sich durch seine äußerst verkehrsgünstige Lage in den folgenden Jahrhunderten zu einer wichtigen Wirtschafts- und Handelsstadt, die zu Beginn des 17. Jahrhunderts, kurz vor den Zerstörungen des Dreißigjährigen Krieges,

Der Finkenherd in der berühmten Fachwerkstadt Quedlinburg bezeichnet den Platz, an dem nach der Überlieferung Heinrich I. von den Großen des Reiches zum deutschen König berufen wurde.

The "Finkenherd" in Quedlinburg, a city replete with half-timbered houses, marks the site where, according to tradition, Heinrich I was named German king by the leaders of the Empire.

Le ›Finkenherd‹ au centre de la ville de Quedlinburg, connue pour ses maisons à colombages, fut l'endroit, où d'après la légende, Henri Ier fut appelé par les grands de l'Empire à être le premier roi allemand.

Der Magdeburger Dom, herausragender Mittelpunkt der mehr als 1000 Jahre alten Bischofsstadt, ist eines der wenigen historischen Baudenkmäler, die nach den starken Zerstörungen des 2. Weltkrieges wiederhergestellt wurden.

Magdeburg Cathedral, the architectural focus of a bishopric over 1000 years old, is one of the few historic buildings to be reconstructed after being devastated in the Second World War.

La cathédrale de Magdebourg, centre dominant de l'ancienne ville épiscopale millénaire, est un des rares édifices historiques restaurés après les grandes destructions de la seconde guerre mondiale.

bereits 20 000 Einwohner zählte und damit eine der größten Städte des Heiligen Römischen Reiches Deutscher Nation war. Während des letzten Jahrhunderts entstanden zahlreiche leistungsstarke Industriezweige, von denen nach dem 2. Weltkrieg der Schwermaschinenbau führend wurde.

Bereits im 9. Jahrhundert wurden im nördlichen Harzvorland die Missionsbistümer Hildesheim und Halberstadt gegründet, die vor allem im Hochmittelalter eine glanzvolle Blütezeit erlebten. Die Bombenangriffe des 2. Weltkrieges richteten an den historischen Bauwerken schwerste Schäden an, die nur

mit sehr hohen Kosten wenigstens teilweise behoben werden konnten. Hildesheim verdankt seinem Bischof Bernward, einem Anhänger kirchlicher Reformen und großen Förderer der Kunst, den Bau eines romanischen Doms, von dem noch die meisterhaft gearbeiteten Bronzetüren sowie die Bernwardssäule mit Reliefdarstellungen aus dem Leben Jesu erhalten sind. Der zweite großartige Sakralbau ist die Michaelskirche, in deren Krypta der Bischof im Jahre 1022 beigesetzt wurde. Die eindrucksvolle Komposition der ganzen Anlage und die nach 1240 farbenprächtig ausgemalte Holzdecke machen sie zu einer der schönsten romanischen Kirchen in Deutschland. Nur wenige Jahrzehnte vor der Bischofsweihe Bernwards wurde der Name des 852 gegründeten Reichsstifts Gandersheim am Westrand des Harzes durch die adlige Kanonisse Hrotsvitha bekannt, die eine Reihe lateinischer Legendendramen schrieb, mit denen sie gegen die heidnische Sittenlehre des römischen Schriftstellers Terenz anzukämpfen suchte. Ihr Gesamtwerk, das neben diesen dramatischen Dialogen auch epische Legenden und historische Gedichte umfaßt, machte Hrotsvitha vor rund eintausend Jahren zur ersten deutschen Dichterin.

In Halberstadt konnte der Bischof im Jahre 989 auch die weltliche Herrschaft übernehmen, doch wurde das Bistum im Jahre 1591 säkularisiert und am Ende des Dreißigjährigen Krieges in ein brandenburgisches Fürstentum umgewandelt. Damit verlor Halberstadt zwar seine geistliche und politische Führung, die Stadt behielt jedoch ihren hohen kulturellen und künstlerischen Rang. In ihrem Mittelpunkt steht nach wie vor der im 13. Jahrhundert begonnene Dom St. Stephanus, der mit seinen großen Maßwerkfenstern, kostbaren Glasfenstern und einer reichen Innenausstattung eine der schönsten gotischen Kirchen des Harzvorlandes ist. Die hochaufstrebenden Bündelpfeiler und Arkadenbögen sowie der mit einer Triumphkreuzgruppe geschmückte Lettner ziehen die Blicke und Gedanken der Gläubigen machtvoll nach oben, hin zu Gott und zu seiner lichterfüllten Herrlichkeit.

Das wohl bekannteste und eines der bedeutendsten Profanbauwerke des Mittelalters im Gebiet des Harzes ist die Kaiserpfalz in Goslar. Diese Aussage trifft gewiß auch dann noch, ja vielleicht gerade erst dann zu, wenn man die vielen umstrittenen Veränderungen wieder abzieht, die das mittelalterbesessene, romantisierende 19. Jahrhundert an den einzelnen Gebäuden vorgenommen hat. Nachdem die Pfalz lange Zeit dem unaufhaltsamen Verfall preisgegeben war und man noch im Jahre 1819 den teilweise baufälligen

Dom abgerissen hatte, begann man 1868 mit der Wiederherstellung der Anlage. Dies geschah in einer fast prophetischen Vorausschau, denn bereits drei Jahre später wurde Goslar zum Schauplatz einer eindrucksvollen nationalen Machtdemonstration, als der gerade zum Kaiser erhobene König Wilhelm von Preußen den altehrwürdigen Kaiserstuhl in der Pfalz bestieg, um den ersten Reichstag des neugegründeten Deutschen Reiches feierlich zu eröffnen. So war damit auch die salische Kaiserpfalz in Goslar – ähnlich wie die Pfalz in Aachen und Nürnberg oder auch der Kölner Dom – zu einem wirksamen Symbol deutscher Einheit und Stärke geworden.

Der Grund für die Wahl Goslars als Ort einer gewaltigen Pfalzanlage lag vor allem in den

Im Magdeburger Dom stehen die eindrucksvollen Steinplastiken des Stadtgründers Otto d. Gr. und seiner Gemahlin Editha.

Magdeburg Cathedral houses the magnificent stone sculptures of Otto the Great, who founded the city, and Editha, his wife.

Dans la cathédrale de Magdebourg se trouvent les impressionnantes statues en pierre du fondateur de la ville, Othon le Grand et de son épouse.

reichen Silbererzvorkommen des nahegelegenen Rammelsberges. Von dem in der Mitte des 12. Jahrhunderts errichteten Riesenbau Heinrichs III. ist noch der beinahe fünfzig Meter lange, zweigeschossige Kaisersaal erhalten, in dem zahlreiche glanzvolle Hof- und Reichstage stattfanden. In der benachbarten St.-Ulrichs-Kapelle, dem nur selten anzutreffenden Beispiel einer doppelgeschossigen Palastkapelle, steht das Grabmahl Heinrichs III. mit dem in einer vergoldeten Kapsel ruhenden Herz des Kaisers.

← S. 236/237

Von vielen Punkten des Harzes reicht der Blick hinüber zum 1142 Meter hohen Brocken, der schon im Grenzbereich der DDR liegt.

The Brocken, a 1,142-metre high mountain on the border to the GDR, is visible from many points in the Harz region.

De beaucoup de points du Harz, la vue donne sur le Brocken, haut de 1142 mètres, qui se trouve déjà dans la zone frontalière avec la R.D. A.

In Hahnenklee steht die Kopie einer mittelalterlichen nordischen Stabkirche, der einzigen in der Bundesrepublik Deutschland.

Hahnenklee has a copy of a mediaeval Nordic stave church – the only one in the entire Federal Republic of Germany.

A Hahnenklee se trouve la copie d'une église en bois du Moyen Age, l'unique en République fédérale d'Allemagne.

Osterode, das im 19. Jahrhundert die industriereichste Stadt im Königreich Hannover war, besitzt noch viele mittelalterliche Bauten, zu denen auch die alte Ratswaage gehört.

Several mediaeval works, including the old council scale, have been preserved in Osterode, which, in the 19th century, was the most industrialised city in the Kingdom of Hanover.

Osterode qui était au XIXème siècle la ville la plus industrielle du royaume de Hanovre, possède encore beaucoup de bâtiments du Moyen Age, dont fait aussi partie l'ancienne balance publique.

237

Der Hexentanzplatz über dem engen Bodetal und das fröhliche Treiben beim Walpurgisfest sind zwei Beispiele für die zahllosen Sagen, die sich an viele Orte und Begebenheiten im Harz knüpfen.

The site of witches' dances overlooking the narrow Bode valley and the rambunctious activity of the Walpurgis festival stand for two of the legends which are associated with various locales and events in the Harz.

Le lieu où les sorcières dansaient, au-dessus de l'étroite vallée du Bode, et l'animation joyeuse lors de la fête de Walpurgis sont deux exemples des nombreuses légendes qui se nouent à beaucoup de lieux et d'événements dans les montagnes du Harz.

← S. 238

Das spätgotische Rathaus in Wernigerode mit seinen malerischen Erkern ist eines der schönsten in Deutschland.

Picturesque oriels dot Wernigerrode's late Gothic town hall, one of the most beautiful in Germany.

L'hôtel de ville du gothique tardif à Wernigerode avec ses encorbellements pittoresques, est un des plus beaux d'Allemagne.

Tradition und Volksgut im Harz noch gepflegt werden, beweisen die Treffen der Trachten- und Brauchtumsvereine auf dem Polsterberg bei Altenau sowie der Finkenwettstreit in Benneckenstein, das wohl älteste Harzer Volksfest.

Alle diese schönen Dinge zu entdecken und zu erleben, bringt unzähligen Menschen in jedem Jahr wertvolle Bereicherung und Erholung, zugleich aber auch die bedrükkende Erfahrung, daß ihre Freude im wahrsten Sinne des Wortes auch ihre Grenzen hat. Eine Wanderung von Elend nach Braunlage oder von Torfhaus nach Schierke bleibt für sie vorerst ein unerfüllbarer Traum. Nur die Hexen dürfen auf ihren Besen die Grenze ohne Paß und Passierschein überschreiten, wenn sie in der Walpurgisnacht auf dem Brocken zu höllischem Geisterspuk und Feuerzauber zusammenkommen.

Zwischen Heide und Moor

Das sächsische Stammesgebiet, das sich im Mittelalter vom Niederrhein bis an die Elbe erstreckte, gehört überwiegend zur Norddeutschen Tiefebene, die hier in ihrem west

lichen Teil neben fruchtbarem Ackerland auch große Geest-, Heide- und Moorflächen umfaßt, die in früherer Zeit für eine landwirtschaftliche Nutzung gar nicht oder nur sehr bedingt in Frage kamen. Zahlreiche Großsteingräber, unter denen die Sieben Steinhäuser auf dem Truppenübungsplatz bei Bergen besonders sehenswert sind, weisen auf eine bereits in der Jungsteinzeit erfolgte Besiedelung hin, während die große Menge der freigelegten flachen Hügelgräber aus der Bronzezeit des 2. und 1. vorchristlichen Jahrtausends stammen. Im Mittelalter wuchsen in den ausgedehnten, fruchtbaren Ebenen zwischen Ems und Elbe die Bauernhöfe zu unregelmäßigen Haufendörfern zusammen oder bildeten planmäßig angelegte Marschhufendörfer, bei denen die Höfe an einer geraden Straße liegen und die dazugehörigen Flurstücke, die Hufen, sich dahinter in schmalen, langen Streifen ins Land hineinziehen. Eine Sonderform planmäßiger Dorfsiedlung sind die „Rundlinge", d. h. Runddörfer mit kreisförmig angeordneten Höfen, wie sie noch im „Wendland" an der Elbe in größerer Zahl anzutreffen sind. Dieses Gebiet war bis ins Mittelalter von Slawen besiedelt, die erst im 17. Jahrhundert in der danach überwiegend deutschen Bevölkerung aufgegangen waren, ohne jedoch ihr eigenes Brauchtum aufzugeben. In vielen kleinen Dörfern der Lüneburger Heide, von der große Teile zum „Naturpark Lüneburger Heide" und „Naturpark Südheide" gehören, gibt es noch die alten Heidjer-Bauern, deren weiträumige Hofanlagen oft von hohen Eichen überragt werden. Das hallenartige niedersächsische Bauernhaus, bei dem Wohnhaus und Stallungen unter einem weitausladenden, heruntergezogenen Dach vereinigt sind, während Scheune, Spieker und Backhaus davon getrennt stehen, gilt als das schönste Bauernhaus der Welt. Im Museumsdorf Cloppenburg, das mit rund fünfzig Gebäuden größte deutsche Freilichtmuseum für bäuerliche Kultur, vermittelt dem Besucher ein umfassendes, anschauliches Bild vom Landleben in früherer Zeit, das sicherlich in vielen Punkten nicht der in Film und Fernsehen oder in unserer Vorstellung lebenden Bauernhofromantik entspricht.

Die Qualität des Bodens spielte und spielt selbstverständlich eine ganz erhebliche Rolle für die wirtschaftliche Situation der Landbesitzer. Das können die Bauern am besten beurteilen, die auf mageren Geestböden nur magere Erträge erzielen oder ihre am Rande von Moorgebieten liegenden Äcker bestellen. Wesentlich günstiger ist die Lage der Bauernhöfe in den Flußmarschen, wo man mit Ackerbau und Viehzucht überwiegend hohe Gewinne erwirtschaftet. Die Rentabilität der Landwirtschaft hängt aber auch von der Infrastruktur des Landes und den Absatzmöglichkeiten im In-und Ausland ab. Für das wirtschaftlich schwache Emsland wurde bereits um 1950 ein langfristiger Entwicklungsplan ausgearbeitet, der die Leistungsfähigkeit dieses Randgebiets steigern und die Ansiedlung neuer Industriebetriebe

fördern soll. Durchaus interessant ist in diesem Zusammenhang die Tatsache, daß in einigen Landkreisen östlich der Ems die Bevölkerung immer noch zunimmt, während der seit Jahren anhaltende Trend in der Bundesrepublik Deutschland, aber auch in der DDR, in die entgegengesetzte Richtung geht. Eine ganz andere zukunftsweisende Spezialität des industriearmen Emslandes ist die 31,5 Kilometer lange Versuchsstrecke der Magnetbahn Transrapid, die vielleicht in nicht allzu ferner Zeit mit einer Spitzengeschwindigkeit von 400 Stundenkilometern durch das Land rasen und damit das Fahren mit der Bundesbahn wieder attraktiv machen wird.

Abgesehen von Bremen und Oldenburg und dem weiter nördlich gelegenen Hamburg gibt es in dem großen Gebiet zwischen Ems und Elbe keine Großstädte. Die westlich der Elbe gelegene Altmark, die im 12. Jahrhundert unter Markgraf Albrecht dem Bären

In Stendal, das um 1500 die größte Stadt der Mark Brandenburg war und heute noch die größte Stadt der Altmark ist, haben sich noch viele Bauten der Backsteingotik erhalten. Das Bild zeigt den Dom „St. Nikolaus" von innen.

Many brick Gothic buildings are preserved in Stendal, the largest city in Brandenburg around 1500 and still the largest city in the Altmark today. The picture shows the interior of St. Nicolaus' Cathedral.

A Stendal, qui était vers 1500 la plus grande ville de la marche de Brandenbourg, et qui est aujourd-hui encore la plus grande ville de l'Altmark, beaucoup d'édifices d'architecture gothique de briques sont encore conservés. La photo montre la cathédrale »Saint-Nicolas« de l'intérieur.

241

zum Kerngebiet der späteren Mark Brandenburg wurde, ist verhältnismäßig dünn besiedelt. In Stendal, das um 1500 mit etwa 7000 Einwohnern die größte und reichste Stadt in der Mark Brandenburg war, liegt die Einwohnerzahl heute noch deutlich unter 50 000. Das herausragende Bauwerk ist der im Jahre 1450 vollendete Dom St. Nikolaus, dessen künstlerische Bedeutung nicht nur in der eindrucksvollen Geschlossenheit der äußeren Anlage und der Schwerelosigkeit der weitgehend aufgelösten Wandflächen liegt, sondern auch in dem großartigen Zyklus der 22 farbenprächtigen Chorfenster. Eine ebenfalls bewundernswerte Leistung ist das aus derselben Zeit stammende Chorgestühl mit reichen Schnitzarbeiten. Die nur halb so große Stadt Salzwedel, die seit dem Spätmittelalter als Mitglied der Hanse am Salzhandel beteiligt war, besitzt noch ansehnliche Teile ihrer früheren Stadtbefestigung sowie eine Reihe historischer Gebäude, die heute unter Denkmalschutz stehen. Zum Stadtkern gehört neben einigen reich ausgestatteten Kirchen das Altstädtische Rathaus, ein im Jahre 1509 im Renaissancestil errichteter Fachwerkbau.

Vor den Toren Hamburgs und mitten in der flachhügeligen Geest liegt Lüneburg, das nicht nur der schönen Heidelandschaft zwischen Elbe und Aller, sondern auch einem Zweig des Braunschweiger Welfengeschlechts seinen Namen gab. Als der Sachsenherzog Hermann Billung um 950 auf dem Kalkberg eine Burg errichten ließ, war bereits die salzhaltige Quelle bekannt, die aus dem tausend Meter starken Salzberg aufstieg, doch der einträgliche Salzhandel, der den Reichtum und den Ruhm der Stadt begründete, begann erst um 1190, nachdem Heinrich der Löwe das benachbarte Bardowick zerstört hatte. 1980 wurde die Saline endgültig stillgelegt, und seitdem genießt die alte Salz- und Hansestadt als Sole- und Moorheilbad einen guten Ruf.

Fast neunzig Jahre später als die Bürger von Braunschweig vertrieben die Lüneburger ihren Herzog, der seit 1378 in Celle residierte, bis das Fürstentum Lüneburg im Jahre 1705 mit Hannover vereinigt wurde. Der Reichtum der tausendjährigen Kaufmannsstadt läßt sich noch an vielen stattlichen Bürgerhäusern erkennen, die mit ihrem leuchtenden Rot der Backsteingotik und ihren formschönen Stufengiebeln den „Sand", einen der besterhaltenen mittelalterlichen Plätze, malerisch umstehen. Den krönenden Abschluß des Platzes bildet die vom 108 Meter hohen Turm überragte fünfschiffige Johanniskirche, die in ihrem Innern zahlreiche Kunstschätze und interessante Grabmäler birgt. Ebenso eindrucksvoll ist der große Marktplatz mit der schönen Barockfassade des Rathauses, zu dessen Prunkräumen vor allem die Gerichtslaube, die gotische Ratsstube und der mit Bildern und Glasfenstern reich ausgestattete Fürstensaal gehören. Der alte Drehkran an der Ilmenau, eine technische Meisterleistung des 14. Jahrhunderts, und das gegenüberstehende Kaufhaus erinnern noch an den seit dem Spätmittelalter florierenden Handel, der den Lüneburgern den großzügigen Ausbau ihrer Stadt ermöglichte.

Die historische Altstadt des ebenfalls tausendjährigen Celle, das sich seit dem 18. Jahrhundert immer mehr zu einer Juristen- und Beamtenstadt entwickelte, wird nicht von der Backsteingotik, sondern vom nicht weniger malerischen Fachwerkbau beherrscht. In den langen, rechtwinklig verlaufenden Straßen stehen noch Hunderte der meist zweistöckigen, dicht aneinandergebauten Fachwerkhäuser, die die Besucher mit ihren reichen Schnitzarbeiten und phantasievollen Farbornamenten faszinieren. Besonders prachtvoll ist die reichgeschmückte Giebelfassade des Patrizierhauses, das der Rentmeister Simon Hoppener im Jahre 1532 von seinem Herzog erhielt. Daß man damals auch beim Bau von Schulen viel Sorgfalt und Kunstverstand bewies, zeigt die zumindest nach außen attraktive Lateinschule, deren kunstvoll gefügtes Balkenwerk — wie könnte es anders sein! — mit schön verzierten Sinnsprüchen geschmückt ist.

S. 243 →

In Lüneburg findet der Markt vor der prunkvollen Barockfassade des Rathauses statt, hinter der sich reichausgestattete Räume aus verschiedenen Jahrhunderten verbergen.

Lüneburg holds it market against the backdrop of the magnificent Baroque facade on the town hall, which contains sumptuously decorated rooms from various epochs.

Le marché de lunebourg se tient devant la magnifique façade baroque de l'hôtel de ville qui abrite des salles richement décorées datant de différentes époques.

Die aus Lüneburg übergesiedelten Herzöge residierten in dem außerhalb der Altstadt gelegenen Schloß, das im 13. Jahrhundert erbaut und in der Renaissance- und Barockzeit mehrmals umgestaltet wurde. Aus der Renaissance stammen die Fassade mit wuchtigen Ecktürmen und Ziergiebeln sowie die prunkvoll ausgebaute Schloßkapelle. Eine weitere Sehenswürdigkeit ist das frühbarocke Schloßtheater, das der italien- und kunstbegeisterte Herzog Georg Wilhelm im Jahre 1674 errichten ließ und heute das älteste noch ständig bespielte Theater mit eigenem Ensemble in Deutschland ist. Theatralisch und tragisch verlief zeitweise auch die Familiengeschichte des welfischen Herzogshauses. Die im Schloß aufgewachsene lebensfrohe Sophie Dorothee wurde von ihrem herzoglichen Gemahl wegen eines — beinahe verzeihlichen — Ehebruchs des Hofes verwiesen und nach dem nahegelegenen Schloß Ahlden verbannt. Dort starb sie 36 Jahre später, 1726, ohne ihre beiden Kinder, die inzwischen durch ihre Heirat zu Mitbegründern des englischen und preußischen Königshauses geworden waren, noch einmal wiedergesehen zu haben. Fünfzig Jahre nach dem Tod der „Prinzessin von Ahlden" starb im Celler Schloß – vermutlich durch Gift – ihre Urenkelin Caroline Mathilde, die als Königin von Dänemark – auch dies war beinahe verständlich – ein Liebesverhältnis mit dem einflußreichen Minister Struensee eingegangen war und nach dessen grausamer Hinrichtung in Celle Aufnahme und Asyl gefunden hatte.

Nachdem Celle im Jahre 1705 seine Rolle als Residenzstadt eingebüßt hatte, suchte es diesen Verlust durch die Etablierung des für das neugeschaffene Kurfürstentum Hannover zuständigen Oberappellationsgerichts, des heutigen Oberlandgerichts, und eines durchaus dazu passenden Zuchthauses wenigstens teilweise wettzumachen. Ähnlich wie bei der alten Lateinschule bewiesen die Lüneburger auch hier ihren Sinn für Kunst und Menschlichkeit, indem sie dem Gefängnis durch ein schönes Barockportal seine

Strenge nahmen. Eine bedeutend größere Attraktivität gewann das 1735 gegründete Landgestüt, wo – ebenso wie in Verden an der Aller – die berühmten hannoverschen Warmblutpferde gezüchtet werden. Auf der mittelalterlichen Stechbahn vor der Stadtkirche finden zwar keine Ritterturniere mehr statt, von denen noch ein im Pflaster sichtbares Hufeisen zeugt, aber dafür kommt in jedem Herbst ein internationales Publikum zur traditionellen Hengstparade nach Celle. Bedeutend größer ist die Zahl der Menschen, die vom Frühjahr bis in den Herbst in die Lüneburger Heide fahren, die ihnen nicht nur Ruhe und Erholung, sondern in den

meisten Fremdenverkehrsorten auch Unterhaltungs- und Therapieprogramme bietet. Allerdings finden sie nicht mehr die reiche Tier- und Pflanzenwelt vor, wie sie noch zu Beginn dieses Jahrhunderts der leidenschaftliche Naturbeobachter und Jäger Hermann Löns erlebte und in seinen Büchern meisterhaft schilderte. Der Beruf des Schäfers und Imkers hat längst seine frühere Bedeutung verloren, die friedlich weidende Heidschnuckenherde ist ein seltenes Bild geworden, aber das spätsommerliche Blühen und Leuchten der Heideflächen, deren zartfarbener Blütenteppich durch das dunkle Grün der Wacholderbüsche eine lebhafte Musterung erhält, fasziniert die Besucher auch heute noch. In der alten Klosterstadt Walsrode, in deren Nähe das Heidegrab des Schriftstellers Hermann Löns liegt, wurde der größte Vogelpark Europas mit 5000 Vogelarten geschaffen, und im nahegelegenen Soltau gibt es den „Heidepark", den größten Vergnügungs- und Wildpark Norddeutschlands.

Im Erdölmuseum Wietze bei Celle erfährt man mit einigem Erstaunen, daß die heute weltweite und lebenswichtige Erdölförderung hier ihren Ursprung hat. Das zunächst abwertend als „Smeer" bezeichnete Erdöl war schon seit 1652 bekannt, aber erst zwei-

hundert Jahre später wurde die erste Boh-
rung durchgeführt. Heute wird in der Lüneburger Heide außer Erdöl auch Erdgas
gefördert; das größte Erdgasfördergebiet
Deutschlands liegt indessen im Kreis Oldenburg in der Nähe der Kleinstadt Wildeshau-
sen, die wahrscheinlich einmal dem Sachsenherzog Widukind gehörte.

Unter den mittelalterlichen Sakralbauten in
der Lüneburger Heide ragen einige Klöster
und Kirchen als besondere Sehenswürdigkeiten heraus. Die Kirche des ehemaligen
Zisterzienserinnenklosters Wienhausen südöstlich von Celle enthält einen farbenprächtig ausgemalten Nonnenchor. Der wertvollste Besitz des Klosters, das nach der Reformation in ein evangelisches Damenstift
umgewandelt wurde, sind neun wunderbar
gearbeitete Bildteppiche, die wegen ihrer
besonderen Kostbarkeit und Empfindlich-
keit nur an wenigen Tagen des Jahres öffentlich ausgestellt werden. Auch im Kloster
Lüne bei Lüneburg entstand im 14. Jahrhundert eine Reihe schöner Bildteppiche.

Besonderer Anziehungspunkt des um 1150
gegründeten Klosters Ebstorf bei Uelzen ist
eine Weltkarte aus dem 13. Jahrhundert, die
etwas vom „Weltbild" des mittelalterlichen
Menschen erkennen läßt.

Die westlich von Bremen gelegene Großstadt Oldenburg war Jahrhunderte hindurch
die Residenzstadt der Grafen und späteren
Herzöge und Großherzöge von Oldenburg,
die enge verwandtschaftliche Beziehungen
zum dänischen Königshaus und zu anderen
europäischen Fürstenhöfen besaßen. Die
Residenz-, Garnison- und Beamtenstadt
erhielt im 19. Jahrhundert ihre größte Ausdehnung und eine beachtliche kulturelle
Bedeutung. Da sie von Kriegszerstörungen
verschont blieb, sind in der Altstadt noch
viele Backsteinhäuser aus dem 17. bis 19.
Jahrhundert erhalten. Wie das Land und die
Stadt Oldenburg wurde auch das im Jahre
1603 erbaute Renaissanceschloß im 19. Jahrhundert beträchtlich erweitert. Das Wahrzeichen der viertgrößten Stadt in Niedersachsen ist der „Lappan", der Backsteinturm der

246

über 500 Jahre alten Heiliggeist-Kapelle. Verkehrsmäßig und kulturell hat Oldenburg in den letzten Jahren große Fortschritte gemacht, doch ist es wohl noch ein gutes Stück von dem Zustand entfernt, den der weitgereiste Carl Julius Weber 1834 mit den Worten beschrieb: „Das Herzogtum Oldenburg gehört zu den glücklichsten deutschen Staaten, trotz der stiefmütterlichen Hand der Natur. Die Oldenburger leben zufrieden unter Fürsten, wie es ihrer nur wenige gibt."

Bremen und Hamburg – die Tore zur großen Welt

Mit rund 676 000 Einwohnern, davon 136 000 in Bremerhaven, ist der Stadtstaat Bremen die älteste deutsche Seestadt und der zweitgrößte deutsche Seehafen. Rund um den großen Marktplatz stehen die meist nach 1945 wiederhergestellten repräsentativen Bauwerke, die die Geschichte und den Charakter der weit über tausend Jahre alten

Bischofs- und Hansestadt eindrucksvoll widerspiegeln.

An der Ostseite ragen die Spitztürme des im Jahre 1043 begonnenen, fast hundert Meter langen Doms St. Petri empor. Er ist der machtvolle Beweis für die über die alte Kaufmanns- und Handwerkersiedlung ausgeübte Vorherrschaft, die mit der Gründung des Bistums durch Karl d. Gr. im Jahre 787 begann. Als Bischof Ansgar das von Wikingereinfällen heimgesuchte Hamburg verlassen mußte, setzte er seine Missionsarbeit von Bremen aus fort, das bald zu einem „Rom des Nordens" wurde. Wie Adam von Bremen in seiner nach 1072 verfaßten Kirchengeschichte des Erzbistums Hamburg-Bremen berichtet, konnte der auch politisch einflußreiche Erzbischof Adalbert sein Missionsgebiet um 1050 bis nach Finnland, Island und Grönland ausdehnen. Doch im 13. Jahrhundert kam es zum offenen Bruch zwischen der wohlhabenden Bürgerstadt und ihrem Erzbischof, als dieser versuchte, durch die Zollerhebung an der Weser eine neue Geldeinnah-

mequelle zu erschließen.

Damit war – neben dem anhaltenden wirtschaftlichen Aufstieg – ein wichtiger Schritt zur politischen Unabhänigkeit der Stadt getan. Formalrechtlich unterstanden die Bürger zwar noch bis ins 16. Jahrhundert dem Bremer Erzbischof, aber in ihrem Handeln als erfolgreiche Kaufleute und Ratsherren lehnten sie jede Reglementierung ab und dokumentierten dies mit dem Bau eines großen Rathauses, das von 1405 bis 1407 zwischen Dom und Liebfrauenkirche errichtet wurde. Zum Zeichen ihrer bürgerlichen Freiheit hatten sie bereits ein Jahr zuvor auf dem Marktplatz einen über fünf Meter hohen steinernen Roland aufstellen lassen, der, wie Karls d. Gr. Paladin mit Schwert und Schild bewaffnet, seinen Blick stolz und trotzig gegen den Dom gerichtet hält. Dieses Symbol für städtische Freiheit und Hochgerichtsbarkeit wurde später von vielen anderen mittel- und niederdeutschen Städten, z. B. Halberstadt und Wedel, übernommen. Im Bremer Rathaus, das zu Beginn des 17. Jahrhunderts eine prunkvolle Renaissancefassade mit den Figuren des Kaisers und der sieben Kurfürsten erhielt, befindet sich im oberen Stockwerk ein reich ausgestatteter Festsaal, in dem an jedem zweiten Freitag im Februar die traditionelle Schaffermahlzeit veranstaltet wird, ein seit 1545 gefeiertes Brudermahl, an dem jeder geladene Gast nur einmal in seinem Leben teilnehmen darf. Vielleicht liegt in diesem strengen Zeremoniell eine der „vielen Arten einer erlesenen Steifheit", von der der Hamburger Schriftsteller Siegfried Lenz einmal gesprochen hat. In den 600 Jahre alten Gewölben des Ratskellers herrscht sicherlich keine „erlesene Steifheit", hier lagern große Fässer mit erlesenen Rotweinen, die sich schon Heinrich Heine bei seinen häufigen Besuchen schmecken ließ und Wilhelm Hauff 1827 zu seinen „Phantasien aus dem Bremer Ratskeller" anregten.

Einige hundert Meter vom Marktplatz entfernt liegt das alte, malerische Schnoorviertel, dessen niedrige, windschiefe Häuser mit kleinen Werkstätten, Kunstsammlungen und

Der Bremer Marktplatz wird beherrscht von den großartigen Bauten des St.-Petri-Doms und des mit einer prunkvollen Renaissancefassade geschmückten Rathauses, vor dem der berühmte, über fünf Meter hohe steinerne Roland als Zeichen bürgerlicher Marktgerichtsbarkeit steht.

The market square in Bremen is dominated by the imposing St. Peter's Cathedral and the town hall, which features a decorative Renaissance facade and faces a stone statue of Roland over five metres high – a symbol of the bourgeoisie's market jurisdiction.

La place du Marché de Brême est dominée par les beaux édifices de la cathédrale Saint-Pierre et de l'hôtel de ville décoré d'une magnifique façade Renaissance. Devant se trouve la célèbre statue en pierre de Roland, haute de cinq mètres, l'emblème des droits et privilèges de la cité libre et impériale.

Der wiederaufgebaute Schnoor ist Bremens ältestes Handwerkerviertel mit vielen kleinen Werkstätten, Läden und gemütlichen Gasthäusern.

The reconstructed Schnoor district is Bremen's oldest centre for arts and crafts. Its streets are lined with numerous small workshops, stores and homey restaurants.

Le quartier pittoresque, reconstruit, appelé Schnoor, est la plus vieux quartier artisanal de Brême avec beaucoup de petits ateliers, magasins et de bonnes auberges.

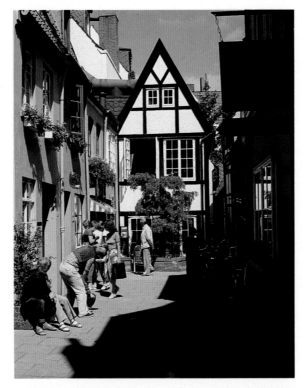

verwinkelten Gaststätten zum ältesten Teil der Stadt gehören. Und direkt gegenüber dem Marktplatz beginnt die zur Weser hinunterführende Böttcherstraße, eine alte Handwerkergasse, die vom Bremer Kaffee-Kaufmann Ludwig Roselius in den Jahren 1924 bis 1931 in ein kleines Kunstzentrum verwandelt wurde. Die im phantasiereichen Jugendstil erbauten Häuser beherbergen Läden mit kunsthandwerklichen Arbeiten, kleine Museen und Galerien. Unter der Herrschaft und fördernden Hand der patrizischen Ratsherren arbeiteten in Bremen viele namhafte Kaufleute, Wissenschaftler und Künstler. Aber die seltsamsten Bewohner, die wohl jemals in der Hansestadt gelebt haben, sind die vier Bremer Stadtmusikanten, denen der Bildhauer Gerhard Marcks mit einer gleich neben dem Rathaus stehenden Plastik ein bleibendes Denkmal gesetzt hat. Heute werden die Geschicke des Stadtstaates nicht mehr vom alten Rathaus, sondern vom 1965 erbauten „Haus der Bürgerschaft" aus gelenkt, dessen moderne Architektur lange Zeit ebenso heftig umstritten war wie manch-

mal die Politik, die darin gemacht wird.

Der dritte Machtfaktor, der für die geschichtliche Entwicklung Bremens von entscheidender Bedeutung wurde, war der seit der Verleihung des Marktrechts im 9. Jahrhundert einträgliche Seehandel. An der Westseite des Marktplatzes steht das von 1536 bis 1538 erbaute Gildehaus der Kaufleute, die über dem Portal ihren Wahlspruch anbringen ließen „Buten un binnen, wagen und winnen". Mit diesen wenigen Worten werden die unternehmerische Mobilität und Weltoffenheit angedeutet, die seit jeher den hanseatischen Kaufmann und Seefahrer auszeichnen.

Im Mittelalter wurden die Schiffe an der „Balge", dann bis ins 19. Jahrhundert an der technisch immer noch bescheiden ausgerüsteten „Schlachte" entladen. Nachdem Bremen im Jahre 1847 an das neue Eisenbahnnetz angeschlossen und 1888 Mitglied des Deutschen Zollvereins geworden war, wuchs seine Bedeutung als Warenumschlagplatz für Kaffee, Baumwolle, Tabak, Reis, Getreide und Holz und damit auch seine Bevölkerung. 1906, als der neue Überseehafen gebaut wurde, hatte die Stadt schon mehr als 260000 Einwohner, beinahe die Hälfte der heutigen Einwohnerzahl. Seit der Fertigstellung des modernen Containerhafens in der Neustadt im Jahre 1965 ist Bremen einer der schnellsten Häfen der Welt, in dem jährlich rund 25 Millionen Tonnen umgeschlagen werden. Diese erstaunlich hohe Leistungsfähigkeit wird noch wesentlich gesteigert durch die riesigen Hafenanlagen in Bremerhaven, von wo bis zum 2. Weltkrieg die meisten Auswandererschiffe ausliefen. Der 1971 in Betrieb genommene Container-Terminal „Wilhelm Kaisen" sorgt für ein zügiges Entladen der modernen Containerschiffe und für die Zusammenstellung von schwimmenden Schubeinheiten zur Weiterbeförderung auf den deutschen Binnenwasserstraßen.

In Bremen und Bremerhaven herrscht wie in allen großen Häfen der Welt eine faszinierende, aufregende Atmosphäre, die den

Besucher so gefangennimmt, daß er die seit Jahren anhaltende Werftenkrise und die daraus entstandenen wirtschaftlichen Schwierigkeiten des Stadtstaates schnell vergißt. Die an den Kais liegenden riesigen Schiffe, die Menschen und Waren aus aller Herren Länder mitbringen, wecken in ihm schöne Vorstellungen von Freiheit und Abenteuer und von der Möglichkeit, irgendwo draußen in der Welt einmal das große Glück zu finden.

Die gleichen Empfindungen und Träume kennen wohl auch die Menschen, die über die Landungsbrücken von St. Pauli in Hamburg promenieren oder draußen im Schulauer Fährhaus beim Kaffeetrinken den Willkommensgruß für die ein- und auslaufenden Schiffe miterleben. Aber in Hamburg ist alles viel größer, intensiver, ausgeprägter als in Bremen: die Hafenanlagen, der Warenumschlag, der Fremdenverkehr und auch das Nachtleben im Hafenviertel und auf der Reeperbahn. Innerhalb des 75 Quadratkilometer großen Hafengebiets gibt es siebzig Becken

Plätze in den verschiedenen Bootsklassen. Das spektakuläre Ereignis belebt und verändert vorübergehend sogar das Bild der sonst so nüchternen und geschäftigen Hafenstadt und verleiht ihr ein Stückchen Urlaubs- und Weltstadtatmosphäre. Seit seiner Gründung im 13. Jahrhundert wurde Kiel von der Seefahrt und vom Seehandel geprägt. Durch den Ausbau zum Reichskriegshafen erhielt es nach 1871 eine zusätzliche militärisch-strategische Bedeutung, die es als wichtigster Flottenstützpunkt der Bundesmarine heute noch besitzt. Mit der Eröffnung des hundert Kilometer langen Nord-Ostsee-Kanals im Jahre 1895, der einer der wichtigsten Seeschiffahrtskanäle der Welt ist, verbesserte

S. 267 →

sich die wirtschaftliche Lage der Stadt erheblich. Auch der Ausbau des Kieler Hafens zum größten natürlichen Tiefwasserhafen der Bundesrepublik Deutschland mit einem beachtlichen Güterumschlag und Fährschiffsverkehr trug dazu bei.

Einer der ältesten Handelsplätze an der deutschen Ostseeküste war das im 8. Jahrhundert von friesischen Kaufleuten gegründete Haithabu, das im 10. Jahrhundert von schwedischen Wikingern erobert wurde, aber von Otto I. wieder zurückgewonnen und dem deutschen Reich eingegliedert werden konnte. Nach erneuter Besetzung durch die Dänen entstand weiter nördlich an der Schlei die Stadt Schleswig, in deren spätmittelalterlichem Dom St. Petri der berühmte, von Hans Brüggemann 1521 geschnitzte Bordesholmer Altar mit 350 Einzelfiguren steht. Im 17. Jahrhundert wurde das herzogliche Residenzschloß Gottorf erbaut, der Stammsitz einer weitverzweigten europäischen Herrscherdynastie. In der Umgebung der Stadt erinnern noch die Überreste großer Erdbefestigungen an die mittelalterlichen Grenzkämpfe zwischen den mit den Franken verbündeten Sachsen und den Dänen. Eine leicht zu übersehende Kuriosität ist das auf einer Halbinsel in der Schlei liegende Arnis, die mit 500 Einwohnern kleinste Stadt der Bundesrepublik Deutschland.

Unmittelbar an der Grenze zu Dänemark liegt die siebenhundert Jahre alte Stadt Flensburg, die über vierhundert Jahre zum dänischen Königreich gehörte und sich während dieser Zeit zu einem bedeutenden Hafen und Handelsplatz entwickelte. Nach der Grenzregelung von 1920 bestand noch ein Viertel der Bevölkerung aus Dänen, die ihren Status als große nationale Minderheit durch die Pflege von Sprache und Kultur bewahrte. Kurz vor dem militärischen Zusammenbruch Deutschlands versuchte die Geschäftsführende Reichsregierung unter Großadmiral Dönitz noch im April/Mai 1945 von Flensburg aus, mit den alliierten Streitkräften günstige Kapitulationsbedingungen auszuhandeln, was verständlicherweise

erfolglos bleiben mußte. Heute ist die Grenz- und Hafenstadt als „Rum-Metropole" bekannt und beliebt, zumindest bei allen Freunden eines steifen Grogs, bei dem wohl das Wasser, aber niemals der Rum fehlen darf. Bei den meisten Autofahrern genießt Flensburg dagegen einen weniger guten Ruf, denn hier wird die zentrale Verkehrssünderkartei geführt, in der alle angezeigten Verstöße gegen die Straßenverkehrsordnung mehrere Jahre hindurch gespeichert werden. In vielen Fällen ist wohl auch Rum die Ursache für einen Führerscheinentzug – vielleicht sogar der gute Hansen-Rum aus Flensburg.

II. Die deutschen Kultur-
landschaften östlich von
Elbe und Saale

⟵   *S. 268*

Friedrich d. Gr. ließ sich nach den Schlesischen Kriegen von 1740–1745 in Potsdam die Sommerresidenz Sanssouci erbauen, von wo aus er über 40 Jahre das Königreich Preußen regierte. Das Schloß steht am oberen Ende eines terrassierten Weinbergs, des früheren „Wüsten Bergs".

After the Silesian Wars of 1740–1745, Frederick the Great had Sanssouci built as a summer residence in Potsdam. From there, he ruled over the kingdom of Prussia for more than 40 years. The palace is situated at the upper end of a terraced vineyard on a hill once known as the "Wüster Berg" or "wasteland hill".

Frédéric le Grand se fit construire la résidence d'été de Sanssouci à Potsdam après les guerres de Silésie de 1740–1745. C'est de là qu'il gouverna pendant plus de 40 ans le royaume de Prusse. Le château se trouve en haut d'un vignoble en terrasses, l'ancien ›Mont désert‹ (Wüster Berg).

1. Sachsen an der mittleren und oberen Elbe

„Sachsenland ist Deutschland en miniature", schrieb vor 150 Jahren der philosophierende Schriftsteller Carl Julius Weber, der über die hohe Kultur dieses Volksstammes sehr viel Lobenswertes zu sagen wußte. „Sachsen, sieht man genau hin, ist nichts anderes als ein Mißverständnis oder ein substanzloser Mythos, oder eine gewaltige historische Lüge", erklärte vor etwa zehn Jahren der aus Sachsen stammende Schriftsteller Rolf Schneider.

Wie kommt es zu derartig gegensätzlichen Beurteilungen? Welche davon ist glaubwürdig und richtig? Nun, wenn man ganz genau hinsieht, hat wohl jeder recht, denn jeder versteht und verwendet den Begriff „Sachsen" in einem anderen Sinn, hebt einen anderen Aspekt hervor. Zunächst einmal läßt sich nicht bestreiten, daß das zwischen Fläming, Vogtland und Lausitz gelegene Sachsen nichts zu tun hat mit dem altsächsischen Stammesverband, der im Frühmittelalter nördlich und südlich des Teutoburger Waldes wohnte und unter Herzog Widukind gegen die Franken kämpfte. Die Sprache der Leipziger, Zwickauer und Dresdener ist nicht die Sprache des altsächsischen Heliand und des Sachsenspiegels des Eike von Repgow, sondern ein mitteldeutscher Dialekt, der zur Zeit Martin Luthers als sächsische Kanzleisprache für die Entwicklung einer hochdeutschen Schriftsprache von beispielhafter Bedeutung war. Die sächsischen Westfalen und Holsteiner sind nicht etwa an die obere Elbe gewandert, gewandert ist nur der Stammesname infolge vielfacher politischer Veränderungen während des Hoch- und Spätmittelalters. Als Sohn des Askaniers Albrecht der Bär, der 1134 Markgraf der Nordmark geworden war, erhielt Bernhard den Titel eines Herzogs von Sachsen, das sich von Lauenburg bis Wittenberg an der Elbe erstreckte. Nach dem Aussterben der Askanier im Jahre 1422 erbten die Markgrafen von Meißen ihren Besitz und zugleich den Herzogstitel und die Kurwürde. Damit übertrug sich auch der Name Sachsen auf das Herrschaftsgebiet der Wettiner, das im 15. Jahrhundert von der Landgrafschaft Thüringen bis in die Oberlausitz reichte und in späterer Zeit vielfach geteilt wurde.

Mark Meißen – die Keimzelle Sachsens

Wie die ursprünglichen Namen vieler Orte zwischen Saale und Lausitzer Neiße erkennen lassen, war dieses Gebiet im Frühmittelalter von Westslawen, zumeist Sorben, bewohnt, die die Reste des thüringischen Reiches im Laufe der Zeit integrierten. Obwohl die deutschen Herrscher Heinrich I. und Otto d. Gr. eine bis an die Oder reichende Markenpolitik betrieben hatten, setzte die kontinuierliche Einwanderung und Ansiedlung deutscher Bauern, Handwerker und Kaufleute erst in der zweiten Hälfte des 12. Jahrhunderts ein. Im Zuge dieser Ostkolonisation wurde der Ausbau des Landes stark intensiviert, was vor allem an der Gründung und Entwicklung zahlreicher Städte, die fast alle mit dem Magdeburger Recht ausgestattet wurden, abzulesen ist.

Als Grenzsicherung an der Saale und als militärische Vorposten in den slawisch besetzten Gebieten entstanden im 10. und 11. Jahrhundert zahlreiche Burgen, von denen noch beachtliche Überreste erhalten sind. Zur Förderung der Christianisierung wurden in den Marken Merseburg, Zeitz und Meißen im

Das Stallhofgebäude, das auf einer Seite mit dem über 100 Meter langen Fürstenzug, auf der anderen mit 22 großartigen Arkadenbögen geschmückt ist, diente im 18. Jahrhundert als Gemäldegalerie.

The Stallhof building, with a royal processional way of over 100 metres on one side and 22 magnificent arches on the other, served as a picture gallery in the 18th century.

Le bâtiment ›Stallhof‹ qui est décoré d'un côté du cortège princier de plus de 100 mètres de long et de l'autre de 22 magnifiques arcades servait de musée de peintures au XVIIIème siècle.

Unter Kurfürst Friedrich August II. entstand 1738 die spätbarocke katholische Hofkirche, die ein Teil der einzigartigen Architekturkulisse der Dresdner Elbfront ist. Zu ihrer reichen Innenausstattung gehört eine Orgel des berühmten Orgelbaumeisters Gottfried Silbermann.

The late Baroque Catholic court church was built in the reign of the Elector Friedrich August II, and forms part of the unique architectural backdrop to the Elbe in Dresden. The rich interior fittings include an organ by the famous organ builder Gottfried Silbermann.

Sous le prince électeur Frédéric Auguste II, en 1738, fut édifiée l'église de la cour (Hofkirche), catholique, de style baroque tardif, qui est une partie de l'unique coulisse architecturale de la facade sur l'Elbe de Dresde. A son riche intérieur s'ajoutent les orgues du célèbre facteur d'orgues Gottfried Silbermann.

275

derisch ausgestaltete, bedeutet den glanzvollen Höhepunkt der europäischen Barockarchitektur.

Der Ruhm Dresdens als deutsche und europäische Kunststadt liegt aber nicht nur in seinen profanen und sakralen Barockbauten begründet, sondern vor allem in seinen überaus wertvollen Kunstsammlungen der Gemäldegalerie, des Grünen Gewölbes und des Kupferstichkabinetts. Die unersetzlichen Kunstschätze waren während des Krieges ausgelagert und entgingen so der sicheren Zerstörung. Nach 1945 konnten sie in den früheren und neu errichteten Museen der breiten Öffentlichkeit wieder zugänglich gemacht werden.

Dresden ist nicht zuletzt auch eine traditionsreiche, vielseitige Theater- und Konzertstadt, die mit den Namen vieler bedeutender und berühmter Künstler verbunden ist. Schon im Mittelalter wurde der weltbekannte Dresdner Kreuzchor gegründet, und die nicht weniger bekannte Dresdner Staatskapelle besteht seit nunmehr 430 Jahren.

Große deutsche und ausländische Dichter schufen während ihrer Dresdner Jahre Werke, die heute zur Weltliteratur zählen. Am Theaterplatz zwischen Zwinger und Elbe, einem der schönsten Plätze in Deutschland, entstand 1878 der riesige Bau der Semper-Oper im Stil der italienischen Hochrenaissance. Dieses bedeutendste Bühnenhaus Dresdens, das mit zahlreichen Figuren aus der Welt der Literatur und Musik geschmückt war, wurde im 2. Weltkrieg teilweise zerstört, konnte aber mit hohem Kostenaufwand originalgetreu wiederaufgebaut werden und ist seit seiner Wiedereröffnung im Jahre 1985 ein weit über die Grenzen der DDR bekannter kultureller Anziehungspunkt.

Im 20. Jahrhundert gewann Dresden auch auf dem Gebiet von Wissenschaft und For-

schung zunehmend an Bedeutung. Die verschiedenen wissenschaftlichen Fach- und Hochschulen werden ergänzt durch fünf naturwissenschaftliche Museen, zu denen der im Zwinger untergebrachte Mathematisch-Physikalische Salon mit der größten deutschen Globussammlung gehört.

Der Reichtum an Sehenswürdigkeiten in Dresden könnte beinahe vergessen lassen, daß es auch in den Vororten und außerhalb der Stadt noch eine Reihe interessanter, schöner Baudenkmäler gibt. Eine schnurgerade Chaussee führt auf das vierzehn Kilometer nordwestlich gelegene Moritzburg zu, ein ehemaliges kurfürstliches Jagdschloß, das mit seiner reichen Ausstattung zum bedeutendsten Barockmuseum Europas wurde. Pöppelmann war auch der Erbauer der großzügigen Anlage von Schloß Pillnitz,

1985 konnte die berühmte Semper-Oper, die am Ende des 2. Weltkrieges zerstört wurde, wiedereröffnet werden. Mit ihr erhielt das Kulturleben in Dresden einen neuen, großartigen Glanzpunkt.

The famous Semper Opera, which was destroyed in World War II, was reopened in 1985, gracing Dresden with a magnificent new cultural highlight.

Le célèbre opéra-Semper, qui fut détruit à la fin de la seconde guerre mondiale, put être réouvert en 1985. La vie culturelle de Dresde reprit ainsi un nouvel essor.

Für die kostbare Innenausstattung der Semper-Oper wurden viele originale Bauteile und Dekorationsstücke verwendet, die dem Bombenterror entgangen waren.

Many original components and decor which survived the bombing were used for the sumptuous interior of the Semper Opera.

Beaucoup de parties du bâtiment et de pièces de décorations d'origine, ayant échappé aux bombardements aériens, furent utilisées pour le décor intérieur de l'opéra-Semper.

Kurfürst August der Starke ließ das idyllisch gelegene Jagdhaus Moritzburg nördlich von Dresden zu einer eindrucksvollen, von mehreren Teichen umgebenen Schloßanlage ausbauen. die im 2. Weltkrieg unzerstört blieb.

The Elector August the Strong had the idyllically situated hunting lodge of Moritzburg converted into an imposing castle surrounded by several lakes. It remained unscathed in the 2nd World War.

Le prince électeur Auguste le Fort fit agrandir le pavillon de chasse de Moritzburg, situé dans un coin idyllique au nord de Dresde, en un château impressionnant, entouré de plusieurs pièces d'eau, qui ne fut pas détruit pendant la seconde guerre mondiale.

dessen weitläufiger Schloßpark mit seinen architektonischen Kunstwerken ein besonderer touristischer Anziehungspunkt ist.

In der Umgebung Dresdens liegen viele lohnende Ausflugsziele; eines der schönsten ist sicherlich die Sächsische Schweiz, die mit ihren mächtigen Kalksteinfelsen und bizarren Felsstöcken eine wertvolle Ergänzung zur Dresdner Kulturlandschaft ist.

„Mein Leipzig lob' ich mir"

Dieser Satz ist nicht nur ein bekanntes „Faust"-Zitat, sondern auch das Bekenntnis vieler Bürger, die in ihrer Heimatstadt Leipzig die heimliche Hauptstadt der heutigen DDR sehen. Man kann diese Einstellung nur zu gut verstehen, denn abgesehen davon, daß Leipzig mit 556 000 Einwohnern die zweitgrößte Stadt in der DDR ist, kann es mit Stolz auch auf seine herausragende Bedeutung als Handels-, Wissenschafts- und Kulturzentrum hinweisen.

Seine Entstehung und geschichtliche Entwicklung verdankt Leipzig in entscheidendem Maße dem Handel, der auch heute noch das wirtschaftliche und kulturelle Leben der Stadt prägt. Bei den jährlich stattfindenden Frühjahrs- und Herbstmessen, der größten Industrieschau der DDR, zeigen mehr als hundert Staaten in siebzehn Messehallen, dreißig Pavillons und auf dem Freigelände zwischen Deutschem Platz und Völkerschlachtdenkmal den neuesten Stand der internationalen Forschung und Technologie. Während der Messetage ist Leipzig neben Berlin der wichtigste Ort für geschäftliche, aber auch private Kontakte zwischen den Deutschen aus der DDR und der Bundesrepublik Deutschland.

Wie alt die Leipziger Messe wirklich ist, läßt sich nicht mit Bestimmtheit sagen, doch ist eine rege Handelstätigkeit bis ins 10. Jahrhundert nachweisbar, als beim sorbischen Ort „Lipzi" eine deutsche Kaufmanns- und Handwerkersiedlung entstand. Sie konnte sich im Laufe der Zeit verschiedene Handelsprivilegien sichern und erhielt 1497 von Kaiser Maximilian I. das Recht auf Ausrichtung besonderer Reichsmessen. Nach dem Dreißigjährigen Krieg übertraf Leipzig mit seinem Rauchwaren- und Buchhandel sogar die bis dahin führenden Messestädte Frankfurt am Main und Erfurt. Die Weltoffenheit und der Reichtum der Stadt fanden ihren sichtbaren Ausdruck in der Errichtung großer Stadtpaläste der Patrizierfamilien und repräsentativer Kirchenbauten. Den Mittelpunkt bildet der weiträumige Markt, der nur wenig kleiner ist als der berühmte Markusplatz in Venedig und durch den mächtigen Renaissancebau des Alten Rathauses seinen besonderen architektonischen Akzent erhält. Der gewaltige Anstieg der Industrieproduktion bis zum Ende des 19. Jahrhunderts machte den Bau großer Handelshöfe und Messehäuser erforderlich, die im 2. Weltkrieg weitgehend zerstört, aber schon bald durch neue, modernere Ausstellungshallen ersetzt wurden.

Mit der Verbreitung des Buchdrucks im 16. Jahrhundert entwickelte sich Leipzig zur größten Buchstadt aller Zeiten, mit der achtzig Prozent aller buchhändlerischen Unternehmen Deutschlands geschäftliche Beziehungen unterhielten. Die Herstellung von Meßkatalogen ab 1594 und der Ausbau einer Bibliographie, die alle seit 1700 erschienenen Bücher erfaßte, trugen wesentlich zur führenden Rolle auf diesem Gebiet bei. 1912 folgte die Eröffnung der Deutschen Bücherei, eines Archivs des deutschen Schrifttums, in dem die gesamte deutschsprachige Literatur seit 1913 gesammelt und fortlaufend katalogisiert wird – eine beispielhafte gesamtdeutsche Kulturleistung bis in unsere Gegenwart.

Es versteht sich beinahe von selbst, daß Leipzig als Buchstadt auch eine Stadt der Wissenschaften ist. Im Jahre 1409 wurde hier die zweitälteste deutsche Universität gegründet, zu deren namhaftesten Lehrern Johann Christoph Gottsched und Christian Fürchtegott Gellert zählten und an der die späteren Dichter Klopstock, Lessing, Goethe und Jean Paul studierten. An Goethes Leipziger Zeit erin-

Im 16. Jahrhundert wurde das Alte Rathaus in Leipzig errichtet, ein langgestreckter Renaissance-bau mit vorgesetzten Arkaden und schönen Ziergiebeln.

The Old Town Hall in Leipzig was built in the 16th century as a long Renaissance building with protruding arcades and beautiful ornamental gables.

Le vieil hôtel de ville de Leipzig, construit au XVIème siècle est un long édifice Renaissance avec des arcades avancées et de beaux gâbles.

nern noch die später gemalten Szenenbilder in der historischen Gaststätte Auerbachs Keller, wo der junge Student sich mit seinen Freunden zu ausgelassenen Zech- und Trinkabenden traf und zur Dramatisierung des alten Volksbuches vom geheimnisvollen Dr. Faustus inspiriert wurde. Im 19. Jahrhundert stieg die Zahl der Studenten stark an und machte den Bau neuer Universitätsgebäude notwendig, deren Wahrzeichen heute das moderne, 142 Meter hohe Sektionshochhaus der Karl-Marx-Universität ist. Leipzig ist

außerdem Sitz der Sächsischen Akademie der Wissenschaften und einer Reihe weiterer Hoch- und Fachschulen. Eine Parallele zum Münchner Goethe-Institut ist das Herder-Institut, eine international anerkannte Vorstudienanstalt für ausländische Studierende in der DDR und eine Stätte zur Förderung deutscher Sprachkenntnisse im Ausland. Es bietet jungen Studierenden, vorwiegend aus Entwicklungsländern, eine sprachliche und fachliche Vorbereitung auf ein Direktstudium an den Hoch- und Fachschu-

289

Der Frohnauer Hammer ist ein anschauliches Beispiel für den früher im Erzgebirge weitverbreiteten Bergbau.

The Frohnau Hammer is a vivid reminder of the mining which was once widespread in the Erzgebirge.

Le ›marteau de Frohnau‹ est un des exemples concrets des exploitations minières, autrefois très répandues dans les Monts Métallifères.

fen bekannte Zentren des erzgebirgischen Spielwarenhandels wurden. Die großenteils immer noch handgefertigten Weihnachtspyramiden, buntbemalten Nußknacker und Räuchermännchen zählen bis heute zu den beliebtesten und meistgekauften Geschenkartikeln auf den deutschen Weihnachtsmärkten.

An den das nördliche Erzgebirgsvorland durchziehenden Flüssen entstanden seit dem hohen Mittelalter zahlreiche Burgen und Siedlungen, die sich zu bedeutenden Bergbau- und Handwerkerstädten entwik-

kelten. Bergleute aus Goslar am Harz begannen nach 1170 in Freiberg mit dem Silberbergbau und machten den Ort zur ersten freien Bergstadt Deutschlands und zum wirtschaftlichen Mittelpunkt des Erzgebirges mit eigener Münzstätte. Der spätgotische Dom mit der aus dem 13. Jahrhundert stammenden Goldenen Pforte, der kunstvoll gemeißelten Tulpenkanzel und der 1714 fertiggestellten berühmten Silbermann-Orgel ist ein ebenso großartiger Beweis für die anhaltende kulturelle Blütezeit der Stadt wie die 1765 gegründete Bergakademie, die älteste

S. 297 ⟶

Von der Dominsel in Breslau grüßen die hochaufragende gotische Kreuzkirche mit ihrer schlanken Turmspitze und die wuchtigen, heute helmlosen Türme des Doms herüber.

From the cathedral island in Breslau, the soaring Gothic churches with their slender spires and the imposing towers of the cathedral (now without spires) dominate the townscape.

L'église gothique Sainte-Croix, élancée avec sa mince flèche du clocher et les tours massives, de nos jour sans dôme, de la cathédrale saluent depuis la Dominsel à Breslau.

mehr der Anteil eines Stammes oder Volkes an seiner wirtschaftlichen, kulturellen und politischen Gestaltung, die nicht nur Aufgabe und Anspruch einer kleinen aristokratischen Oberschicht ist, sondern Leistung und Lebensgrundlage einer großen Mehrheit des Volkes.

Am Ende des 12. Jahrhunderts, als das von polnischen Piastenherzögen regierte Schlesien durch politische Wirren und wiederholte Erbteilungen erschüttert wurde, begann die deutsche Besiedlung des Landes mit der Gründung von Klöstern, Dörfern und Städten. Diese von den Herzögen gutgeheißene, vielfach sogar gewünschte Kolonisierung wurde nach dem Mongoleneinfall von 1241 verstärkt fortgesetzt. Die meisten der über 120 gegründeten Städte erhielten das Halle-Magdeburger Recht, das durch die niederschlesische Stadt Neumarkt in veränderter Form an mehr als fünfhundert Städte bis an den Bug und in die Ukraine weitergegeben wurde. Die politische Annäherung Polens an das Königreich Böhmen brachte dem Land eine großzügige Förderung seiner wirtschaftlichen und kulturellen Entwicklung durch Kaiser Karl IV. und bis zum Ende des 14. Jahrhunderts die endgültige Bindung an das deutsche Reich. Die deutschen Bauern leisteten wertvolle Kulturarbeit durch Waldrodung und intensive Landwirtschaft, Handwerker und Kaufleute aus den westlichen Gebieten des Reiches sorgten für die Befestigung und den Ausbau der planmäßig angelegten Städte, von denen viele schon in kürzester Zeit zu wirtschaftlicher Blüte gelangten. Als der habsburgische König Ferdinand I. 1526 Böhmen und Ungarn gewann, wurde er damit auch zum Herrn über Schlesien, das zu dieser Zeit bereits seine dauerhafte Prägung durch deutsche Sprache und Kultur erhalten hatte.

Das tausendjährige Breslau

Im Jahre 1939 besaß Schlesien rund 4,8 Millionen Einwohner, von denen allein 630 000 in Breslau wohnten, das von Wratislaw I. von Böhmen nach 900 an einer wichtigen Straßenkreuzung am Nordufer der Oder gegründet worden war. Nachdem die Einwohnerzahl durch die Kriegsverluste und die Vertreibung der deutschen Bevölkerung im Jahre 1946 bis auf 171 000 abgesunken war, stieg sie bis 1980 wieder auf 520 000 an.

Lange bevor die slawische Siedlung nach der Zerstörung durch die Mongolen 1241 an der heutigen Stelle als deutsche Stadt wiederaufgebaut wurde, errichtete Kaiser Otto III. ein Bistum, das zur Erzdiözese Gnesen gehörte. Auf der heute noch von wohltuender Stille umgebenen Dominsel entstand seit 1244 der mächtige Backsteinbau des gotischen Doms, der den Mittelpunkt einer Reihe sakraler Bauwerke bildete. Die Kirche hat zwar im letzten Krieg ihre beiden Turmspitzen verloren, besitzt aber noch eine reiche Innenausstattung, zu der auch einige Bischofsgrabmäler aus der Werkstatt Peter Parlers und Peter Vischers gehören. Nicht weit vom Dom entfernt ragt hinter einer kunstvoll gestalteten Barocksäule mit der Figur des heiligen Nepomuk die Doppelanlage der Kreuzkirche empor, eine der schönsten gotischen Kirchen und die älteste Hallenkirche Breslaus. Weniger auffällig, obwohl künstlerisch bedeutungsvoll ist die auf einer kleinen Oderinsel erbaute Sandkirche, die auf ein bereits im 12. Jahrhundert gegründetes Augustiner-Chorherrenstift zurückgeht. Im Innern überraschen die großen, hochgezogenen Fenster mit mittelalterlichen Glasmalereien, durch die warmes Licht in die fast schwerelos aufstrebende dreischiffige Halle mit den neu aufgestellten gotischen Flügelaltären flutet.

Am linken Oderufer wird die Breslauer Altstadt von der riesigen Barockfront des im 18. Jahrhundert errichteten Jesuitenkollegs begrenzt, dessen Räume von der 1811 neugegründeten Friedrich-Wilhelm-Universität genutzt wurden. Das Glanzstück dieses größten und schönsten Barockbaus Breslaus ist die Aula Leopoldina, ein mit großartigen Freskomalereien ausgeschmückter Festsaal. Der zweite eindrucksvolle Barockbau, die

königliche Residenz Friedrichs d. Gr., in der 1813 Friedrich-Wilhelm III. für den bevorstehenden Befreiungskampf gegen Napoleon den Orden des Eisernen Kreuzes stiftete, wurde nach einem Brand abgetragen und ist seitdem ebenso aus dem Stadtbild verschwunden wie die großen Denkmalsfiguren preußischer Herrscher und Feldherren. Der dritte architektonische Mittelpunkt Breslaus ist der große Altstädter Ring mit einem der schönsten Rathäuser in Deutschland.

Der 1242 im gotischen Stil begonnene und vor 1600 im Renaissancestil abgeschlossene Bau, der nach dem 2. Weltkrieg vorbildlich restauriert wurde, ist mit meisterhaft gestalteten Ziergiebeln, Erkern und Figurenfriesen geschmückt. Unter dem malerischen Ostgiebel, den man wegen seiner zierlichen Fialen und des aufgesetzten Maßwerks ein „Bravourstück des Mittelalters" genannt hat, befindet sich eine um 1530 geschaffene Kunstuhr. Während im gotischen Fürstensaal

S. 299 ⟶

bis zum Dreißigjährigen Krieg die Schlesi-schen Fürstentage als vornehme und einfluß-reiche Ständeversammlungen stattfanden, war der Schweidnitzer Keller, der älteste Ratskeller in Deutschland, immer ein Ort ungezwungener Geselligkeit zwischen Bau-ern, Handwerkern, Ratsherren und Studen-ten. Die restaurierten Häuser am Ring und am angrenzenden Blücherplatz vermitteln mit ihren sorgfältig restaurierten Barock- und Renaissancefassaden wieder einen unver-fälschten Eindruck vom Reichtum der alten Handels- und Kaufmannsstadt. Auch die 1976 ausgebrannte Elisabethkirche, neben der Magdalenenkirche einer der größten Sakral-bauten der Altstadt, bewies mit ihrer reichen Ausstattung den Wohlstand und Kunstge-schmack der Breslauer Bürgerschaft.

Im erzbischöflichen Palais auf der Dominsel ließ König Friedrich-Wilhelm III. im März 1813 den berühmten „Aufruf an mein Volk" niederschreiben, mit dessen Veröffentlichung in der Stadt die Befreiungskriege gegen Napoleon begannen. Zur Erinnerung an dieses weltgeschichtliche Ereignis wurde im Jahre 1913 am nördlichen Oderufer die 10 000 Menschen fassende Jahrhunderthalle errichtet, deren 42 Meter hohe, in Eisenbeton gegossene Kuppel die größte Massivkuppel der Welt ist.

Bis zu seiner Zerstörung im 2. Weltkrieg war Breslau architektonisch eine der größten mittelalterlichen deutschen Städte. Seine überragende Bedeutung als Wirtschaftszentrum und als Ort menschlicher Begegnung kommt in den Sätzen zum Ausdruck, die Friedrich Körner 1857 schrieb und die bis zum Ende der Weimarer Republik ihre Gültigkeit behielten: „Wir bemerken überall reges Leben. Polnische Juden, deutsche Commis, Fuhrleute, galizische Großhändler, wendische Bauern, Soldaten, Studenten, Bauernfrauen, Packträger und Börsenspeculanten, Professoren, Officiere und neugierige Schulknaben wandern ihres Weges dahin. Polnisch und deutsch, plattdeutsch und schlesisch klingt es durch einander, denn hier ist gewissermaßen das Rendezvous der Slaven und Deutschen des ganzen östlichen Mitteldeutschlands".

Der Glanz der viereckigen Ringe

Die im 12. Jahrhundert einsetzende Besiedlung Schlesiens durch deutsche Bauern, Kaufleute und Mönche wurde nach dem verheerenden Mongoleneinfall von 1241 in unvergleichlich stärkerem Maß fortgeführt. Weit über hundert Städte, die an der Stelle oder in der Nähe älterer slawischer Siedlungen entstanden, wurden mit dem Magdeburger Recht ausgestattet, das die Besitzverhältnisse, das Wirtschaftsleben und vor allem die politischen Aufgaben und Kompetenzen regelte. Den unübersehbaren Mittelpunkt

Nach dem Abriß der Garnison-kirche wurde der klassizistische Bau der Nikolaikirche, die seit 1981 wieder zugänglich ist, zu einem neuen Wahrzeichen der Stadt Potsdam.

After the demolition of the garrison church, the Neo-Classical Church of St. Nicholas became the new landmark of the city of Potsdam. The church has been reopened to the public since 1981.

Après la démolition de l'église de la garnison, l'édifice en style néo-classique de l'église Saint-Nicolas, qui est réouverte depuis 1981, est devenu le nouvel emblème de la ville de Potsdam.

servativen Kräfte gegenüber seiner radikalen Partei und rücksichtslosen Politik zu zerstreuen. Nach dem schnellen und totalen Zusammenbruch des Dritten Reiches wählten die Alliierten im Juli 1945 mit sicherem Instinkt für die politische Symbolkraft historischer Orte eben diese preußische Residenzstadt Potsdam, um hier im Schloß Cecilienhof über die Zukunft des besiegten nationalsozialistischen Deutschland zu beraten. Eines der erklärten Ziele der Siegermächte war die „Ausrottung des deutschen Militarismus und Nazismus", deren Ursprung man in der preußisch-absolutistischen Großmachtpolitik sah. In wenigen Jahren kann Potsdam, das im Jahre 993 zum ersten Mal als slawische Siedlung erwähnt wird, sein tausendjähriges Stadtjubiläum feiern. Schon zu Beginn des 14. Jahrhunderts besaß die Stadt eine eigene Ratsverfassung und Gerichtsbarkeit, aber es

dauerte noch mehr als dreihundert Jahre, bis sie als Residenzstadt der brandenburgischen Kurfürsten und preußischen Könige politische Bedeutung erlangte. Der wirtschaftliche Aufschwung begann mit der nach dem Potsdamer Edikt von 1685 einsetzenden Einwanderung ausländischer Kaufleute und Handwerker, die die ersten Seiden-, Fayence- und Kristallglasmanufakturen errichteten. Der Soldatenkönig Friedrich Wilhelm I. setzte diese Entwicklungspolitik energisch fort und machte Potsdam darüber hinaus zu einer wichtigen Garnisonstadt, deren militärischer Charakter sich bis in die Gegenwart hinein erhalten hat. Neben den beiden Neustädten mit einem Holländischen Viertel entstanden in kurzer Zeit drei große Kirchenbauten, die mehr als zweihundert Jahre das äußere Bild der Stadt beherrschten. Während die im 2. Weltkrieg schwer beschädigte Garnisonkirche 1969 abgebrochen wurde, ist die Nikolaikirche, die nach 1831 durch K. F. Schinkel eine Umgestaltung im Stile eines repräsentativen Klassizismus erfuhr, seit 1981 wieder zugänglich.

Ein neues Kapitel in der Bau- und Kulturgeschichte Potsdams begann mit dem Regierungsantritt Friedrichs d. Gr., der das Stadtschloß umbauen und ganze Stadtteile abreißen und durch Kasernen und barocke Bürgerhäuser ersetzen ließ. Höhepunkt seiner unermüdlichen Bautätigkeit war die Errichtung des „Lustschlosses im königlichen Weinberge" bei Potsdam. Diese Sommerresidenz Sanssouci wurde zum Lieblingsaufenthalt des preußischen Königs, wenn auch die dreißig Jahre, die er hier bis zu seinem Tode 1786 mit Arbeit, Müßiggang und zunehmenden körperlichen Beschwerden verbrachte, keineswegs immer frei von Sorgen waren. Übrigens bezog sich der Name des Schlosses ursprünglich nur auf die Marmorgruft, über die der junge König im Blick auf die vor ihm liegende Regierung gesagt hatte: „Wenn ich dort bin, werde ich ohne Sorge (sans souci) sein". Friedrich II. liebte das von ihm selbst entworfene und von seinem Hofbaumeister Knobelsdorff erbaute Schloß, er liebte auch

Der Marmorsaal des Neuen Palais im Park von Sanssouci.

The marble hall of the Neue Palais in the parc of Sanssouci.

La salle de marbre du Neue Palais dans le parc de Sanssouci.

313

den weiträumigen Park von Sanssouci mit der von ihm oft besuchten Bildergalerie, den Neuen Kammern und all den anderen architektonischen Kostbarkeiten, die er nach und nach dort errichten ließ. Als letzter und großartigster Schloßbau des 18. Jahrhunderts entstand an der Westseite des Parks von 1763 bis 1769 das Neue Palais, das mit rund vierhundert, überwiegend im prunkvollen Rokoko gestalteten Räumen und einer verschwenderischen Außenarchitektur die auch nach dem Siebenjährigen Krieg behauptete Machtposition des Preußenkönigs demonstrieren sollte. Mit dem Tod Friedrichs d. Gr., der am 17. August 1786 starb und unter der Kanzel der Garnisonkirche neben seinem Vater beigesetzt wurde, ging ein beinahe fünfzigjähriges „Königtum der Widersprüche" (Th. Schieder) zu Ende, das durch eine oft unerträgliche Spannung zwischen Pflicht und Neigung, zwischen den Forderungen der Staatsräson und der Hingabe an die Musik und Philosophie gekennzeichnet war. „Des Landes Vorteil muß den Vorzug vor meinem eigenen haben, wenn sich beide nicht miteinander vertragen" – das war die politische Maxime eines Herrschers, der sein Land nicht nur zur stärksten Militärmacht Europas, sondern durch die beispielhafte Förderung der Wirtschaft, des Finanz-, Rechts- und Bildungswesens auch zum fortschrittlichsten Staat im damaligen deutschen Reich gemacht hatte.

Im 19. Jahrhundert wurden im Park von Sanssouci noch weitere repräsentative Bauwerke errichtet, darunter die an italienische Renaissancepaläste erinnernde Orangerie; am Südrand des Neuen Gartens, eines von Lenné nach dem Vorbild des Wörlitzer Parks gestalteten Landschaftsparks, entstand 1826 die russische Kolonie „Alexandrowka", in deren Fachwerkhäusern die letzten Sänger eines russischen Chores wohnten, der an den Befreiungskriegen teilgenommen hatte. Im Zuge der starken Industrialisierung des nahegelegenen Berlin wurden bis zur Jahrhundertwende mehrere wissenschaftliche Institute gegründet, zu denen seit der Einge-

auf einer Flußinsel angelegte Stadt. Nachdem der Prämonstratenser-Mönch Anselm das in mehreren Wendenaufständen zerstörte Bistum erneuert hatte, dehnte er seine Missionstätigkeit bis nach Mecklenburg und Pommern aus. Der 1170 geweihte romanische Dom, der im 14. Jahrhundert seine jetzige gotische Gestalt erhielt, gehört mit seiner reichen Ausstattung zu den ältesten und bedeutendsten Kirchenbauten in Deutschland. Auch in der Havelstadt Brandenburg, dem wendischen Brennabor, die dem ganzen Land ihren Namen gab, entstand im 12. Jahrhundert auf einer Insel eine große Bischofskirche, die das älteste erhaltene Bauwerk der Mark ist. Geschichtliche Bedeutung erlangte sie als Tagungsort der Preußischen Nationalversammlung, die in

den revolutionären Unruhen von 1848 aus Berlin vertrieben wurde. Die Stadt, die im 18. Jahrhundert durch eingewanderte Hugenotten und im 19. Jahrhundert durch die zunehmende Industrialisierung einen wirtschaftlichen Aufschwung erlebte, besitzt noch eine Reihe beachtlicher historischer Baudenkmäler, darunter die Pfarrkirche St. Katharinen und das um 1470 errichtete Altstädtische Rathaus mit einer über fünf Meter hohen Rolandsfigur. Ein besonders gut erhaltenes mittelalterliches Stadtbild bietet die an der Elbe gelegene ehemalige Hansestadt Tangermünde, das „Rothenburg des Nordens". Die Altstadt, zwischen deren Backstein- und Fachwerkhäusern der 94 Meter hohe Turm der Pfarrkirche St. Stephan emporragt, ist von einer hohen, backsteinernen Mauer mit

Auf einer Insel in der Havel entstand im 12. Jahrhundert als das älteste erhaltene Bauwerk der Mark der Dom St. Peter und Paul in Brandenburg. Zur Innenausstattung gehören ein Böhmischer Altar, von dem das obere Bild einen Ausschnitt zeigt, sowie eine prächtige Barockkanzel, die von einer Apostelfigur getragen wird.

The oldest surviving building in the Marches is the 12th century Cathedral of St. Peter and Paul in Brandenburg. Built on an island in the Havel, it houses a Bohemian altar (detail above) and a sumptuous Baroque pulpit carried by an apostle figure.

Sur une île sur la Havel, le plus vieil édifice conservé de la Marche, la cathédrale Saint-Pierre-et-Paul de Brandebourg a été construite au XIIème siècle. Le décor intérieur est composé d'un autel de Bohême, dont la photo du haut montre une partie, ainsi que d'une magnifique chaire baroque qui est portée par la statue d'un apôtre.

S. 323 unten   →

Auf ihrem 341 Kilometer langen windungsreichen Lauf von der Mecklenburgischen Seenplatte bis zu ihrer Mündung in die Elbe durchzieht die Havel eine stille, aber dennoch reizvolle Landschaft und bildet dabei zahlreiche verträumte Seen.

As it meanders along its 341 kilometre route from the Mecklenburg Plains to join the Elbe, the Havel passes through tranquil and beautiful scenery, forming many enchanting lakes on its way.

Sur son parcours sinueux long de 341 kilomètres, du plateau des lacs de Mecklembourg jusqu'à son embouchure dans l'Elbe, la Havel traverse un paysage paisible mais cependant plein de charmes et créant ce faisant de nombreux lacs idylliques.

immer noch bedrückenden geistigen Enge zu befreien. Es war der erste wichtige Schritt auf dem Weg zu jener aufklärerisch-schöpferischen Kultur des 18. und 19. Jahrhunderts, die zu den großen Epochen der deutschen Geistesgeschichte gehört.

Während der Soldatenkönig Friedrich Wilhelm I. für eine glanzvolle Hofhaltung und die Pflege der Schönen Künste wenig Verständnis zeigte und stattdessen das Geld für eine disziplinierte und schlagkräftige Armee ausgab, beauftragten seine Nachfolger bedeutende Architekten und Bildhauer mit dem weiteren Ausbau der Stadt und der Errichtung repräsentativer Barockbauten. Friedrich d. Gr., der in der Politik nach einer strengen Staatsräson handelte, die militärische Eroberungen nicht ausschloß, entwickelte weitreichende, kostspielige Bauprojekte. Im Bereich der Prachtstraße Unter den Linden sollte ein Forum Fridericianum zum Zwecke absolutistischer Selbstdarstellung entstehen, doch wurde der Plan nur zu einem kleinen Teil realisiert. Nach Knobelsdorffs Entwürfen entstand das königliche Opernhaus, das nach mehrmaliger Zerstörung durch Brand nach dem 2. Weltkrieg wiederaufgebaut wurde und als Deutsche Staatsoper zu den bedeutenden Theatern Berlins gehört. Weitere monumentale Barockbauten aus der Zeit Friedrichs d. Gr. sind die Alte Bibliothek und das Palais für den Prinzen Heinrich, das 1810 zum Sitz der neugegründeten und bald berühmten Friedrich-Wilhelm-Universität wurde, die von der SED den Namen ihres Mitbegründers Wilhelm v. Humboldt erhielt. Als bedeutendster Sakralbau des Barock entstand um 1770 nach dem Vorbild des Pantheon in Rom die St.-Hedwigs-Kathedrale, die damals die einzige katholische Kirche im protestantischen Berlin war, bis sie mit der Gründung des Bistums Berlin im Jahre 1930 zur Kathedrale erhoben wurde. Draußen im Tiergarten, einem weiträumigen Landschaftspark an der Spree, ließ der König für seinen jüngsten Bruder das Schloß Bellevue erbauen, das heute dem Bundespräsidenten als Berliner Amtssitz dient und damit die enge politische Verbindung zwischen West-Berlin und der Bundesrepublik Deutschland sinnfällig zum Ausdruck bringt. In einer dem preußischen Geist verpflichteten Architekturgesinnung erbaute C. G. Langhans von 1788 bis 1791 das Brandenburger Tor, das als freie Nachgestaltung der Propyläen in Athen den glanzvollen Abschluß der via triumphalis Unter den Linden bildete. Eine sechs Meter hohe Quadriga mit der Siegesgöttin krönte das berühmte Bauwerk, das zwar im Zuge der kontinuierlichen Stadterweiterung bald ihre Schutz- und Kontrollfunktion verlor, dafür aber zum Schauplatz politischer und militärischer Machtdemonstrationen und zum weltbekannten Wahrzeichen der Hauptstadt des Deutschen Reiches wurde. Der Bau der Berliner Mauer am 13. August 1961 machte das Brandenburger Tor, vor dem seit 1945 die Grenze zwischen dem sowjetischen und den westlichen Stadtsektoren verlief, zu einem erschütternden Symbol der Teilung Deutschlands, gleichzeitig aber auch zu einem ermutigenden Sinnbild der Zusammengehörigkeit aller Deutschen. Und was alle Menschen in Ost und West ersehnt und doch nicht zu hoffen gewagt haben, geschah, als sich Ende 1989 in der DDR völlig unerwartet und in atemberaubendem Tempo eine tiefgreifende „friedliche Revolution" vollzog. Die umwälzenden Ereignisse haben die Berliner Mauer zwar noch nicht beseitigt, sie aber an vielen Stellen bereits durchlässig gemacht. Es ist abzusehen, daß die Mauer sowie alle Befestigungsanlagen an der innerdeutschen Grenze in naher Zukunft beseitigt sind, damit das wieder „zusammenwächst, was zusammengehört".

Im 19. Jahrhundert erlebte und überlebte Berlin als Hauptstadt des mächtigsten deutschen Staates die Besetzung durch die siegreichen Truppen Napoleons und die revolutionären Unruhen der Jahre 1848/49. Der weitere Ausbau der Residenzstadt, der nun im vorherrschenden klassizistischen Stil erfolgte, begann mit der 1818 von K. F. Schinkel errichteten Neuen Wache, die heute als Mahnmal für die Opfer des Faschismus und

Schloß Charlottenburg ist der schönste Barockbau der preußischen Königsresidenz des frühen 18. Jahrhunderts. Im Ehrenhof steht das großartige Reiterstandbild des Großen Kurfürsten von Andreas Schlüter.

The château of Charlottenburg is the most beautiful early 18th century Baroque residence of Prussian royalty. Andreas Schlüter's magnificent equestrian statue of the Great Elector stands in the Court of Honour.

Le château de Charlottenburg est le plus bel édifice baroque de la résidence du roi de Prusse du début du XVIIIème siècle. Dans la cour d'honneur se trouve la magnifique statue équestre du grand prince électeur, créée par Andreas Schlüter.

S. 330 ⟶

Das vor 200 Jahren erbaute Brandenburger Tor wurde zum weltbekannten Wahrzeichen Berlins.

The Brandenburg Gate, built 200 years ago, has become the world-famous landmark of Berlin.

La porte de Brandebourg, édifiée il y a 200 ans, est devenue l'emblême mondialement connu de Berlin.

329

Militarismus dient. Die einsetzende Industrialisierung ließ in und um Berlin neue Stadtviertel mit Hunderten von Fabriken und langen Straßenschluchten mit hohen, tiefgestaffelten Wohnblocks entstehen, die Berlin zur größten Mietskasernenstadt der Welt machten. Mit den ersten klassizistischen Museumsbauten erhielt die Schloßinsel einen neuen architektonischen Akzent und kulturellen Mittelpunkt; das 1869 fertiggestellte Rote Rathaus zwischen Nokolai- und Marienkirche, das seinen Namen von der rotleuchtenden Backsteinfassade erhielt,

hob die Bedeutung des von den Berlinern frei gewählten Magistrats hervor.

Beinahe vierhundert Jahre hindurch war das aus bescheidenen Anfängen entstandene Berlin die Residenzstadt der brandenburgischen Kurfürsten und preußischen Könige gewesen, bevor es 1871 zur Hauptstadt des zweiten deutschen Kaiserreichs aufstieg. Eine bei den meisten Hohenzollern ausgeprägte Vorliebe für alles Militärische, die Einhaltung der legendären preußischen Ordnung und Strenge bestimmten das Leben am Hofe und weitgehend auch in der Öffentlich-

Der Dom, zu dem die Schinkel-Brücke führt, war die „Hauptkirche des preußischen Protestantismus".

The Schinkel Bridge leads to the cathedral, formerly the "High Church of Prussian Protestantism".

La cathédrale à laquelle le pont de Schinkel conduit, était ›l'église principale du protestantisme prussien‹.

Von unermeßlichem Wert sind die Kunstschätze der Berliner Museen. Das linke Bild zeigt die weltberühmte Kalksteinbüste der Königin Nofretete aus Amarna, die um 1355 v. Chr. entstand und heute im Ägyptischen Museum der Staatl. Museen Preußischer Kulturbesitz in West-Berlin zu sehen ist.

The art treasures of Berlin's museums are priceless. On the left is the world famous limestone bust of Queen Nefertiti of Amarna, dating from around 1355 B.C. and now displayed in the Egyptian Museum in West Berlin.

Les trésors des musées de Berlin sont d'une valeur incommensurable. La photo de gauche montre le buste en pierre à chaux mondialement connu de la reine Néfertiti d'Amarna qui fut créé vers 1355 avant J.-C. et que l'on peut voir de nos jours au ›Musée égyptien des musées d'Etat de collection de culture prussienne‹ à Berlin-Ouest.

Ein architektonisches und künstlerisches Juwel an der Prachtstraße Unter den Linden ist das im 18. Jahrhundert von Knobelsdorff erbaute Opernhaus, das mehrmals ausbrannte und nach 1945 als Deutsche Staatsoper im klassizistischen Stil wiedererrichtet wurde.

An architectural and artistic jewel on the magnificent avenue of Unter den Linden is the 18th century opera house built by Knobelsdorff which was burnt down several times and rebuilt in the Neo-Classical style after 1945 to house the German State Opera.

L'opéra construit par Knobelsdorff au XVIIIème siècle est un joyau artistique et architectonique sur la belle avenue ›Unter den Linden‹ (Sous les tilleuls). Il brûla plusieurs fois et fut reconstruit en style néo-classique en tant qu'opéra d'Etat allemand après 1945.

Zu den besonderen Kostbarkeiten des Pergamon-Museums in
Ost-Berlin gehört das gewaltige
Ischtar-Tor, das in der Stadt Babylon zur Zeit Nebukadnezars zu
Ehren der Göttin Ischtar errichtet
wurde. Auf den Wänden aus gla-
sierten Ziegeln sind Ornamente
und Tiere dargestellt.

One of the many marvels of the
Pergamon Museum in East Berlin
is the huge Ishtar Gate built in the
city of Babylon during the reign of
Nebuchadnezzar in honour of the
goddess Ishtar. The glazed brick
walls portray ornaments and ani-
mals.

La gigantesque porte d'Ischtar,
qui fut construite en l'honneur de
la déesse Ischtar à l'époque de
Nabuchodonosor dans la ville de
Babylone, fait partie des pièces
précieuses particulières du ›Per-
gamon-Museum‹ à Berlin-Est.

←   S. 332 oben rechts

Vor 100 Jahren wurde die Figur
der Berolina, der „Stadtgöttin"
Berlins, in Bronze gegossen. Sie
steht im Märkischen Museum in
Ost-Berlin.

This statue of Berolina, the "goddess of the city" of Berlin was cast
in bronze 100 years ago and can
be seen today in the Märkisches
Museum in East Berlin.

La statue de Berolina, la ›déesse
de la ville‹ de Berlin fut coulée en
bronze, il y a un siècle. Elle se
trouve au ›Märkisches Museum‹
de Berlin-Est.

keit. Aber daneben und teilweise auch im bewußten Gegensatz dazu entstand eine einflußreiche bürgerliche Kultur, zu deren Repräsentanten viele bedeutende Persönlichkeiten der Wissenschaft, Philosophie und Theologie gehörten. In den Berliner Salons des Bildungsbürgertums trafen sich die angesehensten Gelehrten, Künstler und Literaten, um im Geiste der Aufklärung vorurteilsfrei und kritisch über die sie bewegenden großen Fragen ihrer Zeit zu debattieren. Die politischen Anschauungen und Forderungen der Französischen Revolution waren starke Impulse für die Herausbildung und Festigung einer allgemeinen liberalen Geisteshaltung, die in unterschiedlichen Gruppierungen und Manifestationen und schließlich in der Revolution von 1848/49 nachhaltigen Ausdruck fand. Auf den altstädtischen Friedhöfen sind noch die Gräber vieler berühmter Berliner Bürger erhalten, deren Leben und Schaffen in der geistigen und künstlerischen Entwicklung der Stadt bleibende Spuren hinterlassen haben. Nach den Worten des Historikers Hagen Schulze offenbarte sich in Berlin stärker als im übrigen Preußen „das schwierige Verhältnis von Staat und Geist, einer der folgenreichsten Schwächen des preußischen Staatswesens".

Von der Reichshauptstadt zur Weltstadt

Nur 74 Jahre lang war Berlin die Hauptstadt eines vom Ausland teils mit Respekt, teils mit Unbehagen und zuletzt mit unverhohlener Feindschaft betrachteten Deutschen Reiches. Es waren Jahre eines zügellosen nationalen Machtbewußtseins und hemmungslosen Fortschrittglaubens, aber auch eine Zeit gewaltiger politischer Massenbewegungen und unvorstellbarer Verirrungen und Zusammenbrüche.

Bereits in den ersten Jahren erlebte die Hauptstadt, deren Einwohnerzahl bis 1870 auf 774 000 angestiegen war, einen rasanten politischen, wirtschaftlichen und kulturellen Aufschwung. Die Einrichtung neuer Reichs-

behörden und zahlloser ihnen unterstellten Verwaltungen und öffentlichen Einrichtungen und der damit notwendige Ausbau des Versorgungs- und Verkehrsnetzes führte zu einer überhitzten Baukonjunktur und einer nie dagewesenen Investitionstätigkeit von Firmen und Banken. Die Museumsinsel, auf der in wenigen Jahrzehnten das Alte und Neue Museum, das Bodemuseum, die Nationalgalerie und noch 1930 das Pergamonmuseum errichtet wurden, glich einer märchenhaften Schatzinsel, deren einzigartige, berühmte Sammlungen aus der Antike und den verschiedenen Bereichen der deutschen und europäischen Kunst jährlich Hunderttausende von Besuchern nach Berlin lockten. 1894 konnte das deutsche Parlament das in der Nähe des Brandenburger Tores entstandene prunkvolle Reichstagsgebäude beziehen, das bis zu seiner Zerstörung im Februar 1933 ein wichtiger Brennpunkt deutscher Geschichte war.

Der 1. Weltkrieg und die Revolution vom November 1918, aus der die Weimarer Republik als erster demokratischer Staat in Deutschland hervorging, lähmten die größte Industriestadt auf dem Kontinent zwar in ihrer wirtschaftlichen Leistungsfähigkeit, verhinderten aber nicht, daß sich Berlin in den „Goldenen Zwanziger Jahren" zu einer vielbewunderten Weltstadt der Kunst und Kultur entwickelte, bevor der Nationalsozialismus mit seiner perversen Kunstfeindlichkeit dieser Glanzzeit ein jähes Ende bereitete. Besonders auf dem Gebiet des Theaters und der Musik, aber auch in der Literatur und im Zeitungswesen erwarb sich die Stadt – von den hervorragenden Leistungen in Wissenschaft und Forschung abgesehen – mit beispielhaften Aufführungen und Publikationen internationale Anerkennung, die auch der Arbeit einer hohen Zahl jüdischer Künstler und Kunstmäzene galt. Nach dem 1920 erfolgten Zusammenschluß Berlins mit sieben bis dahin selbständigen Städten, 59 Landgemeinden und 27 Gutsbezirken betrug die Einwohnerzahl Groß-Berlins mehr als vier Millionen, von denen der weit-

S. 335 →

In den zwanziger Jahren entwickelte sich der Kurfürstendamm zwischen Kaiser-Wilhelm-Gedächtniskirche und Halensee zu einer Prachtstraße von weltstädtischer Eleganz. Mode- und Schmuckgeschäfte, Cafés, Theater und Galerien zogen und ziehen noch immer Besucher aus aller Welt an.

The Kurfürstendamm, which runs between the Kaiser Wilhelm Memorial Church and the Halensee lake, developed during the 1920s into a prestigious boulevard of cosmopolitan elegance. Then, as now, boutiques and jewellery stores, cafés, theatres and galleries attracted visitors from all over the world.

Dans les années 20, le Kurfürstendamm entre ›l'église du souvenir‹ (Gedächtniskirche) de l'empereur Guillaume et le Halensee, est devenue une magnifique avenue d'un luxe métropolitain. Des boutiques de mode et des bijouteries, des salons de thé, des théâtres et des galeries attirèrent et attirent toujours des visiteurs du monde entier.

aus größte Teil sozialdemokratisch wählte. Neben den bekannten Einkaufs- und Vergnügungszentren in den älteren Stadtteilen präsentierte sich der Kurfürstendamm zwischen Kaiser-Wilhelm-Gedächtniskirche und Halensee als ein in Glanz und Luxus erstrahlender Flanier-Boulevard mit exklusiven Modegeschäften und stilvollen Caféhäusern. Mit der 1923 beginnenden Arbeit des Berliner Rundfunks, dessen 150 Meter hoher Funkturm bald zu einem bekannten Wahrzeichen der Stadt wurde, erhielt Berlin eine neue kulturelle Ausstrahlungskraft. Besondere sportliche Attraktionen waren die beliebten Veranstaltungen im Schöneberger Sportpalast und auf der Avus, vor allem aber die XI. Olympischen Spiele von 1936, für die an der Heerstraße nach Spandau das mit etwa 90 000 Zuschauerplätzen bis heute größte Stadion in Deutschland gebaut wurde.

Leben in der geteilten Stadt

Nach dem Willen Hitlers sollte Berlin, obgleich er zu der Stadt keine echte innere Beziehung finden konnte, das ins Gigantische gesteigerte Machtzentrum eines germanischen Weltimperiums werden. Aber schon nach wenigen Jahren nationalsozialistischer Herrschaft sank die Reichshauptstadt unter dem Bombenhagel pausenloser Luftangriffe in Schutt und Asche, der Rest fiel den Panzern der sowjetischen Truppen zum Opfer, die im Mai 1945 die zerstörte Stadt eroberten und auf dem Brandenburger Tor die rote Fahne hißten. Berlin wurde zur Viersektorenstadt, für die die Siegermächte die gemeinsame politische und militärische Verantwortung übernahmen. Die Gründung der Bundesrepublik Deutschland und der DDR im Jahre 1949 machten die Demarkationslinie zwischen den Westsektoren und dem sowjetisch besetzten Sektor zu einer politischen Grenze, über die aber in den folgenden zwölf Jahren noch Hunderttausende von Flüchtlingen aus der DDR und Ost-Berlin in den freien Teil der Stadt gelangten. Erst die am 13. August 1961 von der DDR errichtete

Mauer, die mit einer Länge von 117 Kilometer ganz West-Berlin einschloß und seitdem über 45 Kilometer die Stadt von Norden nach Süden durchzog, konnte den anhaltenden Flüchtlingsstrom stoppen. Mehr als 28 Jahre galt die Berliner Mauer in der ganzen Welt als ein Symbol der Unfreiheit und Unterdrückung. Der von den Siegermächten geschaffene Vier-Mächte-Status wurde auf beiden Seiten der Mauer völlig unterschiedlich interpretiert und praktiziert. Während die politische Führung der DDR Ost-Berlin zur „Hauptstadt der DDR" erklärte, in der nicht nur alle zentralen Staatsorgane ihren Sitz hatten, sondern auch große Truppenparaden der Nationalen Volksarmee stattfanden, war die politische Zugehörigkeit West-Berlins zur Bundesrepublik Deutschland manchen Einschränkungen unterworfen, zu denen auch die Wahrnehmung offizieller Regierungsgeschäfte gehörte, von der Abwesenheit bundesdeutscher Truppen ganz zu schweigen.

Vieles war seit dem 13. August 1961 in Berlin anders, schwieriger, hintergründiger, verglichen mit der Situation anderer Hauptstädte in Europa. Die Mauer war eine – auch im wörtlichen Sinne – unübersehbare Realität, die im Laufe der Jahre zu einer politischen Normalität zu werden drohte. Und die Berliner lernten in ihr und mit ihr zu leben – auch die West-Berliner, die auf allen Seiten an nahe Grenzen stießen. Der in der Nähe des Brandenburger Tores gelegene Potsdamer Platz, der bis zum 2. Weltkrieg der verkehrsreichste Platz in Europa war, wurde zur menschenleeren, öden Steinwüste. Der Alexanderplatz in Ost-Berlin, durch Alfred Döblins gleichnamigen Roman berühmt geworden, und der Breitscheid-Platz an der Kaiser-Wilhelm-Gedächtniskirche in West-Berlin hatten längst seine Aufgabe übernommen. Der Fernsehturm in Charlottenburg mußte seine „überragende" Stellung an den mit westdeutscher Finanzhilfe am „Alex" errichteten Fernsehturm abtreten, der mit einer Gesamthöhe von 365 Meter inzwischen zu einem neuen Wahrzeichen

Fast 70 Meter hoch ist die Siegessäule am Großen Stern, deren vergoldete Viktoria an die Siege von 1864, 1866 und 1870/71 erinnern soll.

The Victory Column at the ›Grosser Stern‹ is almost 70 m high. Its golden statue of Victory is in memory of the victories of 1864, 1866 and 1870/71.

La colonne de la victoire sur la place ›Grosser Stern‹ mesure 70 mètres. La déesse dorée doit rappeler les victoires de 1864, 1866 et 1870/71.

Drangvolle Enge und echte Berliner Atmosphäre herrschen – wie in den meisten Berliner Lokalen – im Café Einstein im West-Berliner Bezirk Tiergarten.

The crowded Café Einstein in the Tiergarten district of West Berlin has a typically Berlin atmosphere.

La véritable atmosphère berlinoise et l'ambiance de la foule règnent – comme dans la plupart des cafés de Berlin – dans le salon de thé Einstein du quartier ›Tiergarten‹ de Berlin-Ouest.

In der Havel im Südwesten Berlins liegt die kleine, romantische Pfaueninsel, auf der König Friedrich Wilhelm II. 1793 ein Lustschloß für seine Mätresse, die schöne Wilhelmine Enke, als Ruine erbauen ließ.

In the Havel, in the south-west of Berlin, lies the romantic little Peacock Island on which King Friedrich Wilhelm II built a folly in the form of a ruined château in 1793 for his mistress, the beautiful Wilhelmine Enkel.

Sur la Havel au sud-ouest de Berlin se trouve la petite île romantique ›du Paon‹, où le roi Frédéric-guillaume II fit construire un château de plaisance ressemblant à une ruine pour sa maîtresse, la belle Wilhelmine Enke, en 1793.

Berlins geworden ist. Gegenüber dem wiederhergestellten Dom wurde ein Teil des ehemaligen Lustgartens zum Marx-Engels-Platz umgestaltet, auf dem die von Staat und Partei organisierten politischen Großveranstaltungen stattfanden. Ost-Berlin entwickelte sich aber auch zu einem geistigen und wissenschaftlichen Zentrum der DDR mit mehreren anerkannten Hochschulen und Akademien sowie über 300 Bibliotheken, unter denen die Deutsche Staatsbibliothek einen herausragenden Platz einnimmt.

West-Berlin, das nach dem 2. Weltkrieg nur über einen verhältnismäßig kleinen Teil der erhaltengebliebenen historischen Bauten und kulturellen Einrichtungen verfügte, mußte für die Schaffung eines neuen kulturellen und geistigen Zentrums außergewöhnliche Anstrengungen unternehmen, deren Ergebnis heute die Existenz zahlreicher Theater, Museen sowie Forschungs- und Dokumentationszentren ist. Professoren und Studenten der Humboldt-Universität und anderer Hochschulen in Mitteldeutschland gründeten 1948 in Dahlem die Freie Universität Berlin als eine Stätte freier Forschung und Lehre. Das Musikleben, an dessen Spitze das weltberühmte Orchester der Berliner Philharmoniker steht, wurde durch den Bau der Philharmonie und des neuen Opernhauses gefördert. Besondere kulturelle Höhepunkte sind die Berliner Festwochen,

die Internationalen Filmfestspiele und die Internationale Funkausstellung auf dem Messegelände am Funkturm, wo 1979 das ICC Berlin als eines der größten und modernsten Kongreßzentren der Welt errichtet wurde. Der wachsende Reiseverkehr von und nach West-Berlin, der durch den Bau des Flughafens Tegel wesentlich erleichtert wurde, macht deutlich, daß dieser freie Teil der Stadt trotz seiner schwierigen Insellage internationale Bedeutung und Anerkennung gefunden hat. Die friedliche Revolution in der DDR vom 9. November 1989 hat auch die politische Situation in Berlin grundlegend verändert. Die Öffnung zahlreicher Grenzübergänge und die ungestörte Arbeit

unzähliger „Mauerspechte" haben die Existenz dieser unmenschlichen, tödlichen Befestigungsanlage nahezu überflüssig gemacht. Die Menschen können wieder ungehindert von einem Teil der Stadt in den anderen gelangen, die vielen unterbrochenen Verkehrsverbindungen zwischen West- und Ost-Berlin werden wiederhergestellt. Berlin ist im Begriff, wieder eine politische und wirtschaftliche Einheit zu werden. Und es wird wieder das werden, was es bereits vor mehr als 60 Jahren gewesen ist, nämlich eine attraktive und liebenswerte Kulturstadt Europas.

Das Internationale Congress Centrum am Funkturm, kurz ICC genannt, wurde 1979 eröffnet und ist eines der größten und modernsten Kongreßzentren der Welt.

The International Congress Centre (ICC) by the radio tower was opened in 1979 and is one of the world's largest, most modern congress centres.

Le ›Centre international des congrès‹ appelé ICC, fut inauguré en 1979 et est un des plus grands et des plus modernes palais des congrès du monde.

5. Mecklenburg – das Land, das ferne leuchtet

Teilen und herrschen

Die immer noch steigenden Zahlen der Urlauber, die sich in den Sommermonaten an der Ostseeküste zwischen Boltenhagen und Graal-Müritz und an den dünnbesiedelten Ufern der großen, oft ineinander übergehenden Seen der Mecklenburgischen Seenplatte tummeln, beweisen, daß Mecklenburg zu den attraktivsten und erholsamsten Landschaften Deutschlands gehört. Es klingt wie die Beschreibung eines unendlich fernen Märchenlandes, was der Schriftsteller und Wissenschaftler Johann Lauremberg zu Beginn des 17. Jahrhunderts auf die Rückseite der in Amsterdam erschienenen Lauremberg'schen Karte niedergeschrieben hat: „Es ist vor alten Zeiten ein Theil des Königreichs der Wenden gewesen und erstreckt sich längst dem Mare Balthico, oder dem Balthischen Meer, gränzet gegen Orient mit Pommern, gegen Occident beschleust es die Elbe, gegen Mittag liegt es an der Marck Brandenburg und gegen Mitternacht am Balthischen Meer. Die ersten Inwohner dieses Landes werden in der Historien Herili, Obotritae und mit einem Namen Vandali oder Wenden genennet. Das Land ist mit schönen wohlbebauten und voelckreichen Stätten gezieret." Zwischen den Aussagen der letzten beiden Sätze muß man sich allerdings einen Zeitraum von mehreren Jahrhunderten vorstellen, denn die „volkreichen Städte" entstanden erst seit der Mitte des 12. Jahrhunderts, als nach der Unterwerfung des Obodritenfürsten Niklot durch Herzog Heinrich den Löwen deutsche Siedler ins Land kamen und feste Handelsplätze und Kaufmannssiedlungen anlegten, die in vielen Fällen die slawischen Namen älterer wendischer Anlagen fortführten. Nachdem Niklots Nachfolger Pribislaw das Christentum angenommen und dem deutschen Kaiser als lehnspflichtiger Vasall gehuldigt hatte, übernahm er erneut die Regierung über das bis zur Peene eroberte Land und begründete damit eine der dauerhaftesten Herrscherdynastien im deutschen Reich, die erst im November 1918 zu Ende ging.

Das slawische Fürstenhaus, 1348 in den Herzogstand erhoben, nahm wiederholt eine Teilung von Land und Herrschaft vor, doch behielt die in Mecklenburg-Schwerin regierende Linie die politische Führung. Durch die letzte Teilung im Jahre 1701 entstand in Ostmecklenburg das kleine Herzogtum Strelitz, das ebenso wie das wesentlich bedeutungsvollere Schwerin auf dem Wiener Kongreß 1815 die Würde eines Großherzogtums erhielt.

Die Stammburg der Obodritenfürsten und späteren Herzöge von Mecklenburg-Schwerin lag auf einer kleinen Insel am südwestlichen Ende des Schweriner Sees. Heinrich der Löwe, der am gegenüberliegenden Ufer im Jahre 1160 die Stadt Schwerin gegründet hatte, ließ die slawische Burg durch einen Neubau ersetzen, der im 16. Jahrhundert zu einem Renaissanceschloß umgestaltet wurde. Von 1845 bis 1857 veränderte und erweiterte der Baumeister G. A. Demmler die nicht abgeschlossene fünfeckige Anlage nach dem Vorbild des Schlosses Chambord an der Loire zu einem mächtigen, vielgestaltigen Gebäudekomplex, der mit seinen unterschiedlichen Baustilen, seinen zahlreichen Türmen, Giebeln und Spitzen als einer der bedeutendsten und schönsten Schloßbauten des 19. Jahrhunderts in der DDR gilt.

S. 341 ⟶

Lage und Architektur verleihen dem Schweriner Schloß ein märchenhaftes Aussehen. Erst im 19. Jahrhundert erhielt die Residenz der Großherzöge von Mecklenburg-Schwerin nach dem Vorbild des Schlosses Chambord an der Loire ihre heutige Gestalt. Ein Teil der Schau- und Prunkräume wurde in jahrzehntelanger Arbeit restauriert.

Both its site and its architecture lend Schwerin Castle a fairytale air. The residence of the Grand Dukes of Mecklenburg-Schwerin did not take on its present appearance (based on the château of Chambord on the Loire) until the 19th century. Years of work have gone into restoring a number of the public and state rooms.

Sa situation et son architecture donnent son aspect féérique au château de Schwerin. Ce n'est qu'au XIXème siècle que la résidence de grands ducs de Mecklembourg-Schwerin reçut sa forme actuelle, à l'exemple du château de Chambord sur la Loire. Une partie des salles d'apparat et de visite furent restaurées en dix années de travail.

Der Gesamteindruck seiner märchenhaften Architektur wird noch durch den angrenzenden Barockgarten und die das Ganze umschließenden Seen großartig gesteigert. Bis zur 825-Jahrfeier 1985 wurde ein Teil der achtzig historischen Räume sorgfältig restauriert, darunter der prunkvolle Thronsaal und der Königssaal, der nie von einem König betreten wurde und heute als Schloß-Café dient.

Das Bistum war von Heinrich dem Löwen nördlich der Stadt beim heutigen Dorf Mecklenburg, dessen Name sich auf das ganze Land übertrug, gegründet worden. Bereits im Jahre 1167 wurde es nach Schwerin verlegt, doch die Bischöfe residierten nicht in der „Stadt der Seen und Wälder", sondern ab

1239 im Schloß zu Bützow, das erst kurz zuvor eigene Stadtrechte erhalten hatte. Die wirtschaftliche Entwicklung dieser kleinen Stadt wurde durch die um 1700 eingewanderten Hugenotten gefördert, die eine französische Kolonie gründeten und ihr Brot als Wollweber und Tabakanbauer verdienten. Einen besonderen kulturellen Höhepunkt erlebte Bützow, als die Rostocker Universität während des Siebenjährigen Krieges für einige Jahrzehnte hierher verlegt wurde.

Geistlicher und architektonischer Mittelpunkt der Bischofsstadt Schwerin war der 1270 begonnene und bis zum 15. Jahrhundert im gotischen Stil vollendete Dom, dessen 117 Meter hoher Turm aber erst um 1890 errichtet wurde. Mit ihrem hochaufragenden, gie-

Schwerin wurde 1160 von Heinrich dem Löwen gegründet. Als Sitz eines Bischofs erhielt die Stadt am Ende des 13. Jahrhunderts einen gotischen Dom, dessen Turm vor 100 Jahren durch einen 117 Meter hohen Neubau ersetzt wurde. Vor dem Dom erstreckt sich am Markt das säulengeschmückte Neue Gebäude aus dem 19. Jahrhundert.

Schwerin was founded in 1160 by Henry the Lion. As an episcopal see, the town built a Gothic cathedral at the end of the 13th century. The spire was replaced by a new 117 m high spire 100 years ago. In front of the cathedral is the pillared "New Building" dating from the 19th century.

La ville de Schwerin fut fondée par Henri le Lion en 1160. A la fin du XIIIème siècle la ville, en tant que ville épiscopale reçut une cathédrale gothique, dont le clocher fut remplacé il y a un siècle par un autre, haut de 117 mètres. Devant la cathédrale, près du Marché s'étend le ›Nouveau Bâtiment‹ décoré de colonnes datant du XIXème siècle.

belgeschmückten Querschiff und ihrer reichen Innenausstattung, zu der auch ein um 1440 in Lübeck entstandener gotischer Kreuzaltar gehört, ist die dreischiffige Basilika einer der wichtigsten ostelbischen Kirchenbauten des Mittelalters. Die Auflösung des Bistums Schwerin 1648 bedeutete eine Stärkung der weltlichen Macht, dennoch vergingen noch nahezu zwei Jahrhunderte, bis die mittelalterliche Stadtgrenze erweitert wurde. Zu den im 19. Jahrhundert errichteten repräsentativen Bauwerken der Stadt, die 1848 erst knapp 20 000 Einwohner besaß, zählen neben dem Arsenal und dem Regierungsgebäude vor allem das am Alten Garten 1882 eröffnete Staatliche Museum, heute das bedeutendste Kunstmuseum im Norden der DDR, und das kurz danach neuerbaute Mecklenburgische Staatstheater, an dem Conrad Ekhof bereits 1753 die erste deutsche Schauspielakademie gegründet hatte. Fast zur selben Zeit verlegte der Herzog von Schwerin seine Residenz in das zu einem großartigen Barockschloß ausgebaute Jagdhaus in Klenow, das nach ihm den Namen Ludwigslust erhielt. Das mit Sandstein verkleidete Bauwerk, dessen Schauseite mit vierzig überlebensgroßen Figuren und Vasen geschmückt ist, steht am Eingang einer barocken Parkanlage, die im 19. Jahrhundert von J. P. Lenné teilweise in einen englischen Landschaftspark umgewandelt wurde. Der Ort Ludwigslust, der sich neben der Barockresidenz sehr bescheiden ausnahm, wurde erst 1876 zur Stadt erhoben, vierzig Jahre nachdem der Hof wieder nach Schwerin zurückgekehrt war.

Die aus der zweiten Teilung hervorgegangene Linie Mecklenburg-Güstrow, die im Jahre 1695 wieder erlosch, ließ die in Güstrow noch existierende Burg der Fürsten von Werle im 16. Jahrhundert zu einem der bedeutendsten Renaissanceschlösser in Norddeutschland ausbauen. Die reich dekorierten Innenräume der Dreiflügelanlage wurden von 1964 bis 1972 restauriert und geben den kulturellen Veranstaltungen der Stadt einen würdigen Rahmen. Weitere

künstlerische Glanzpunkte in Güstrow sind die unter Denkmalschutz stehende Altstadt mit dem gotischen Dom, zu dessen Kunstschätzen ein spätgotischer Flügelaltar von 1500 und Barlachs Schwebender Engel gehören, sowie die Gertrudenkapelle und das Atelierhaus Ernst Barlachs, in denen die meisten Werke des berühmten Bildhauers, Graphikers und Dichters, der von 1910 bis zu seinem Tod 1938 in der Stadt lebte, zu sehen sind.

In Ostmecklenburg entstand 1701 das kleine Herzogtum Mecklenburg-Strelitz, dessen Residenzstadt von 1713 bis 1918 die östlich des Müritz-Sees gelegene Barockstadt Neustrelitz war. Das Schloß, noch vor der Gründung der Stadt 1733 erbaut, wurde im 2. Weltkrieg zerstört, doch vermitteln die 1859 erbaute neugotische Schloßkirche und der kunstvoll angelegte Schloßpark mit Theater, Orangerie und figurengeschmückten Götteralleen einen hinreichenden Eindruck von der früheren Prachtentfaltung der herzoglichen, seit 1815 großherzoglichen Residenz. Als Sommerresidenz diente den Großherzögen das Barockschloß in Mirow, das mit seinen symmetrisch angeordneten, reich ausgestatteten Räumen auf französische Vorbilder zurückgeht.

Der aus Lübeck stammende Kreuzaltar im Schweriner Dom zeigt in seinem Mittelteil eine vielfigurige Kreuzigungsszene.

The altar in Schwerin Cathedral originated in Lübeck. The central section portrays the crucifixion.

L'autel de la Croix provenant de Lübeck dans la cathédrale de Schwerin montre une scène de la Crucifixion avec beaucoup de personnages dans sa partie centrale.

Im 16. Jahrhundert wurde in Güstrow ein prunkvolles Renaissanceschloß errichtet, das nach jahrelangen Restaurierungsarbeiten heute wieder besichtigt und für besondere Veranstaltungen genutzt werden kann.

In the 16th century, a magnificent Renaissance palace was built in Güstrow. After years of restoration work, the palace is now open to visitors and is also used for special occasions.

Un magnifique château Renaissance fut construit à Güstrow au XVIème siècle. Après des travaux de restauration qui durèrent des années, il peut être de nouveau visité de nos jours et utilisé pour des manifestations particulières.

Diese – keineswegs vollständige – Übersicht über die Herzogsschlösser in Mecklenburg beweist, daß die seit dem Mittelalter regierenden wendischen Fürsten durchaus bereit waren, das Land entsprechend dem bei ihnen geltenden Erbfolgerecht zu teilen. Was sie jedoch beharrlich ablehnten, war eine Teilung der Herrschaft selbst, ein Verzicht auf angestammte Rechte und eine Anpassung an die allgemeine geistige und politische Entwicklung im deutschen Reich. In den mecklenburgischen Herzogtümern gab es bis 1918 keinerlei politisches Wahl- oder Mitspracherecht für das Volk, sondern nur eine bis ins 13. Jahrhundert zurückreichende landständische Verfassung, nach der die Bürgermeister der Städte, die meist adeligen Gutsbesitzer und weitere vom Herzog selbst ernannte Mitglieder sich abwechselnd in Sternberg und Malchin zu Landtagen versammelten, die in erster Linie der Sicherung ihrer ständischen Interessen

gegen alle bürgerlichen Reformbestrebungen dienten. Die Ideen der Aufklärung und Revolution und selbst der gemäßigte Konstitutionalismus der Bismarckzeit wurden als Gefährdung ihrer antiquierten Staats- und Gesellschaftsordnung mit allen Mitteln bekämpft. Die Zeit schien in Mecklenburg stehengeblieben zu sein; bis zur Auflösung der deutschen Monarchie waren alte Rechtstitel und ansehnlicher Grundbesitz notwendige Voraussetzung für die Übernahme und Ausübung politischer Macht.

Im Schweiße deines Angesichts...

Zusammen mit einwandernden Bauern, Adligen und Kaufleuten kamen seit dem 12. Jahrhundert auch Zisterziensermönche nach Mecklenburg, die ihren Auftrag, „Stifter des Glaubens und Vertilger der Götzenbilder in Slavien" zu sein, nicht nur durch die Errichtung von Kirchen und Klöstern, sondern auch

Das Kloster Doberan ist ein hervorragendes Beispiel für die seit dem 13. Jahrhundert geleistete Kulturarbeit des Zisterzienserordens während der deutschen Ostkolonisation. Die Münsterkirche entstand als gotischer Backsteinbau nach dem Vorbild der Lübecker Marienkirche im 13. und 14. Jahrhundert.

Doberan monastery is an excellent example of the cultural achievements of the Cistercian Order during Germany's eastern colonisation. The collegiate church was built in the 13th and 14th century as a Gothic brick minster modelled along the lines of St. Mary's in Lübeck.

Le couvent de Doberan est un excellent exemple du travail culturel entrepris par l'ordre cistercien depuis le XIIIème siècle pendant la colonisation orientale allemande. La cathédrale fut construite en édifice gothique en briques, avec pour modèle l'église Sainte-Marie de Lübeck, au XIIIème et au XIVème siècle.

←   S. 344 oben rechts

1926/27 schuf Ernst Barlach den „Schwebenden" als Mahnmal für die Gefallenen des 1. Weltkrieges. Die im Nordschiff des Güstrower Doms hängende Bronzeplastik ist ein Neuguß von 1953.

Ernst Barlach created his „Hovering Angel" in 1926/27 as a memorial to those who fell in World War I. The bronze sculpture, which is suspended in the north aisle of Güstrow Cathedral was recast in 1953.

Ernst Barlach créa ›l'Ange suspendu‹ comme monument à la mémoire des morts à la première guerre mondiale, en 1926/27. La sculpture en bronze, suspendue dans la nef Nord de la cathédrale de Güstrow est une nouvelle fonte de 1953.

durch beispielhafte Rodungs- und Kultivierungsarbeiten zu erfüllen suchten. Im Jahre 1171 gründeten sie nahe der Ostseeküste das Kloster Doberan, dessen erste romanische Kirche durch einen gotischen Backsteinbau nach dem Vorbild der Lübecker Marienkirche ersetzt wurde. Das vollständig restaurierte Münster stellt mit seinen hochragenden, verzierten Giebelwänden und seiner reichen Innenausstattung eine einzigartige handwerkliche und künstlerische Leistung des Zisterzienserordens dar.

Ebenso wie bei den Mönchen bedurfte es bei den bäuerlichen Siedlern harter, geduldiger Arbeit, bis sie auf den ihnen zugeteilten Rodungshufen die erste Ernte einbringen konnten. Im Laufe von Jahrhunderten entstand in den Dörfern Mecklenburgs ein bodenständiges, gesundes Bauerntum, das durch intensiv betriebene Landwirtschaft und den Verkauf von Vieh und Getreide zu ansehnlichem Wohlstand gelangte. Ein großer Teil von ihnen geriet jedoch durch wirtschaftliche Mißerfolge und andere widrige

Von den vielen Windmühlen, die früher entlang der Ostseeküste standen, sind nur noch wenige als sehenswerte Kulturdenkmäler übriggeblieben. Ein besonders schönes Exemplar ist die guterhaltene Windmühle in Neubukow.

Of the many windmills that once dotted the Baltic coastline, only a handful now remain. A particularly fine example is the well-preserved windmill at Neubukow.

Des nombreux moulins à vent qui se trouvaient autrefois le long de la côte de la mer Baltique, il n'en reste plus que très peu, en monuments culturels dignes d'être vus. Un exemplaire particulièrement beau en est le moulin à vent bien conservé de Neubukow.

S. 347 oben ──────➤

Das ehemalige Benediktinerinnenkloster in Dobbertin wurde nach der Säkularisierung in ein evangelisches Damenstift umgewandelt; die Kirche wurde nach Plänen von K. Fr. Schinkel neugestaltet.

The former Benedictine convent at Dobbertin was converted to an Evangelical ladies' foundation after secularisation. The church was redesigned by K. Fr. Schinkel.

L'ancien couvent de bénédictines à Dobbertin fut transformé en couvent de femmes protestant; l'église fut refaite d'après les plans de K. Fr. Schinkel.

Umstände, oft auch durch geschickte Bodenspekulationen zahlungskräftiger Käufer, in eine drückende und nicht selten menschenunwürdige Abhängigkeit von Großbauern und Gutsbesitzern, die in prächtigen Herrenhäusern und Landschlössern wohnten. Wenn Eduard Beurmann in einem 1839 veröffentlichten Buch vorwurfsvoll feststellte: „Gott hat mehr für Mecklenburg gethan als die Menschen, die längst für bessere Landstraßen und bessere Posteinrichtungen hätten Sorge tragen können", so sprach er damit nur einige äußere Mißstände in den damaligen Großherzogtümern an. Bedeutend schlimmer als der Zustand der Landstraßen war die wirtschaftliche, soziale und menschliche Situation unzähliger Gutsarbeiterfamilien, die auf Grund der seit Jahrhunderten bestehenden Guts- und Erbuntertänigkeit jede vom Grundherrn verlangte Hof- und Feldarbeit erledigen mußten. Darüber hinaus unterstanden sie der Polizeigewalt und Gerichtsbarkeit des Grundherrn, der damit für sie die von Gott eingesetzte weltliche Obrigkeit verkörperte. Fritz Reuter, der große mecklenburgische Heimatdichter, schildert in seinen plattdeutsch geschriebenen Büchern diese noch im 19. Jahrhundert

den Autor einer damals erschienenen Ortsbeschreibung jedoch schon unerhört stark und aufregend: „In den neuesten Zeiten ward der Besuch so bedeutend, das für den ganzen Sommer fast alle Häuser, gegen 250 an der Zahl, mit Gästen gefüllt sind: ihre Zahl betrug in den letzten Jahren im Durchschnitt 1400." Diese beinahe paradiesisch anmutenden Zustände sind sicherlich für immer vorbei. Heute kommen jährlich über 100 000 Badegäste an den drei Kilometer langen, steinfreien Strand, und es gibt sichere Anzeichen dafür, daß ihre Zahl sich in den nächsten Jahren noch beträchtlich erhöhen wird.

Warnemünde wurde im 19. Jahrhundert zu einer wichtigen Industriestadt an der Ostseeküste ausgebaut. Heute ist der Überseehafen Rostock-Warnemünde der größte Seeumschlagplatz der DDR.

In the 19th century, Warnemünde expanded into a major industrial town on the Baltic coast. Today, the port of Rostock-Warnemünde is the GDR's major seaport.

Warnemünde devint une importante ville industrielle sur la côte de la Baltique au XIXème siècle. Aujourd'hui le port d'outre-mer de Rostock-Warnemünde est la plus grande place de transbordement de la R.D.A..

An der mecklenburgischen Küste sieht man noch viele dieser schönen Fischerhäuser, über deren weißgetünchte Wände sich hohe Reetdächer erheben.

Many of these lovely fishermen's cottages with the whitewashed walls and high thatched roofs can still be seen along the Mecklenburg coastline.

Sur la côte de Mecklembourg, on voit encore beaucoup de ces belles maisons de pêcheurs; au-dessus de leurs murs badigeonnés en blanc se dressent de hauts toits de roseaux.

Warnemünde ist nicht nur als Hafen- und Industriestadt bekannt, sondern auch als Ostseebad, an dessen steinfreien Stränden sich in jedem Jahr zehntausende von Urlaubern tummeln.

Warnemünde is famous not only as a port and industrial centre, but also as a seaside resort whose sandy beaches attract many thousands of holidaymakers every year.

Warnemünde n'est pas seulement connue comme ville portuaire et industrielle, mais aussi comme ville balnéaire sur la Baltique, où des dizaines de milliers de touristes viennent chaque année s'ébattre sur les plages de sables.

Wenn im Winter die Ostsee-
strände von Schnee bedeckt sind
und Eisschollen auf dem Wasser
treiben, sind Schwäne und Enten
die einzigen Badegäste.

In winter, when the Baltic
shoreline is covered in snow and
ice flows drift on the tide, only
swans and ducks brave the
water.

Quand les plages de la mer Baltique sont couvertes de neige et
que des blocs de glace flottent
sur l'eau, les cygnes et les ca-
nards y sont les seuls baigneurs.

6. Pommern –
Schicksal eines geteilten Landes

S. 359 ⟶

Auf Rügen, der größten und schönsten deutschen Insel, ragen bei Stubbenkammer die leuchtend weißen Kreidefelsen mit dem Königsstuhl über die bewaldete Steilküste empor – ein faszinierender Anblick und ein von Malern und Fotografen immer wieder neu entdecktes Bildmotiv.

On Rügen, Germany's largest and most beautiful island, the sparkling white chalk cliffs with the "Königsstuhl" tower above the wooded coast at Stubbenkammer. Many painters and photographers have tried to capture this fascinating scene.

Sur l'île de Rügen, la plus grande et la plus belle île allemande, les falaises de craie blanche et lumineuse se dressent avec le ›Königsstuhl‹ au-dessus de la falaise boisée – un spectacle fascinant et un motif toujours redécouvert par les peintres et les photographes.

Ein von Kultur verwöhnter und gesättigter Rheinländer oder Bayer, der vor hundert Jahren aus irgendeinem Grunde genötigt war – denn freiwillig wäre er wohl kaum dazu bereit gewesen –, eine Reise nach Pommern oder Ostpreußen anzutreten, war nach seiner Ankunft sicherlich bald davon überzeugt, daß das Schicksal ihn in ein in jeder Beziehung unkultiviertes, rückständiges Land verschlagen hatte, dessen Sprache er nicht einmal oder nur mit großer Mühe verstand. Und mancher Flüchtling und Vertriebener, der 1945 nach Westdeutschland kam, erntete für seine Erklärung, daß er aus den Gebieten jenseits von Oder und Weichsel stamme, nur ein Lächeln, das sowohl Geringschätzung als auch eine auf Unwissenheit beruhende Verlegenheit ausdrücken konnte. Allenfalls so bekannte Namen wie Stettin, Danzig und Königsberg ließen die Zuhörer aufhorchen und nötigten ihnen einen gewissen Respekt ab. Nach ihrer Überzeugung gab es in Deutschland seit eh und je ein starkes kulturelles West-Ost-Gefälle, dessen Neigungswinkel zur „kalten Heimat" hin beträchtlich war und für manchen von ihnen sich der Null-Marke näherte. Bis heute begegnet man nicht selten durchaus gebildeten Zeitgenossen, für die nicht nur Deutschland, sondern überhaupt das kultivierte, abendländische Europa an der Elbe aufhört.

Nun ist trotz aller Zerrbilder und Klischeevorstellungen der Begriff des „Kulturgefälles" in mancher Hinsicht zweifellos zutreffend. Pommern, ein von westslawischen Volksstämmen besiedeltes Land, das vom 12. bis zum 17. Jahrhundert von einheimischen Fürsten aus dem Greifenhaus regiert wurde, gehörte bis zu seiner Auflösung 1945 sicherlich nicht zu den bedeutenden Kulturlandschaften Deutschlands. Zwar begann bereits in der ersten Hälfte des 12. Jahrhunderts unter der Leitung des tatkräftigen Bischofs Otto von Bamberg die Christianisierung des Landes, die von den anschließend gegründeten Klöstern zu einer vielseitigen Kulturarbeit erweitert wurde, aber Erbstreitigkeiten im pommerschen Herzogshaus und Herrschaftsansprüche ausländischer Mächte erschwerten eine ruhige und kontinuierliche Entwicklung. Nachdem es Bogislaw X., dem bedeutendsten der pommerschen Herzöge, um 1500 gelungen war, die verschiedenen Teilherrschaften wieder zu einem Herzogtum zu vereinigen, in dem 1534 die Reformation eingeführt wurde, fügte der Dreißigjährige Krieg mit der wiederholten Eroberung durch kaiserliche und schwedische Truppen dem Land schwere Schäden zu. Der Westfälische Friede von 1648 beendete seine Selbständigkeit und sprach Hinterpommern dem Kurfürstentum Brandenburg, Vorpommern mit Rügen und Stettin der schwedischen Krone zu. 1720 konnte das junge Königreich Preußen einen Teil Vorpommerns, 1803 schließlich das ganze schwedisch besetzte Gebiet zurückgewinnen. Auch in den Nordischen Kriegen, im Siebenjährigen Krieg und zur Zeit Napoleons I. wurde das Land immer wieder von fremden Truppen besetzt, verwüstet und ausgeplündert. Für Friedrich d. Gr. hatte in der Innenpolitik die „Peuplierung" des Landes, die in Brandenburg und Pommern noch sehr zu wünschen übrigließ, unbedingte Priorität. Gegen den heftigen Widerstand der allen Neuerungen skeptisch gegenüberstehenden Bauern setzte er in Pommern den Anbau der Kartoffel durch, der während der Hungerkatastrophen von

1771/72 vielen Menschen in Deutschland das Leben rettete und bald zu einem der wichtigsten landwirtschaftlichen Produktionszweige in Preußen wurde. Doch trotz intensiver Kolonisierung und staatlicher Wirtschaftsförderung blieb Pommern, vor allem Ostpommern, ein schwachbesiedeltes Land, in dem 1939 nur 2,4 Millionen Menschen lebten, genau die Hälfte der Bevölkerung der etwa gleichgroßen Provinz Schlesien.

Das Land zwischen Darß und Danziger Bucht mit seinen schönen Inseln und Seen, den sich in der unendlichen Weite verlierenden Wald- und Ackerflächen, wo die Dörfer und Kleinstädte oft weit voneinander entfernt lagen, ist von unauffällig wirkendem, herbem Reiz. Es hat durch die Jahrhunderte das Leben der Bauern und Fischer geprägt, deren Charakter sich durch Fleiß, Bescheidenheit, Zuverlässigkeit und eine oft schwer ergründbare Innerlichkeit auszeichnet. Nicht jeder Fremde hat sich an ihre manchmal verletzende Offenheit und sprichwörtliche Starrsinnigkeit – vielleicht sogar Unbelehrbarkeit – gewöhnen können, aber Friedrich d. Gr., der wohl selbst viel von der Art dieses Menschenschlages besaß, zollte ihnen uneingeschränktes Lob: „Ich liebe die Pommern wie meine Brüder, und man kann sie nicht mehr lieben, als ich sie liebe; denn sie sind brave Leute, die mir jederzeit in Verteidigung des Vaterlandes sowohl im Felde als auch zu Hause mit Gut und Blut beigestanden haben." Und hundert Jahre später antwortete Bismarck, auf die lange und anstrengende Fahrt von Berlin nach seiner neuerworbenen Herrschaft Varzin in Hinterpommern angesprochen: „Nur wer Pommern kennt, kann begreifen, wie glücklich wir uns hier fühlen, aber der begreift es auch ganz."

Rügen und Vorpommern

Gegenüber der großen, geschlossenen Landfläche Hinterpommerns zeigt das kleine, küstennahe Vorpommern ein bedeutend unruhigeres, interessanteres und wohl auch schöneres Landschaftsbild. Dies trifft vor allem auf die Insel Rügen mit ihrer abwechslungsreichen Bodden- und Nehrungsküste zu, die mit den an der Jasmunder Halbinsel hochaufragenden, leuchtenden Kreidefelsen einen unvergeßlichen Eindruck hinterläßt. Die Feuersteinfelder von Neu-Mukran und über fünfzig Großsteingräber erinnern an eine sehr frühe Besiedlung der Insel. Der hier lange ansässig gewesene ostgermanische Stamm der Rugier, der der Insel den Namen gab, wurde um 500 n. Chr. von den slawischen Ranen abgelöst, die sich mit den seit dem 13. Jahrhundert einwandernden deutschen Siedlern vermischten. Die Marienkirche in Bergen wurde bereits im Jahre 1193 von Deutschen errichtet und ist damit die älteste Kirche in Vorpommern. Nach dem Aussterben des einheimischen Fürstenhauses, das zeitweilig dem dänischen König unterstand, fiel Rügen im 14. Jahrhundert an die Herzöge von Pommern, die im Jahre 1348 von Kaiser Karl IV. als reichsunmittelbare Fürsten anerkannt wurden. Erst nachdem die von 1648 bis 1815 dauernde Zugehörigkeit zu Schweden beendet war, öffnete sich die Insel für den Fremdenverkehr, der durch die romantische Landschaftsmalerei des in Greifswald geborenen Caspar David Friedrich nicht unerheblich gefördert wurde. Die Entwicklung zu einer der bekanntesten und meistbesuchten Badeinseln verdankt Rügen dem fortschrittlich eingestellten Fürsten Wilhelm Malte I. von Putbus, der zu Beginn des 19. Jahrhunderts nicht nur seine Residenzstadt im Stil des Klassizismus ausbauen und mit einem großartigen Landschaftspark verschönern ließ, sondern auch durch das bis dahin unbekannte Baden im offenen Meer für Aufregung und eine Lockerung der gesellschaftlichen Verhaltensregeln sorgte. Die Errichtung seines durch Karl Friedrich Schinkel entworfenen Badehauses am Greifswalder Bodden mit Salons, Gästezimmern und Umkleidezellen gab das Signal für den Bau weiterer Badeanlagen, aus denen später die weltbekannten Seebäder wie Saßnitz, Binz, Sellin und Göhren entstanden. Ungewöhnlich ist auch der

Anblick des Jagdschlosses Granitz, das Malte I. in der Nähe von Binz im Stil florentinischer Kastelle mit vier Ecktürmen und Zinnenkranz errichten ließ. Der 38 Meter hohe Mittelturm, von dem man einen herrlichen Rundblick über die Boddenlandschaft genießt, wurde ebenfalls vom Berliner Baumeister Schinkel entworfen.

In der Kreisstadt Bergen, wo dieser alte Aussichtsturm steht, gab es schon im 9. Jahrhundert eine wendische Fürstenburg. Nach der Eroberung durch die Dänen im Jahre 1168 wurde mit dem Bau der Marienkirche begonnen.

In the town of Bergen, where this ancient outlook tower stands, there was a royal castle as early as the 9th century. After the Danish invasion of 1168, construction began on the Church of St. Mary.

Dans la circonscription de Bergen, où se trouve cette vieille tour avec un beau point de vue, il y avait déjà au IXème siècle un château princier ›wende‹. Après la conquête par les Danois en 1168, on commença la construction de l'église Sainte-Marie.

Länger als Rügen hat die der Westseite vorgelagerte kleine Fischerinsel Hiddensee ihre Ursprünglichkeit und Intimität bewahren können. Vor etwa hundert Jahren wurde sie von Künstlern entdeckt, die hier in der Einsamkeit und der unmittelbaren Nähe zur Natur Ruhe und neue schöpferische Ideen fanden. Der in Schlesien geborene Dichter Gerhart Hauptmann kam oft in dieses abgelegene Refugium, das ihm Kraft und Inspiration zu einigen seiner Werke gab und nach seinem Tod im Jahre 1946 auch seine letzte Ruhestätte wurde. Die Künstler machten Hiddensee zu einem „Capri des Nordens", aber treffender und schöner ist sicherlich der Kosename, den die einheimischen Fischer ihrer idyllischen, geliebten Insel gaben: „Dat soete Länneken".

Durch den 1936 erbauten Rügendamm ist die Insel Rügen mit dem Festland und der alten Hanse- und Hafenstadt Stralsund verbunden. Deutsche Kaufleute aus Niedersachsen und Niederfranken gründeten hier am verkehrswichtigen Strelasund im 12. Jahrhundert eine Siedlung, die bereits 1234 die Stadtrechte erhielt und damit die erste Stadt in Pommern war. Im Mittelalter wurde die reiche Hansestadt mit Mauern, Wällen und Gräben so stark befestigt, daß selbst Wallenstein sie im Dreißigjährigen Krieg mit seinen gutgerüsteten Truppen nicht einnehmen konnte. Der Reichtum, den Stralsund als führendes Mit-

glied der Hanse durch seinen ausgedehnten Fernhandel erworben hatte, war an den zahlreichen großartigen Bauwerken abzulesen, die überwiegend im Stil der im Spätmittelalter vorherrschenden Backsteingotik errichtet wurden. Zu ihnen gehören vor allem das am Alten Markt stehende Rathaus, das mit seiner reichgeschmückten Nordfassade einer der prachtvollsten Profanbauten der niederdeutschen Backsteingotik ist, und die drei großen spätgotischen Kirchen in der Altstadt. Die doppeltürmige Nikolaikirche, im 13. Jahrhundert als einer der zahlreichen Nachfolgerbauten der Lübecker Marienkirche entstanden, bietet zusammen mit dem Rathaus und einigen stattlichen Bürgerhäusern einen ungewöhnlich malerischen Anblick. Sie ist die älteste Pfarrkirche Stralsunds und enthält wertvolle Kunstwerke verschiedener Stilepochen. Die jüngere Marienkirche am Neuen Markt fällt wegen ihres einhundert Meter langen Hauptschiffs und ihres 104 Meter hohen Turmes, der alle anderen Gebäude der Stadt überragt, besonders auf. Eine der großartigsten Klosteranlagen im Ostseeraum ist das ehemalige Dominikanerkloster St. Katharinen, in dessen Räumen seit über hundert Jahren das bedeutende Kulturhistorische Museum untergebracht ist. Viele der historischen Bauwerke, zu denen auch die aus dem 17. Jahrhundert stammenden Traufenhäuser zählen, wurden im 2. Weltkrieg beschädigt oder zerstört, doch hat die Altstadt nach jahrzehntelanger Wiederaufbauarbeit ihre frühere Gestalt größtenteils zurückerhalten und steht heute unter Denkmalschutz.

Die südöstlich von Stralsund gelegene Hanse- und Universitätsstadt Greifswald wurde 1209 von Zisterziensermönchen aus dem nahegelegenen Kloster Eldena gegründet, wo heute noch die eindrucksvolle Ruine

Mit einem 100 Meter langen Hauptschiff und einem 104 Meter hohen Turm ist die Marienkirche der größte Sakralbau Stralsunds.

With a 100 m long nave and a 104 m high tower, the Church of St. Mary is Stralsund's largest religious building.

Avec sa nef centrale longue de 100 mètres et son clocher haut de 104 mètres, l'église Sainte-Marie est le plus grand édifice sacré de Stralsund.

zu sehen ist, die von Caspar David Friedrich als ein besonders romantisch empfundenes Bild oft gemalt wurde. Auch die Altstadt von Greifswald, die im 2. Weltkrieg unzerstört blieb, wird von drei mächtigen mittelalterlichen Backsteinbauten überragt, von denen die weiträumige, chorlose Marienkirche zum Vorbild vieler Hallenkirchen in Vorpommern wurde. Aus der Barockzeit stammt außer dem nach einem Brand wiedererrichteten Rathaus das langgestreckte, dreigeschossige Universitätsgebäude, zu dessen künstlerischen Kostbarkeiten ein prunkvoller Barocksaal und der thematisch interessante, vielfigurige Croy-Teppich, eine an die berühmten Brüsseler Gobelins erinnernde Arbeit, gehören. Die Universität selbst wurde bereits 1456 auf Initiative des gelehrten Bürgermeisters Heinrich Rubenow gegründet und von der Stadt, der Kirche und

dem Herzog gemeinsam unterhalten. Nach anfänglichen Schwierigkeiten entwickelte sich die Hochschule, an der im ersten Semester 173 Studenten immatrikuliert waren, zu einem geistigen Mittelpunkt für ganz Pommern. Im 19. Jahrhundert lehrten und studierten an ihr viele später berühmt gewordene Persönlichkeiten, wie z. B. der auf Rügen geborene, politisch engagierte Historiker Ernst Moritz Arndt. Was die Universität für die alte Hansestadt bedeutete, erahnt man vielleicht aus der in einem 1847 erschienenen Buch enthaltenen apodiktischen Feststellung: „Das heutige Greifswald ist der Brennpunkt für die spärlichen Strahlen pommerscher Kultur und Intelligenz, der Nerv Pommerns."

Einem solchen strengen Urteil wird man nicht nur im Blick auf die Provinzhauptstadt Stettin, sondern auch auf jede andere Stadt in Pommern kaum zustimmen können, denn bei genauerem Hinsehen lassen sich auch bei ihnen einige dieser „spärlichen Strahlen" entdecken, ohne die schließlich auch die kleinste Stadt und das entlegenste Dorf nicht entstanden wären und leben könnten. Sie alle haben ihre eigene Geschichte, ihre eigenen Wesenszüge und Verdienste. Wolgast, eine der ältesten pommerschen Städte, gehörte seit dem Ende des 13. Jahrhunderts zum „Wendischen Quartier" der Hanse und war von 1532 bis 1625 Residenz der Herzöge von Pommern-Wolgast. Und seitdem sich im 19. Jahrhundert einsame Fischerdörfer wie Zinnowitz, Heringsdorf und Ahlbeck in bedeutende Ostseebäder verwandelten, spielte die Stadt auch als „Eingangstor zur Insel Usedom" eine immer größere Rolle. In Anklam und Ueckermünde gab es, wie in Wolgast noch heute, eine beachtliche Schiffsbauindustrie, während Pasewalk und andere Städte als starke Grenzfestungen zwischen Pommern und Brandenburg vor allem militärische Aufgaben zu erfüllen hatten.

Die Oder und der Ostseehandel prägten entscheidend die politische und wirtschaftliche Entwicklung Stettins. Auf dem hohen Westufer ließen die pommerschen Herzöge im 15. und 16. Jahrhundert ein Residenzschloß im Renaissancestil errichten, das nach schweren Schäden im 2. Weltkrieg weitgehend wiederhergestellt wurde.

The Oder and Baltic trade were determining factors in shaping the political and economic life of Stettin. In the 15th and 16th centuries, the Pomeranian Dukes built a Renaissance style palace on the high west bank. Extensive repairs have been carried out to the palace, which was badly damaged in World War II.

L'Oder et le commerce sur la Baltique donnèrent leur empreinte décisive au développement politique et économique de Stettin. Sur la haute rive occidentale, les ducs de Poméranie firent construire une résidence de style Renaissance au XVème et au XVIème siècle. Elle fut amplement restaurée après les grands dégâts subis pendant la seconde guerre mondiale.

←   *S. 365*

Im 13. und 14. Jahrhundert wurde in Greifswald die Nikolaikirche mit einem sechseckigen, von vier Rundtürmchen flankierten Turm errichtet. Die Schweifhaube erhielt sie erst im 17. Jahrhundert.

The Church of St. Nicholas, with its hexagonal tower flanked by four round towers, was built in Greifswald during the 13th and 14th centuries. The dome was added in the 17th century.

L'église Saint-Nicolas avec un clocher hexagonal flanqué de quatre tourelles rondes fut construite à Greifswald au XIIIème siècle et au XIVème siècle. Elle ne reçut son dôme qu'au XVIIème siècle.

Stettin – das Tor zur Ostsee

Christlicher Glaube, kaufmännische Begabung und Gesinnung und fürstliches Macht- und Repräsentationsbedürfnis waren die treibenden Kräfte, die aus der kleinen Kaufmannssiedlung am nördlichsten Übergang über die Oder die politische, wirtschaftliche und kulturelle Hauptstadt Pommerns erwachsen ließen. Im Kriegsjahr 1943 konnte Stettin, das zu dieser Zeit etwa 400 000 Einwohner zählte, noch sein siebenhundertjähriges Stadtjubiläum feiern, bevor es wenig später ein Opfer des Bombenkrieges wurde und 1945 nach der Flucht und Vertreibung der deutschen Bevölkerung an Polen abgetreten werden mußte. Gewiß waren diese Kräfte nicht immer im gleichen Maße wirksam und frei von undurchsichtigen Motivationen und Einflüssen; vor allem wurden sie häufig durch unvorhergesehene machtpolitische Konstellationen und Zwänge in ihrer ungestörten Entfaltung behindert. Aber die vielfältigen politischen Interessenkonflikte und kriegerischen Auseinandersetzungen der in Stettin nacheinander regierenden slawischen, dänischen, schwedischen und brandenburg-preußischen Herrscherhäuser mit anderen Staaten gereichten der Stadt nicht nur zum Nachteil, sondern eröffneten durch den notwendigen Zusammenschluß aller verfügbaren Kräfte auch neue Entwicklungsmöglichkeiten und Zukunftsperspektiven.

Im Jahre 1124 gelang es Bischof Otto von Bamberg, dem großen Pommernmissionar, die überwiegend slawische Bevölkerung Stettins durch Predigten und handfeste finanzielle Zusagen zum Christentum zu bekehren. Gefestigt wurde der neue Glaube vor allem durch die seit dem 12. Jahrhundert eingewanderten deutschen Kaufleute, Handwerker und Bauern, die nicht nur alles daran setzten, um den Herzog von Pommern, ihrem obersten Lehnsherrn, politische Rechte und einträgliche Handelsprivilegien abzuringen, sondern auch die Errichtung von Kirchen, Klöstern und Hospitälern tatkräftig förderten.

Nachdem bereits 1124 der Grundstein für die heute noch bestehende Peter-und-Paul-Kirche gelegt worden war, die vor allem den wendischen Christen vorbehalten blieb, wurde im Jahre 1187 die die Altstadt überragende Jakobikirche eingeweiht, die nach ihrer spätgotischen Umgestaltung und Ergänzung jahrhundertelang das weithin sichtbare und bekannte Wahrzeichen Stettins war. Heute ist diese mächtige Hallenkirche, die im 2. Weltkrieg stark zerstört wurde, mit Ausnahme der hohen Turmspitze wiederhergestellt und verkörpert angesichts des stark veränderten Stadtbildes ein bedeutendes Stück geschichtlicher Tradition. Die Jakobikirche wie auch verschiedene andere restaurierte und erneuerte Kirchen der Stadt zeigen übereinstimmend, daß bei den langjährigen Wiederaufbauarbeiten in Stettin, aber auch in allen anderen jetzt zu Polen gehörenden deutschen Ostgebieten die Instandsetzung und Erhaltung der nach über vierhundert Jahren „rekatholisierten" Gotteshäuser im Vordergrund stehen. Um so bedauerlicher und schmerzhafter ist die Tatsache, daß der berühmte Stettiner Hauptfriedhof, der 1939 als erster in Deutschland wegen seiner faszinierenden Größe und Schönheit zum „Friedhof von besonderer künstlerischer Eigenart" erklärt worden war, nach dem Krieg größtenteils zerstört wurde bzw. bis zur Unkenntlichkeit verwildert ist.

Die Lage der Stadt an der Odermündung, die hier von einer wichtigen, von West nach Ost führenden Handelsstraße gekreuzt wurde, war für ihre wirtschaftliche Entwicklung von entscheidender Bedeutung. Als Mitglied im Hansebund und im Bund der „wendischen Städte" unterhielt Stettin weitreichende Handelsbeziehungen, die den Kaufleuten durch die Ein- und Ausfuhr von Nahrungsmitteln, Rohstoffen und Fertigwaren sowie durch das Recht der „Niederlage" fremder Waren große Gewinne einbrachten, die wiederum eine wichtige Voraussetzung für die Ausübung politischer Rechte und Macht darstellten. Als Stettin, das die Schweden nach 1648 zu einer der stärksten Festungen in Europa ausgebaut hatten, von brandenburgischen Truppen im Jahre 1677 erobert und dabei stark zerstört wurde, war noch nicht vorauszusehen, daß die Stadt mit der im Jahre 1720 beginnenden preußischen Herrschaft einen gewaltigen wirtschaftli-

Die Kirche St. Peter und Paul, die 1124 von Bischof Otto von Bamberg gegründet wurde, ist das älteste Gotteshaus in Stettin. Der bescheidene gotische Backsteinbau stammt aus dem Anfang des 15. Jahrhunderts und blieb im 2. Weltkrieg unbeschädigt.

The Church of St. Peter and Paul, which was founded by Bishop Otto of Bamberg in 1124, is the oldest church in Stettin. The modest Gothic brick building dates back to the early 15th century and remained unscathed in World War II.

L'église Saint-Pierre-et-Paul qui fut fondée par l'évêque Othon de Bamberg en 1124, est la plus vieille maison de Dieu de Stettin. Le simple édifice gothique en briques date du début du XVème siècle et ne subit aucun dommage pendant la seconde guerre mondiale.

Von 1875 bis 1879 wurde oberhalb der Grünen Schanze mit dem Manzelbrunnen das neue Rathaus in strenggehaltener Backsteingotik errichtet.

The New Town Hall, in strictly neo-Gothic brickwork, was built between 1875 and 1879 above the Grüne Schanze.

De 1875 à 1879, au-dessus de la ›Grüne Schanze‹ avec la fontaine de Manzel, on construisit le nouvel hôtel de ville de style gothique en briques très exact.

Während die großartig gestalteten Anlagen des Stettiner Hauptfriedhofs seit dem Krieg zerstört oder verwahrlost sind, macht der angrenzende ehem. Militärfriedhof mit seinen blumengeschmückten Gräbern einen äußerst gepflegten Eindruck.

Although the magnificently laid out main cemetery of Stettin has been destroyed or fallen into disrepair since the war, the adjoining former military cemetery with its flower-decked graves is very well tended.

Tandis que les grands espaces du cimetière principal de Stettin sont laissés à l'abandon ou détruits depuis la guerre, l'ancien cimetière militaire attenant donne une impression extrêmement soignée avec ses tombes fleuries.

Die kostbare Uhr am Uhrturm des Stettiner Schlosses wurde im 17. Jahrhundert von den Schweden als Siegeszeichen angebracht.

The precious clock on the clocktower of Stettin Castle was placed there by the Swedes in the 17th century as a sign of victory.

La précieuse horloge de la tour du château de Stettin y fut placée par les Suédois en signe de victoire au XVIIème siècle.

chen Aufschwung erfahren würde. Neben verschiedenen städtebaulichen Verbesserungen und Verschönerungen, wie der Installierung einer öffentlichen Straßenbeleuchtung und der Errichtung des Roßmarktbrunnens und einiger barocker Tore, wurde vor allem die Handelsschiffahrt durch den Ausbau des Stettiner Hafens und die Gründung des Ostseehafens Swinemünde gefördert. Im 19. Jahrhundert gewann Stettin durch die weltberühmte Vulcan-Werft auch als Werft- und Industriestadt große Bedeutung, die sich in der Erweiterung des Stadtgebietes und der Errichtung wichtiger Eisenbahnverbindungen widerspiegelte. Mit der Eröffnung des Großschiffahrtsweges im Jahre 1914 wurde Stettin zum Versorgungshafen der Reichshauptstadt Berlin, in dem 1936 der größte Getreidespeicher Deutschlands errichtet wurde, ein neues Wahrzeichen der alten Hanse- und Hafenstadt.

Die politische Bedeutung Stettins begann im 14. Jahrhundert, als Herzog Barnim III. in der wohlhabenden Handelsstadt ein „stattliches steinernes Haus" errichten ließ, an dessen Stelle von 1491 bis 1577 der großartige Bau

Unterhalb des Schlosses bietet die Hakenterrasse am westlichen Oderufer mit ihren monumentalen Bauwerken und gepflegten Grünanlagen einen großartigen, faszinierenden Gesamteindruck.

Below the castle, the Hakenterrasse on the west bank of the Oder, with its monumental buildings and well-tended parks, is a magnificent and fascinating sight.

En-dessous du château, la Hakenterrasse près de la rive Ouest de l'Oder avec ses édifices monumentaux et ses parcs soignés donne une impression générale fascinante et imposante.

des herzoglichen Renaissanceschlosses entstand, das nach Beschädigungen im 2. Weltkrieg heute weitgehend wiederhergestellt ist und größtenteils von Instituten der neugegründeten Universität und anderen kulturellen Einrichtungen genutzt wird. Noch während des Dreißigjährigen Krieges ließ der letzte pommersche Herzog Bogislaw XIV. in der Stadt die erste Mädchenschule errichten, und unter schwedischer Herrschaft wurde 1651 Deutsch als offizielle Amtssprache eingeführt. Mit Friedrich Wilhelm I. zog der strenge preußische Geist in die Residenzstadt ein, der vor allem auf eine rasche Verbesserung der wirtschaftlichen Leistungsfähigkeit und der militärischen Sicherheit bedacht war. Erst im Laufe des 19. Jahrhunderts erhielt Stettin ein Stadttheater, ein Museum und ein Konzerthaus, alle im repräsentativen Stil des Klassizismus erbaut. Nach 1900 entstanden auf den Resten der ehemaligen Festungswälle am linken Oderufer die monumentalen Renaissancebauten des Regierungsgebäudes und Landesfinanzamtes, die zusammen mit dem zwischen ihnen stehenden Museum ein einzigartiges Bauensemble bilden, dessen Wirkung noch durch die über fünfhundert Meter lange Hakenterrasse, eine der schönsten deutschen Terrassenanlagen, erhöht wird. Früher wie heute genießen die Besucher den großartigen Anblick, der sich ihnen vom Dampfschifffahrts-Bollwerk oder einem der Fahrgastschiffe aus bietet, die nach den zahlreichen Ausflugszielen zwischen Stettin und dem bekannten Ostseebad Swinemünde verkehren.

Streifzüge durch Hinterpommern

Die flache, im Osten hügelig ansteigende Landschaft Hinterpommerns ist weder erhaben noch aufregend, sondern wirkt eher ausgeglichen, überschaubar, vertrauenerweckend, sie läßt uns nicht den Atem stocken, sondern ruft mit ihrer unerschütterlichen Gleichförmigkeit in uns ein wohliges Gefühl der Gelassenheit und Geborgenheit hervor.

Die Dörfer liegen geduckt und beinahe unauffällig in Talsenken und an baumbestandenen Seeufern, nur die meist wuchtigen Kirchtürme lenken die Aufmerksamkeit auf sich. Zu beiden Seiten der kopfsteingepflasterten, jetzt überteerten Dorfstraßen lagen früher die stattlichen Bauernhöfe mit Stallungen, Scheunen und Schuppen, die hinter dem Wohnhaus zu einem großen Viereck angeordnet waren. In den Gutsdörfern bildeten die Herrenhäuser, mitunter zu schlichten Landschlössern erweitert, den unübersehbaren optischen und wirtschaftlichen Mittelpunkt. Im Unterschied zu den selbständigen Bauern, die neben dem Ackerbau eine intensive Vieh- und Milchwirtschaft betrieben, bevorzugten die Besitzer größerer Güter den Anbau von Getreide und Hackfrüchten. Außer großen Waldbeständen gehörten ihnen in der Regel auch die umliegenden Mühlen, Ziegeleien, Sägewerke und Kornbrennereien. Auf den kleineren Höfen und Äckern sah man nur wenige Maschinen, aber auch auf den Feldern der Güter und Rittergüter wurde noch ein großer Teil der Landarbeit mit der Hand verrichtet, für die gerade in der Erntezeit viele zusätzliche Arbeitskräfte eingestellt wurden.

Ein Bauernhof im Kreis Ueckermünde westlich von Stettin. Hier wechseln magere Sandböden mit schweren Moorböden ab, die nur bei intensiver Bewirtschaftung gute Erträge abwerfen.

A farm in the district of Ueckermünde to the west of Stettin. Here, light sandy soil alternates with heavy moorland soil, so that only intensive cultivation can produce good yields.

Une ferme dans le kreis de Ueckermünde à l'ouest de Stettin. Des sols arides sablonneux alternent avec de lourds sols marécageux, qui ne donnent de bons rendements que par une exploitation intensive.

An diesem wenn nicht gerade idyllischen, so doch seit Jahrzehnten vertrauten Bild hat sich seit dem 2. Weltkrieg vieles verändert. Auf den Bauernhöfen und in den Herrenhäusern der großen Landgüter, sofern sie nicht zerstört oder verfallen sind, wohnen polnische Familien, von denen etwa ein Drittel aus den jetzt russisch besetzten Gebieten Ostpolens stammt. Vor vielen Häusern stehen eigene Autos, und auf den Feldern arbeiten moderne Traktoren und Landmaschinen. Doch die Gebäude machen trotz mancher Um- und Anbauten im ganzen einen äußerst bescheidenen, beinahe ärmlichen Eindruck, der nur durch die in den Vorgärten blühenden Blumen etwas gemildert wird.

Die Städte in Hinterpommern, von denen viele während des Krieges zu mehr als fünfzig Prozent zerstört wurden, haben bis heute in den meisten Fällen ihren früheren kleinstädtischen Charakter erhalten, obgleich die Bevölkerung fast überall erheblich zugenommen hat. Zu den ältesten Bauwerken zählen die erhaltenen oder wieder instandgesetzten Backsteinkirchen und Überreste der frü-

heren Festungsanlagen, die aber nicht mehr ohne weiteres die geschichtliche Bedeutung der einzelnen Stadt klar erkennen lassen.

Die heute nur sechstausend Einwohner zählende Stadt Cammin am Ostufer der Dievenow wurde von Otto von Bamberg 1176 als pommerscher Bischofssitz gegründet und bereits 1188 vom Papst als exemt gegenüber den Erzbistümern Magdeburg und Gnesen anerkannt. Das Bistum, das 1255 nach Kolberg verlegt wurde, umfaßte den größten Teil Pommerns und reichte im Westen bis zur mecklenburgischen Stadt Güstrow. Der Dom, der ebenso wie die Kanonei und die Tore der Stadtbefestigung aus dem Spätmittelalter stammen, wurde nach dem Vorbild der erzbischöflichen Kathedrale im südschwedischen Lund errichtet. Weiter östlich liegt die alte Handels- und Hansestadt Kolberg, die als Festung seit dem Dreißigjährigen Krieg vielen feindlichen Belagerungen widerstand, 1945 jedoch durch sowjetische Truppen zu neunzig Prozent zerstört wurde. Eines der wenigen erhaltenen historischen Bauwerke ist der

Wegen seines guterhaltenen mittelalterlichen Stadtbildes wird das östlich von Stettin gelegene Stargard das „pommersche Rothenburg" genannt. Das ausgezeichnet restaurierte Rathaus ziert ein Renaissancegiebel mit filigranartigem Maßwerk.

Because of its well-preserved medieval structure, the town of Stargard, to the east of Stettin, is known as "Pomeranian Rothenburg". The beautifully restored Town Hall has fine Renaissance gabling and filigree tracery.

Pour sa physionomie moyenâgeuse bien conservée, la ville de Stargard située à l'Est de Stettin est appelée la ›Rothenburg de Poméranie‹. L'hôtel de ville, remarquablement bien restauré, est paré dans son pignon Renaissance de colombages en filigrane.

gotische Mariendom aus dem 13. und 14. Jahrhundert, hinter dessen wuchtiger, strenger Westfassade sich eine fünfschiffige Hallenkirche erstreckt. Nach dreihundert Jahren ist Cammin heute wieder katholischer Bischofssitz, seit dem 19. Jahrhundert aber auch ein bekanntes Ostseebad und Kurort. Das wenige Kilometer von der Küste entfernte Köslin, heute ebenfalls Sitz eines Bischofs, erhielt 1266 die Stadtrechte und war im 14. Jahrhundert eine stark „bewehrte Stadt", die bis zum Ende des Dreißigjährigen Krieges als bischöfliche Residenz diente. Durch einen Großbrand 1718 weitgehend zerstört, wurde die Stadt durch König Friedrich Wilhelm I. großzügig wiedererrichtet und 1823 zur Hauptstadt des Regierungsbezirks Köslin gemacht. Gegenüber 1939 hat sich ihre Bevölkerungszahl bis heute nahezu verdoppelt. Den wirtschaftlichen und kulturellen Mittelpunkt Ostpommerns bildete im Mittelalter die mit lübischem Recht ausge-

stattete Stadt Stolp, die 1382 Mitglied der Hanse wurde und durch die handwerkliche Kunst von dreihundert Bernsteinschleifern und -drehern Wohlstand und Ansehen gewann. Der Ausbau zur Garnisonstadt machte Stolp am Ende des 19. Jahrhunderts zur zweitgrößten Stadt Pommerns, 1945 wurde sie jedoch zum großen Teil zerstört. Nicht wegen seiner Größe, aber wegen seines Reichtums an erhaltenen mittelalterlichen Bauwerken nimmt das südöstlich von Stettin gelegene Stargard, das „pommersche Rothenburg", eine Sonderstellung unter den ostpommerschen Städten ein. Die bereits 1124 gegründete Stadt erhielt 1253 Magdeburger Recht und trat 1363 der Hanse bei. Aus dieser Zeit stammen die vieltorige Befestigungsanlage und die gotische Marienkirche, die der räumlich umfangreichste Sakralbau in Pommern ist. Ein besonderes architektonisches Juwel ist das zu Beginn des 16. Jahrhunderts erbaute, nach

Köslin war im Mittelalter nicht nur eine „bewehrte Stadt", sondern vom 15. bis 17. Jahrhundert auch bischöfliche Residenz. Seit 1972 ist die Marienkirche wieder Kathedralkirche des polnischen Bistums Köslin-Kolberg.

Not only was Köslin a "fortified town" in the Middle Ages; it was also an episcopal residence from the 15th to 17th centuries. The Church of St. Mary regained its status as cathedral church of the Polish diocese of Köslin-Kolberg in 1972.

Köslin ne fut pas seulement une ›ville forte‹ au Moyen Age, elle fut aussi une résidence d'évêque du XVème au XVIIème siècle. L'église Sainte-Marie est redevenue la cathédrale de l'évêché polonais de Köslin-Kolberg à partir de 1972.

Unweit der Ostseeküste liegt an der Riga die Kleinstadt Treptow, deren Marienkirche aus dem 14. Jahrhundert stammt.

On the Riga, not far from the Baltic coast, lies the little town of Treptow, whose Church of St. Mary dates back to the 14th century.

Tout près de la côte de la Baltique se trouve la petite ville de Treptow sur la Riga, dont l'église Sainte-Marie date du XIVème siècle.

Kriegsschäden ausgezeichnet restaurierte spätgotische Rathaus mit einem kunstvoll gestalteten Maßwerkgiebel. Die Einwanderung französischer Hugenotten führte im 18. Jahrhundert zu einer neuen wirtschaftlichen Blütezeit, die aber bald durch den wirtschaftlichen Aufstieg Stettins wieder gefährdet wurde. Im Grenzgebiet zwischen Pommern und der ehemaligen preußischen Provinz Westpreußen, die mit einem großen polnischen Bevölkerungsanteil nach 1918 an Polen abgetreten werden mußte, liegen die Kleinstädte Bütow und Lauenburg, die

im 14. Jahrhundert vom Deutschen Orden gegründet und mit dem Culmer Stadtrecht bewidmet wurden. Bütow, das vom 13. bis zum 17. Jahrhundert mehrfach seinen Besitzer wechselte bzw. wechseln mußte, galt als das Zentrum der Kaschuben, eines westslawischen Volksstammes mit eigener Sprache und Sitte, der in der Danziger Roman-Trilogie von Günter Grass eine wichtige Rolle spielt. Diese grenznahen Städte, in denen noch Reste der Deutschordensburgen erhalten sind, wurden im 2. Weltkrieg zum größten Teil zerstört.

← S. 374

Die an der Steilküste um 1250 erbaute Kirche Hoff wurde durch die fortschreitende Unterspülung des Kliffs Stück für Stück in die Tiefe gerissen.

The Church of Hoff, which was built on the steep coast around 1250, has been torn into the sea little by little as the cliffs erode.

L'église de Hoff construite vers 1250 sur la falaise fut entraînée au fond de l'abîme petit à petit par les rongements progressifs du récif.

Bei Leba an der Ostsee gibt es riesige Wanderdünen, die in der Vergangenheit schon Wälder und Dörfer unter sich begruben. Die große Lonskedüne schiebt sich alljährlich 12 Meter nach Osten vor.

At Leba on the Baltic, there are enormous drifting dunes which have, in the past, even buried forests and villages. The huge Lonske dune moves eastwards at a rate of 12 metres per year.

Près de Leba sur la côte de la Baltique, il y a d'immenses dunes mouvantes qui par le passé ont déjà enseveli des forêts et des villages. La grande dune de Lonske avance chaque année de 12 mètres vers l'Est.

7. Bilder aus Danzig und Ostpreußen

Kreuz und Schwert –
der Staat des Deutschen Ordens

In einem – keineswegs immer verfügbaren – deutschsprachigen polnischen Prospekt über „Die Woiwodschaft Elblag" erfährt der Leser nach einem kurzen Hinweis auf die Stadt Marienburg: „Hier befindet sich auch ein interessantes Baudenkmal – die Schloßanlage. Die Ritter des Deutschen Ordens nahmen auf überfallenen Gebieten im XIII. Jh. den Bau einer Backsteinburg auf, die sie noch über zwei Jahrhunderte ausbauten." Man spürt diesen dürftigen, unbeholfenen Worten, die über „eine der großartigsten und besterhaltenen Burgen des Mittelalters" mehr verschweigen als aussagen, die große, aus einer langen, leidvollen Geschichte resultierende Zurückhaltung ab, die die polnische Regierung und Verwaltung gegenüber den unbestreitbaren geschichtlichen Leistungen der deutschen Ostkolonisation an den Tag legt. Dabei sind gerade in den letzten Jahrzehnten viele dieser historischen deutschen Baudenkmäler mit einem gewaltigen Aufwand an Kosten und Arbeitskräften in vorbildlicher Weise wiederhergestellt und restauriert worden. Und der bäuerlich wirkende, aber außerordentlich sachkundige Pole, der für den amtlich festgesetzten Preis von 23 DM eine Einzelführung von beliebiger Dauer übernahm, sprach mit ehrlicher Bewunderung und Begeisterung von der genialen Schöpfung der deutschen Marienburg.

Die Geschichte und Kulturgeschichte Ostpreußens sind aufs engste mit der Geschichte des Deutschen Ordens verbunden, der nach dem 3. Kreuzzug aus einer von Lübecker und Bremer Bürgern gestifteten Hospitalgenossenschaft entstand und sich zum bedeutendsten geistlichen Ritterorden des Mittelalters entwickelte. Der slawische Herzog Konrad I. von Masowien rief ihn im Jahre 1225 gegen die in Ostpreußen siedelnden Pruzzen zu Hilfe, die als eine „höchst unbändige heidnische Nation" angesehen wurden, obwohl sie im Laufe von Jahrhunderten durchaus eine eigenständige Kultur hervorgebracht hatten. Nachdem sich die Ordensritter 1226 vom Kaiser und 1234 vom Papst alles zu erobernde Land „zu ewigem Besitz" hatten zusichern lassen, begannen sie von Kulm und Thorn aus mit der Unterwerfung des Landes, um „die Ehre der Kirche und des Kaiserreiches zu lieben und nach beider Erhöhung zu streben". Wohl trugen sie auf ihrem weißen Mantel ein schwarzes Kreuz als Zeichen ihres christlichen Glaubens und missionarischen Auftrags, aber in ihrer Rechten führten sie das Schwert, mit dem sie die „Verächter Christi" zur Bekehrung zwangen und ihren weltlichen Herrschaftsanspruch auf das Land durchsetzten. Begünstigt durch die seit dem 13. Jahrhundert zunehmende Einwanderung von Schlesiern, Sachsen, Thüringern, Holländern, Flamen und anderen „Einzöglingen" und die ausgeprägten Führerpersönlichkeiten einiger Hochmeister, gewann der Staatsgedanke, der Wille zum Aufbau eines straff organisierten Staatswesens bald die Oberhand über die Absicht, gemäß den strengen benediktinischen Mönchsgelübden ein „gemeinsames Leben in Gott" zu führen. Das Schwert ersetzte die Hacke und den Pflug, mit denen ihre zisterziensischen Glaubensbrüder in den Klöstern Oliva und Pelplin an die Urbarmachung und Kultivierung des Landes gingen.

Während der zweihundertjährigen Herrschaft des Deutschen Ordens, die jedoch

S. 377 →

1274 wurde auf dem rechten Hochufer der Nogat die Marienburg gegründet, die im Jahre 1309 Hauptsitz des Deutschen Ritterordens wurde. Das Bild zeigt die gewaltige Burganlage von Südosten.

The Marienburg was founded in 1274 on the right bank of the Nogat and became the headquarters of the Teutonic Order of Knights in 1309. The photo shows the imposing fortress as seen from the south east.

Sur la haute rive droite de la Nogat fut fondée le Marienburg en 1274, qui devint le siège principal de l'ordre des chevaliers teutoniques en 1309. La photo montre l'ensemble gigantesque du château fort du Sud-est.

376

durch seine schwere Niederlage bei Tannenberg im Jahre 1410 und die erzwungene Anerkennung der polnischen Lehnshoheit stark belastet war, entstanden auf dem Gebiet der späteren Provinz Ostpreußen 93 Städte und rund 1400 Dörfer mit überwiegend deutscher Bevölkerung. In den meisten Städten – mit Ausnahme einiger großer Städte wie Elbing, Braunsberg und Frauenburg – galt das Magdeburger Recht, das die Grundlage für die 1233 erlassene Kulmer Handfeste, die Verfassung des Ordensstaates, bildete. Die vor allem auf dem Lande ansässige pruzzisch-slawische Bevölkerung unterstand dagegen dem preußischen oder polnischen Recht, das im Vergleich zum kulmischen Recht den einzelnen in seiner persönlichen Freiheit erheblich einschränkte. Als einziges der drei neugegründeten Bistümer besaß das Bistum Ermland neben der geistlichen auch die volle weltliche Gewalt, die es bis zur Eingliederung des Landes in

Preußens, Polens und Danzigs und mit einer Sonnenuhr geschmückt, deren lateinischer Sinnspruch „Umbra sunt dies nostrae" die Menschen an ihre Vergänglichkeit erinnern sollte. Neben dem Rathaus präsentiert sich der stolze Renaissancebau des Artushofes, der den reichen Kaufleuten als Versammlungsort nach dem Vorbild der ritterlichen Tafelrunde des Königs Artus diente. Ein besonderes Schmuckstück des Langen Marktes, auf dem nicht nur gehandelt wurde, sondern auch prunkvolle Empfänge und ausgelassene Feste stattfanden, ist der Neptunsbrunnen mit einer Bronzefigur von 1633. Der geschlossene, faszinierende Gesamteindruck des Platzes wird noch erhöht durch das Glockenspiel des Rathausturms, von dessen Spitze eine vergoldete, mit Krone und Wetterfahne geschmückte Figur leuchtet.
Nur wenige Schritte vom Rathaus entfernt

Eine der bekanntesten und schönsten Ansichten von Danzig ist der Blick von der Grünen Brücke zur malerischen Fassadenfront der Langen Brücke. Das wiederhergestellte Krantor ist seit Jahrhunderten das Wahrzeichen der alten Hanse- und Handelsstadt.

One of the most famous and loveliest views of Danzig is the view from the Green Bridge towards the picturesque facades of the Long Bridge. The restored crane has been the landmark of this ancient Hanseatic city and trading port for centuries.

Une des vues les plus belles et les plus connues de Dantzig est celle prise du ›pont vert‹ sur la façade pittoresque de la ›Lange Brücke‹. La porte-grue reconstruite est l'emblême de la vieille ville commerciale et hanséatique depuis des siècles.

erhebt sich der mächtige Backsteinbau der gotischen Marienkirche, die mit einer Länge von 105 Metern die größte Kirche des deutschen Ostseeraums und die fünftgrößte Kirche der Erde ist. Von ihren zahlreichen Altären, Figuren und Grabsteinen ist während des Krieges nur wenig übriggeblieben, wie etwa der Hochaltar, eine Schöne Madonna von 1410 und eine Kreuzigungsgruppe von 1517, die in der erhabenen Weite des Raumes mit den zu hohen Sterngewölben aufstrebenden Pfeilern besondere künstlerische Akzente setzen. In der Reformationszeit wurde die Marienkirche den evangelischen Bürgern der Stadt überlassen; die kleine katholische Gemeinde erhielt im 17. Jahrhundert die vom polnischen König mitfinanzierte Königliche Kapelle, einen hochbarocken Anbau, der sich neben dem wuchtigen Baukörper der Backsteinkirche kaum zu behaupten vermag.

Zu den bedeutenden mittelalterlichen Kirchen in Danzig gehören auch St. Katharinen, die älteste Kirche der Stadt, deren erster Bau bereits 1184 errichtet wurde, sowie die neben dem alten Festungsturm Kiek in de Kök stehende Nikolaikirche und die Johanniskirche in der Nähe des Mottlau-Ufers. Die mit einem breiten, aber zierlichen Westgiebel geschmückte Trinitatiskirche wurde um 1500 erbaut und diente mit der angrenzenden St.-Annenkapelle dem benachbarten Franziskanerkloster. In den meist rechtwinklig angelegten, engen Gassen der Altstadt sieht man wieder die vornehmen Bürgerhäuser mit ihren schmalen, terrassenförmigen Vorbauten, den sogenannten „Beischlägen", die mit Treppen und dekorativen Brüstungen die darunterliegenden Werkstätten und Läden verdecken. Die geradlinigen, reichverzierten Giebelfassaden der Häuserzeilen erinnern an italienische, häufiger noch an niederländische Stadtviertel aus der Renaissancezeit. Mehrere dieser malerischen Gassen werden zum Mottlau-Ufer hin durch aufwendig gestaltete Renaissancetore begrenzt. Das berühmteste unter ihnen und weltbekanntes Wahrzeichen Danzigs ist das Krantor an der Langen Brücke, das in seiner heutigen Gestalt im Jahre 1443 errichtet wurde und zu den mächtigsten Torbauten des 15. Jahrhunderts in Europa zählt. Seit seiner Erneuerung nach dem 2. Weltkrieg gehört es wieder zu dem faszinierenden Bild, das man über die Speicherinsel hinweg von der aus Trümmern wiedererstandenen Altstadt genießt.

Mit dem Niedergang der Hanse nach dem Dreißigjährigen Krieg verlor Danzig seine frühere wirtschaftliche und kulturelle Bedeutung. Die Bevölkerungszahl sank von 77 000 im Jahre 1650 auf 36 000 im Jahre 1793. Erst im 19. Jahrhundert, als im Zuge der Industrialisierung die berühmte Schichau-Werft erbaut und der Seehandel wieder intensiviert wurden, stieg die Zahl auf über 100 000 und erreichte mit mehr als 400 000 im Jahre 1939 ihren höchsten Stand. Der Versailler Friedensvertrag von 1919 machte die langjährige Provinzhauptstadt Westpreußens zur Freien Stadt Danzig, die unter den Schutz des Völkerbundes gestellt wurde.

Eines der wichtigsten Ereignisse der im übrigen wenig erfreulichen Jahre des Völkerbundsmandats war die Eingemeindung Olivas in das Danziger Hoheitsgebiet. Der neue Vorort, als Ausflugsziel und als Ruhesitz wohlhabender Bürger seit langem bevorzugt, war im Jahre 1178 aus einer Klostersiedlung der Zisterzienser entstanden. Die im 13. Jahrhundert errichtete, später mehrfach umgebaute Klosterkirche ist einer der bedeutendsten und schönsten Sakralbauten des Weichsellandes. Ihre auffallend hohe, aber schmale Westfassade wird von zwei schlanken Spitztürmen flankiert, zwischen denen ein monumentales Barockportal von 1688 liegt. Zu der reichen Innenausstattung gehören neben mehreren Grabdenkmälern pommerellischer Herzöge ein Dreifaltigkeitsaltar und ein prunkvoll geschnitztes Chorgestühl, dessen schwarzbraunes Holz in einem lebhaften Kontrast zu den hell leuchtenden Decken und Wänden steht. Die Klosterkirche, die 1925 zur Kathedrale des neuen Bistums Danzig erhoben wurde, besitzt eine riesige

Rominter Heide im Osten. Sie zerschneidet die frühere preußische Provinz in einen nördlichen, zur Sowjetunion gehörenden und einen südlichen, zu Polen gehörenden Teil. An dieser Grenze gibt es bis heute für den privaten Verkehr keine Übergangsstelle, weder für Touristen aus den sogenannten „kapitalistischen Ländern" Westeuropas noch für Besucher aus den sozialistischen „Bruderländern", aus Polen, der Tschechoslowakei und der DDR. Selbst den Bewohnern der benachbarten Sowjetrepublik Litauen ist die Einreise in das nördliche Ostpreußen verwehrt. Diese hermetische Abriegelung macht das Gebiet zu einem riesigen Getto, zu einem unbekannten Land des Schweigens, über dessen innere Zustände, seine vielleicht strategischen oder militärischen Geheimnisse man nur vage Vermutungen anstellen kann. In jedem Fall ist sie unvereinbar mit dem offensichtlichen Respekt, den man in Königsberg dem dort begrabenen Philosophen Immanuel Kant und dem Dichter Friedrich Schiller als mutigen Streitern für sittliche Verantwortung und politische Freiheit entgegenbringt. Erst in jüngster Zeit gibt es deutliche Anzeichen dafür, daß das strikte Einreiseverbot schrittweise gelockert und damit für Hunderttausende von Deutschen ein Besuch der früheren Heimat mit ihren bedeutenden Kulturstätten möglich wird.

Königsberg, dessen Einwohnerzahl sich von 188 000 im Jahre 1900 auf 372 000 im Jahre 1939 nahezu verdoppelte, war nicht nur die politische Hauptstadt der Provinz Ostpreußen, sondern auch ihr geistiges, kulturelles und wirtschaftliches Zentrum. Mehr als vier Jahrhunderte war die Stadt mit der Geschichte und den Geschicken der in Berlin residierenden Herrscherdynastie der Hohenzollern aufs engste verbunden und erhielt durch sie ihre geistige Prägung und äußere Gestalt. Seine Entstehung im Jahre 1242 verdankte Königsberg dem unternehmerischen Wagemut lübischer Kaufleute, seine Entwicklung während des Mittelalters in erster Linie der politischen und kirchlichen Arbeit des Deut-

spätbarocke Orgel, deren Spiel in den sonntäglichen Orgelkonzerten viele Besucher und Touristen anlockt.

Im Jahre 1939 zeigte sich Hitler entschlossen, die nach seiner Überzeugung unhaltbaren Zustände in der Freien Stadt zu beenden und die „Danzigfrage" mit militärischer Gewalt zu lösen, obgleich für ihn von vorne herein feststand, daß „Danzig nicht das Objekt" war, um das es ging. Mit der Beschießung des polnischen Munitionsdepots auf der Danziger Westerplatte am 1. September löste er einen Krieg aus, der für viele Staaten und Völker der Erde unabsehbare und verheerende Folgen hatte und die in Jahrhunderten geschaffenen und bewahrten Kulturgüter einer sinnlosen Vernichtung preisgab.

Königsberg und die Hohenzollern

Wie mit dem Lineal gezogen erscheint die Grenze, die seit 1945 quer durch Ostpreußen verläuft, vom Frischen Haff im Westen bis zur

In Königsberg sind nur wenige Bauwerke und Denkmäler aus früheren Jahrhunderten erhalten geblieben. Eines davon ist das Schiller-Denkmal, das, wie die russische Namensinschrift und die Blumenanlage zeigen, sorgfältig gepflegt wird.

Only a few buildings and memorials of centuries past have survived in Königsberg. One of them is the Schiller Memorial which, as the Russian lettering and the flowers show, is lovingly tended.

Il ne reste que très peu de bâtiments et monuments datant des siècles passés à Königsberg. Un de ceux-là est le monument de Schiller qui est soigneusement entretenu comme le prouvent l'inscription russe et les fleurs.

seite wuchs im 14. Jahrhundert der wuchtige Backsteinbau des Doms empor, der anfangs als wehrhafte Kirchenburg geplant, doch schließlich als dreischiffige Hallenkirche vollendet wurde.

Der erste bedeutende Vertreter der Hohenzollernfamilie in Königsberg war der aus der Ansbacher Linie stammende Hochmeister Albrecht von Brandenburg, den König Sigismund nach der Aufhebung des Deutschen Ordens im Jahre 1525 als weltlichen Herzog mit Preußen belehnte. Auf Anraten Luthers und Melanchthons führte Herzog Albrecht 1525 die Reformation ein und gründete im Jahre 1544 die Universität, deren Schwergewicht zunächst auf der Ausbildung evangelischer Theologen lag. Bei der Eröffnung gehörten elf Professoren und etwa zweihundert Studenten zu ihr, doch stieg ihre Zahl bereits in den folgenden Jahrzehnten stark an und machte Königsberg zu einer im ganzen Reich bekannten „Stadt des Geistes und der Vernunft". Aus der langen Reihe großer Gelehrter, die die Albertina bis ins 20. Jahrhundert hervorbrachte, ragt der geniale Denker Immanuel Kant hervor, der durch seine jahrzehntelange Lehrtätigkeit an der „Aula" und seine grundlegenden Schriften zur theoretischen und praktischen Philosophie das europäische Geistesleben der nächsten beiden Jahrhunderte nachhaltig beeinflußte. Seine letzte Ruhestätte fand der größte Sohn Königsbergs an der Außenseite des Doms, wo im Jahre 1924, dem 200. Geburtstag Kants, ein schlichter Säulenanbau, die Stoa Kantiana, errichtet wurde. Während die Luftangriffe des 2. Weltkrieges den Dom in eine Ruine verwandelten, blieb die Grabstätte Kants unversehrt und wird – ebenso wie das Schiller-Denkmal im früheren Königs-Garten – von den Bürgern der Stadt gepflegt.

Auch der Große Kurfürst förderte in seinem Bemühen, die nur unzureichend miteinander verbundenen Gebiete seines Machtbereichs zu einem festorganisierten Staatswesen von europäischem Rang zusammenzuschmieden, den Ausbau der preußischen

schen Ordens, dessen Marschall seit 1309 in der Burg am nördlichen Pregelufer residierte. Die Burg, zunächst aus Holz, später als fester Steinbau errichtet, wurde zu Ehren des böhmischen Königs Ottokar II. gegründet, der dem Deutschen Orden bei der Eroberung des Samlandes, des Kerngebietes der heidnischen Pruzzen, geholfen hatte. In ihrer Nähe entstanden am Pregelufer drei selbständige Siedlungen, die zwischen 1286 und 1327 ihre Handfeste nach kulmischem Recht erhielten und seit 1506 ihrem eigenen Stadtnamen den der Burg „Königsberg" hinzufügten. Erst im Jahre 1724 wurden sie durch König Friedrich Wilhelm I. zur Stadt Königsberg vereinigt. Seit der Gründung des Bistums Samland im Jahre 1243 war die Kneiphofinsel der Sitz des Domkapitels und geistlicher Bezirk der Stadt. An ihrer Ost-

Auch das Grabdenkmal des großen Philosophen Immanuel Kant
an der Domruine wird als besondere Sehenswürdigkeit häufig
besucht und fotografiert.

The gravestone of the great
philosopher Immanuel Kant is
situated by the cathedral ruins
and attracts many visitors and
photographers.

La tombe du grand philosophe
Immanuel Kant aussi près de la
cathédrale en ruines est une
attraction particulière souvent
visitée et photographiée.

Von der Zerstörung Königsbergs
verschont blieb – wie durch ein
Wunder – das Sackheimer Tor.

As if by miracle, the Sackheim
Gate survived the destruction of
Königsberg.

La porte de Sackheim échappa
miraculeusement à la destruction
de Königsberg.

391

Edikts von Nantes 1685 nach Preußen geflohen waren, ließen sich viele in Königsberg nieder, wo sie beim Aufbau einer modernen Textilindustrie wertvolle Hilfe leisteten; für die Kaufleute und Handwerker entstand am Schloßteich die Französische Straße. Im Hafen von Pillau an der Frischen Nehrung ließ der Kurfürst eine brandenburgische Handels- und Kriegsflotte erbauen und schickte sie 1682 auf eine Expedition nach Guinea, an dessen Küste die erste deutsche Kolonie Groß Friedrichsburg gegründet wurde.

Das Leben und Schaffen bedeutender Gelehrter und Künstler machte das 18. Jahrhundert zum „Königsberger Jahrhundert", aber auch in politischer Hinsicht verlieh es der Stadt neue Geltung und Ausstrahlungskraft. Um den Machtanspruch Brandenburg-Preußens gegenüber den deutschen und europäischen Fürsten sinnfällig zu demonstrieren, krönte sich im Jahre 1701 Kurfürst Friedrich III. in der Königsberger Schloßkirche nach der Salbung durch zwei eigens dafür ernannte evangelische Bischöfe zum König in Preußen. Im Rahmen der drei Monate dauernden Krönungsfeierlichkeiten erwies der neue Monarch, nunmehr als Friedrich I., der Stadt seine besondere königliche Gunst, indem er das alte Friedrichskollegium zur pietistisch geprägten königlichen Schule erhob, ein königliches Waisenhaus gründete und den Schwarzen-Adler-Orden stiftete. Auch die Krönung Wilhelms I. zum König von Preußen im Jahre 1861 fand in der Ordenskirche des Königsberger Schlosses statt – nicht in Berlin, das schon längst zur ständigen Residenz der preußischen Könige geworden war.

Das Schloß, an der Stelle einer mittelalterlichen Ordensburg errichtet, erhielt als repräsentative Vierflügelanlage in der Renaissancezeit ihre im wesentlichen unveränderte Gestalt. Der schlichte Kirchenraum wurde im Laufe der Zeit mit den Wappen aller Ritter des Schwarzen-Adler-Ordens geschmückt; im Ahnensaal der Hohenzollern und in den anderen Prunkräumen des Schlosses befan-

Herzogstadt, die mit dem Ausbruch des Dreißigjährigen Krieges im Jahre 1618 ihre Bedeutung als Residenzstadt verloren hatte. Nach seinem Sieg über die abtrünnig gewordenen Landstände ließ er sich von diesen 1663 im Hof des Königsberger Schlosses huldigen und zwang ihnen seinen politischen Willen auf. Von den 20000 französischen Hugenotten, die nach der Aufhebung des

Einer der ältesten Stadtbezirke
ist die Kneiphofinsel, auf der die
Ruine des im 14. Jahrhundert
errichteten Doms steht. Große
Teile der Altstadtbebauung wurden im 2. Weltkrieg zerstört und
durch ausgedehnte Grünanlagen ersetzt.

One of the oldest parts of town is
the Kneiphof Island on which the
ruins of the 14th century cathedral stand. Much of the old town
was destroyed in World War II
and replaced by spacious parks.

Un des plus vieux quartiers de la
ville est ›l'île de Kneiphof‹ sur
laquelle on trouve la ruine de la
cathédrale construite au XIVème
siècle. De grandes parties des
constructions de la vieille ville
furent détruites pendant la
seconde guerre mondiale et
remplacées par de vastes parcs.

den sich kostbare Schätze, darunter große
Bibliotheksbestände und wertvolle Drucke
und Dokumente zur politischen und geistigen Geschichte Ostpreußens. Der vierek-
kige Innenhof besaß eine hölzerne Turnier-
galerie, unter der die Kellerräume mit der
königlichen Folterkammer, dem „Blutge-
richt", lagen, die später zu einem stilvollen,
von Professoren, Studenten, Künstlern und
Offizieren besuchten Weinlokal umgestaltet
wurde.
Zeiten höfischen Glanzes und bürgerlichen
Wohlergehens wechselten mit Jahren tief-
ster politischer Demütigung und bitterster
wirtschaftlicher Not. Von 1709 bis 1711 wütete
in der Stadt eine verheerende Pest, die in
ganz Ostpreußen 240 000 der rund 600 000
Bewohner dahinraffte, während des Siebenjährigen Krieges wurde sie von russischen
Truppen besetzt, deren Feldmarschall mehr
als vier Jahre im Schloß residierte. Nach seinem verlustreichen Rückzug aus Rußland
nahm Napoleon 1812 vorübergehend im

Schloß Quartier, bevor die preußischen
Stände im März 1813 in Königsberg zum
bewaffneten Widerstand gegen ihn aufrie-
fen. Bereits im November 1808 hatte der
besiegte Preußenkönig Friedrich Wilhelm
III. von hier aus die Preußische Städteord-
nung erlassen und wichtige Reformgesetze
verabschiedet, die den ganzen preußischen
Staat im Sinne eines gemäßigten Liberalismus umgestalten sollten. In den Jahren 1843
bis 1863 wurde die Stadt zur Festung ausgebaut, in derselben Zeit erhielt die Universität
aber auch einen klassizistischen Neubau, die
„Albertina", der mit den Figuren Herzog Al-
brechts, Luthers und Melanchthons geschmückt war. Die wirtschaftliche Bedeutung Königsbergs, die schon im 14. Jahrhundert mit der Zugehörigkeit der Stadt zur
deutschen Hanse begann und vom Deutschen Orden nachdrücklich gefördert
wurde, war in hohem Maße von der Leistungsfähigkeit seines Hafens abhängig. Mit
dem 1901 abgeschlossenen Bau eines neuen

◄——— S. 392

Das Dramatische Theater von
Königsberg präsentiert sich im
strengen klassizistischen Stil. Der
große schlichte Giebel wird von
korinthischen Säulen getragen.

The Königsberg Theatre is built
in strictly Neo-Classical style.
The large, unadorned gable is
supported by Corinthian pillars.

Le théâtre dramatique de
Königsberg est d'un style néo-
classique strict. Le grand pignon
simple est soutenu par des colonnes corinthiennes.

Seekanals mit fünf Hafenbecken, großen Silos und Ladekränen stieg Königsberg zum modernsten deutschen Ostseehafen auf; die Binnenschiffahrt konnte über Flüsse und Kanäle bis nach Tilsit und an den Mauersee ausgedehnt werden. Ein weiterer Gradmesser für den wirtschaftlichen Rang der ostpreußischen Hauptstadt war die 1619 erstmals erwähnte Börse, die im Jahre 1875 am alten Pregel einen großartigen Neubau im Stil der italienischen Hochrenaissance erhielt, der auch für Konzerte und Kunstausstellungen genutzt wurde.

Besondere Erinnerungen an die lange Zeit der Hohenzollernherrschaft in und über Ostpreußen knüpfen sich auch an den Namen der Grenzstadt Tilsit, die aus einer im 15. Jahrhundert gegründeten Ordensburg hervorging und im Jahre 1552 die Stadtrechte erhielt. 1807 wurde die wichtige Handelsstadt an der Memel zum Schauplatz historischer Ereignisse, als hier zwischen der Königin Luise und Napoleon I. eine denkwürdige Unterredung stattfand, die den Abschluß des Tilsiter Friedens zwischen Napoleon, Zar Alexander I. und König Friedrich Wilhelm III. und damit das vorläufige Ende des Blutvergießens in Deutschland herbeiführte.

Das Königsberg, das bis heute allen Besuchern verschlossen blieb, ist nicht mehr das Königsberg des Deutschen Ordens und der preußischen Hohenzollern. Noch in den letzten Monaten des 2. Weltkriegs wurde die Stadt durch mehrere Luftangriffe größtenteils vernichtet. Dort, wo früher in den Geschäftsstraßen und auf den Plätzen reges Leben und Treiben herrschte, dehnen sich heute große, gepflegte Grünflächen aus; auf dem Gelände des ehemaligen Schlosses und vielen anderen Ruinengrundstücken stehen Hochhäuser und schmucklose Kulturgebäude. Trauer und Wehmut klingen aus den beschwörenden Worten, mit denen sich die Dichterin Agnes Miegel nach ihrer Flucht aus Königsberg an ihre Heimatstadt erinnerte: „Du warst meine Vaterstadt, die Hauptstadt, das Herz deines Landes, wie es nicht einmal Breslau und deine Schwester Danzig

waren! Schweres Schicksal deutete schon der Platz, der dir bestimmt war im rauhen Pregeltal. Wind brauste um dein mächtiges Schloß. Wind trug Abend- und Mittagschoral vom Turm über die lebensquirlend alte Stadt." Dieses Sichverlieren an das Gewesene, Schöne, war für sie schmerzhaft und quälend, doch es erfüllte sie auch mit der gewissen Zuversicht, „daß Du, Königsberg, nicht sterblich bist."

„Land der dunklen Wälder und kristallnen Seen"

Vor 1772 und nach 1919 glich Ostpreußen, wie ein Blick auf die Landkarte zeigt, einer riesigen Exklave in der äußersten Nordostecke Mitteleuropas, umschlossen von slawischen und baltischen Staaten mit eigener Geschichte und Kultur. Das Gebiet der bis zur Memel hinaufreichenden Provinz begann am 19. Längengrad, der weiter südlich die Ostgrenze Schlesiens bildete. Seine jahrhundertelange räumliche Trennung vom deutschen Reichsgebiet und seine Lehnsabhängigkeit von Polen waren wohl die Gründe dafür, daß die geistige und kulturelle Entwicklung Ostpreußens in mancher Hinsicht anders verlief, anders verlaufen mußte als in den großen, zusammenhängenden Territorien des Reiches.

Als deutsche Kulturlandschaft erwies sich Ostpreußen am eindeutigsten in den deutschen Ordensburgen und den unter ihrem Einfluß entstandenen Städten mit ihren gotischen Backsteinkirchen, großen Marktplätzen und Befestigungsanlagen. Die Provinzstädte Bartenstein, Osterode, Neidenburg, Rastenburg und Lyck sind nur wenige Beispiele für diese überragende Bedeutung, die der Deutsche Orden bei der Erschließung und Kultivierung des Landes im Spätmittelalter besaß und die durch die wirtschaftliche und kulturelle Entwicklungspolitik des Königreichs Preußen im 18. und 19. Jahrhundert erneuert und gefestigt wurde. Die Bevölkerung, die sich nach der Vernichtung bzw. Unterwerfung der Pruzzen vor

Im 14. Jahrhundert entstand in Rastenburg eine Burg des Deutschen Ordens. Die gotische Pfarrkirche St. Georg steht teilweise auf der alten Stadtmauer.

In the 14th century, a fortress of the Teutonic Order was built in Rastenburg. Part of the Gothic Church of St. George stands on the ancient city walls.

Un château de l'ordre teutonique fut construit à Rastenburg au XIVème siècle. L'église paroissiale gothique Saint-Georges se trouve en partie sur l'ancien mur d'enceinte.

395

Das Barockkloster Heiligelinde südwestlich von Rastenburg dokumentiert das starke Bemühen des Jesuitenordens, das seit der Reformation überwiegend evangelische Ostpreußen für die katholische Kirche zurückzugewinnen. Der Lindenbaum in der Mitte der Fassade erinnert an ein Wunder, das am Standort der Klosterkirche geschehen sein soll.

The Baroque abbey of Heiligelinde to the south west of Rastenburg bears witness to the efforts made by the Jesuit Order to reconvert Eastern Prussia – predominantly Protestant since the Reformation – to Catholicism. The linden tree in the centre of the facade recalls a miracle which is said to have occurred on the site of the abbey church.

Le couvent baroque de Heiligelinde au sud-ouest de Rastenburg documente les grands efforts de l'ordre jésuite de reconvertir la Prusse-Orientale, à majorité protestante depuis la Réforme, au catholicisme. Le tilleul au milieu de la façade rappelle un miracle qui dut avoir lieu à l'emplacement de l'église du couvent.

allem aus deutschstämmigen Siedlern, aus Holländern und Flamen zusammensetzte, erhielt im 18. Jahrhundert einen starken Zuzug von französischen Hugenotten und Salzburgern, die um ihres – evangelischen – Glaubens willen ihre Heimat hatten verlassen müssen. Sie wurden hauptsächlich in den im östlichen Grenzgebiet gelegenen Städten wie Angerapp, Goldap, Gumbinnen und Ebenrode angesiedelt, wo sie die heimische Wirtschaft durch den Auf- und Ausbau einer vielseitigen, gewinnbringenden Textilindustrie förderten. Nach der deutschen Reichsgründung 1871 verließen allerdings auch viele Bewohner ihre Heimat, um sich in den aufblühenden Industriestädten an Rhein und Ruhr eine sichere Existenzgrundlage und bessere Lebensverhältnisse zu schaffen. Gerade die strukturschwachen Randgebiete, die auf die wirtschaftliche und finanzielle Hilfe des Staates angewiesen waren, wurden durch die Abwanderung „ins Reich" hart getroffen; manche Orte verloren innerhalb weniger Jahre bis zu 16 Prozent ihrer Bevölkerung.

Nach der Säkularisierung des Ordensstaates und seiner Umwandlung in ein preußisches Herzogtum im Jahre 1525 nahm der überwiegende Teil der Bevölkerung den evangelischen Glauben an; katholisch blieben vor allem die Bewohner des Bistums Ermland, das erst bei der Besitzergreifung durch Preußen 1772 aufgehoben wurde. Der Jesuitenorden war seit dem 16. Jahrhundert darum bemüht, durch die Errichtung neuer Kirchen, Missionsstationen und Schulen die verlorenen Gebiete für die katholische Kirche zurückzugewinnen. Eine seiner großartigsten Leistungen war der Neubau der Wallfahrtskirche in Heiligelinde, die zwischen 1687 und 1730 entstand und mit ihrem reichen Fassadenschmuck, ihren farbenprächtigen Deckengemälden und einer von Josua Mosengel geschaffenen Orgel ein Juwel unter den nicht gerade zahlreichen Barockbauten in Ostpreußen ist. Zu beiden Seiten des prunkvollen schmiedeeisernen Portals stehen ein zweigeschossiges Priesterhaus

Burg und Stadt Neidenburg, im
14. Jahrhundert entstanden, wurden um 1800 durch Feuer und
Eroberung zerstört. König Friedrich Wilhelm III. setzte sich für
ihre gründliche Erneuerung ein.

The castle and town of Neidenburg were founded in the 14th
century and destroyed around
1800 by fire and war. King
Friedrich Wilhelm III had it
fully rebuilt.

Le château fort et la ville de Neidenburg, construits au XIVème
siècle furent détruits par le feu et
la guerre vers 1800. Le roi Frédéric-Guillaume III s'engagea à les
faire reconstruire minutieuse-
ment.

Im Jahre 1732 ließ König Friedrich Wilhelm I. an der ostpreußischen Ostgrenze das Gestüt Trakehnen errichten, in dem bis zum
Ende des 2. Weltkrieges die
weltberühmten Trakehner Voll-
blutpferde gezüchtet wurden.

In 1732, King Friedrich Wilhelm I
founded the Trakehnen stud farm
on the eastern border of Prussia.
The world-famous thoroughbred
horses of the same name were
bred here until the end of the 2nd
World War.

En 1732 le roi Frédéric-Guillaume Ier fit construire le haras
de Trakehnen près de la frontière Est de la Prusse-Orientale,
où les chevaux pur-sang mondialement connus de Trakehnen
furent élevés jusqu'à la fin de la
seconde guerre mondiale.

398

← S. 399

*Die Bernstein-Skulptur in Königs-
berg erinnert an das „Gold der
Ostsee", das schon seit vielen
Jahrhunderten an der Nord- und
Westküste der Halbinsel Samland gesammelt und im Tageab-
bau gefördert wird.*

*The Amber Sculpture in
Königsberg recalls the "Gold of
the Baltic" which has been
gathered and quarried for centuries along the northern and
western shores of the Samland
peninsula.*

*La sculpture en ambre jaune de
Königsberg rappelle ›l'or de la
Baltique‹ qui est ramassé depuis
de nombreux siècles déjà sur la
côte nord-ouest de la presqu'île
de Samland et qui est extrait à
ciel ouvert.*

S. 401 →

*Lyck, die Hauptstadt Masurens,
entwickelte sich aus einem
Fischerdorf zum geistigen Mittelpunkt der noch in alten Traditionen verhafteten Landschaft.*

*Lyck, the capital of Masuria,
developed from a fishing village
into the spiritual centre of a region still steeped in ancient tradition.*

*Lyck, la capitale de la Mazurie se
transforma d'un village de
pêcheurs en centre spirituel
d'une région encore enfermée
dans de vieilles traditions.*

und ein barocker Kreuzgang mit überkup-
pelten Kapellen an den vier Ecken. Zu einem
„Wallfahrtsort" des kirchlich-literarischen
Protestantismus wurde die Ordensstadt
Mohrungen, wo im Jahre 1744 Johann Gottfried Herder geboren wurde, der als Predi-
ger und Lehrer an der Domschule in Riga
wirkte und später als Mitbegründer der Weimarer Klassik eine bedeutende Rolle spielte.
Die Reformation hatte das dreihundert Jahre
vorher christianisierte Ostpreußen zu einem
überwiegend evangelischen Land gemacht,
aber weder die katholische noch die lutheri-
sche Kirche konnte verhindern, daß vor
allem in der großen ländlichen Bevölkerung
sich noch bis ins 20. Jahrhundert hinein zahlreiche heidnische Vorstellungen und Bräuche erhielten. Im östlich von Gumbinnen
gelegenen Stallupönen gab es in heidni-
scher Zeit ein Götzenbild und einen Opferal-
tar, zu denen die benachbarten Litauer noch
bis zum Jahre 1730 an jedem Himmelfahrtstag
gewallfahrtet sein sollen. Und Siegfried Lenz
erzählt in seinem Roman „Heimatmuseum",
daß die Menschen in Masuren noch bis zum
2. Weltkrieg „abergläubisch und verschlagen" waren, daß sie „Bäume anbeteten, Linden zumal und Eichen".

Als eine besondere Laune der Natur und
landschaftliche Schönheit werden die Fri-
sche und Kurische Nehrung gepriesen, die
wie lange, gebogene Nadeln aussehen und
das flache, tief ins Land vordringende Fri-
sche und Kurische Haff gegen die Ostsee
abschließen. Zwischen ihnen liegt die schon
von den Pruzzen besiedelte Halbinsel Samland, die nicht nur wegen ihrer vielbesuchten Badeorte, sondern vor allem wegen ihrer
reichen Bernsteinvorkommen berühmt war
und immer noch ist. Der Bernstein, der in früheren Jahrhunderten in großen Mengen am
Strand gesammelt, seit dem 19. Jahrhundert
im Tagebau gefördert wurde, genoß bereits
bei den Römern und anderen Völkern des
Mittelmeerraums als Schmuck eine hohe
Wertschätzung, besonders dann, wenn der
„Stein" unterschiedliche Dichte und Färbung
zeigte oder in ihm kleine Insekten oder

Pflanzenteile eingeschlossen waren. Das
„Gold der Ostsee" war in ganz Europa bald so
begehrt, daß das Einsammeln, die Bearbei-
tung und der Verkauf des Bernsteins durch
immer neue Gesetze des Staates streng
überwacht und jede Verletzung ungewöhnlich hart bestraft wurden. Der preußische
König Friedrich I. besaß zu Beginn des 18.
Jahrhunderts ein außerordentlich kostbares
Bernsteinkabinett, das er dem russischen
Zaren Peter dem Großen zum Geschenk
machte und das nach einem mehrfachen
Wechsel seines Besitzers heute als verschol-
len gilt. Ein anderer, mit Ostpreußen
untrennbar verbundener Name ist der des
Trakehners, eines „Vollblutpferdes", das sich
durch große Zähigkeit und Ausdauer aus-
zeichnete. König Friedrich Wilhelm I. gründete in einem von der Pest entvölkerten
Gebiet an der Ostgrenze des Landes das
berühmte Gestüt Trakehnen, in dem die
berühmten Pferde mit der siebenzackigen
Elchschaufel als Brandzeichen gezüchtet
wurden.

Der landschaftlich schönste Teil Ostpreußens ist das im Südosten liegende Masuren,
das „Land der dunklen Wälder und kristall-
nen Seen". Überall zwischen den sanften, mit
hohen Kiefern bewachsenen Erhebungen
des Baltischen Höhenrückens sieht man das
tiefblaue, unbewegte Wasser der tausend
Seen schimmern. Oder sind es vielleicht
zwei- oder sogar dreitausend – wer will das
so genau wissen? Allgemein bekannt waren
vor allem die größeren von ihnen: der Spir-
ding-See, der Mauer- und Löwentin-See, an
denen die vielbesuchten Ausflugsorte
Angerburg und Lötzen liegen und das
kleine, malerische Nikolaiken, das „ostpreu-
ßische Venedig". Der sagenhafte „Stint-
hengst", der hier unter der alten Holzbrücke
gehaust haben soll, ist nur eines der zahllosen Ungeheuer und Gespenster, die nach
uralten Geschichten und Märchen in den
masurischen Seen ihr Unwesen trieben.
Die Bewohner Masurens sprechen wie überall in Ostpreußen einen unverwechselbaren,
breiten Dialekt, in dem jedes wohlklingende

hochdeutsche „äu" zu einem langgezogenen „äii" zerfließt und jedes „r" wie ein leises Donnerrollen klingt. In vielen Dörfern wurde ebensooft polnisch wie deutsch gesprochen, und selbst manchen Lehrern gelang es nicht, ihren Schülern die regelgerechte deutsche Schriftsprache beizubringen. Im Nachwort zu dem liebenswerten Büchlein „So zärtlich war Suleyken" gibt uns der aus Lyck stammende Erzähler Siegfried Lenz „diskrete

Auskunft" über seine masurische Heimat: „Im Süden Ostpreußens, zwischen Torfmooren und sandiger Öde, zwischen vorborgenen Seen und Kiefernwäldern waren wir Masuren zu Hause – eine Mischung aus pruzzischen Elementen und polnischen, aus brandenburgischen, salzburgischen und russischen. – Meine Heimat lag sozusagen im Rükken der Geschichte; sie hat keine berühmten Physiker hervorgebracht, keine Rollschuh-

meister oder Präsidenten; was hier vielmehr gefunden wurde, war das unscheinbare Gold der menschlichen Gesellschaft: Holzarbeiter und Bauern, Fischer, Deputatarbeiter, kleine Handarbeiter und Besenbinder. Gleichgültig und geduldig lebten sie ihre Tage, und wenn sie bei uns miteinander sprachen, so erzählten sie von uralten Neuigkeiten, von der Schafschur und vom Torfstechen, vom Vollmond und seinem Einfluß auf neue Kartoffeln, vom Borkenkäfer oder von der Liebe. Und doch besaßen sie etwas durchaus Originales – ein Psychiater nannte es einmal die ‚unterschwellige Intelligenz'. Das heißt: eine Intelligenz, die Außenstehenden rätselhaft erscheint, die auf erhabene Weise unbegreiflich ist und sich jeder Beurteilung nach landläufigen Maßstäben versagt. Und sie besaßen eine Seele, zu deren Eigenarten blitzhafte Schläue gehörte und schwerfällige Tücke, tapsige Zärtlichkeit und eine rührende Geduld."

Masuren, eine an Seen, Wäldern und Sagen überaus reiche Landschaft, die ihre Ursprünglichkeit und ihren unaufdringlichen und zugleich unwiderstehlichen Reiz bis heute bewahrt hat.

Masuria, a region rich in lakes, forests and legends, has retained its unique original character and its unassuming yet irresistible charm to the present day.

La Mazurie, une région extrêmement riche en lacs, forêts et légendes qui n'a rien perdu jusqu'à nos jours de son originalité ni de son charme discret et en même temps irrésistible.

S. 404 ⟶

Der Bauernhof neben dem von Gänsen bevölkerten Dorfteich bietet das Bild einer ungestörten, weltabgeschiedenen Idylle, die sich jedem Zugriff durch Krieg und Zerstörung zu entziehen scheint.

The farmhouse by the village pond with its ducks exudes an air of undisturbed rural idyll that seems far removed from the intervention of war and destruction.

La ferme près de l'étang peuplé d'oies présente le tableau d'une idylle isolée et paisible, qui semble échapper à chaque prise par la guerre et la destruction.

403

Genehmigte Lizenzausgabe
© BeRing Verlag GmbH, Velbert
Alle Rechte, auch die des auszugsweisen
Nachdrucks, beim Verlag
Umschlaggestaltung: Engel, Grünwald
Gesamtherstellung: Appl, Wemding
Printed in Germany
ISBN 3-89350-103-7

Titelfotos:
Ringhand, Lehnartz, Stadt Köln

Bildnachweise

M. Jeiter, H. Maitek, K. Banisch, R. Gaertner, T. Gundelwein, P. Schäfer, M. Sondermann, B. Nieland, K. Lehnartz, W. Hilpert, I. Zimmer, Ed. von König, W. H. Müller, T. H. Keller, Foto Koch, Foto Silvestris, Foto Mühlbauer, Foto Steinert, Foto Löbl, Bildarchiv Metz, Stadt Köln, Verkehrsamt Mainz, K. D. Köln-Düsseldorfer Rheinschiffahrt AG, Stadt Frankfurt, Stadt Wiesbaden, Fremdenverkehrsverein Limburg, Stadt Minden, Verkehrsamt Bayreuth, Stadt Nürnberg, Stadt Rothenburg, Fremdenverkehrsverein Schwarzwald, Kurverwaltung Freudenstadt, Stadt Oberammergau, Stadt Landshut, Fremdenverkehrsverein Passau, Staatl. Kunstsammlung Schloß Wilhelmshöhe, Stadt Solingen, Werbeamt Düsseldorf, Goethe-Institut, Stiftung Preußischer Kulturbesitz, Verkehrsamt der Stadt München, Stadt Aachen, Stadt Hannover, Stadt Lüneburg, Stadt Hamburg